新版

インドシナの風

ベトナム、ラオス、カンボジア小紀行

鈴木　正行

学　文　社

新版　インドシナの風＊目　次

インドシナ全図

昆明
中華人民共和国
ハノイ
ハイフォン
海南島
ビルマ
ラオス
ビエンチャン
フエ
ダナン
ラングーン
タイ
ベトナム
バンコク
シソフォン
シアムリープ
バッタンバン
カンボジア
ホーチミン
プノンペン
アンダマン海
ミト
カントー
シャム湾
マレーシア
クアラルンプール
メダン
スマトラ島
シンガポール
インドネシア

旅 発 ち

成田空港に着いたのは発時刻の二時間前を過ぎている。インド航空のカウンターではすでに搭乗手続きは始まっている。安切符の時はいつも搭乗券を受け取るまで不安だ。オーバー・ブッキングという危惧があるからだ。

午前十一時、発時刻の一時間二十分前にはそれが済む。空港使用料の二千円の紙片を自販機で買って、出国審査スペースへ。

しかしここの混みよう、恒常的なことではないか。もう少し処理するカウンターと係官の人数を増やすべきだと思う（注、一九九二年十二月の第2ターミナルビル完成によって、現在はいくらか混雑は緩和されてきている）。今日はその自販機の先の、下り階段の処まで人で一杯だ。

そこを抜けるまで三十分かかる。これは先進国（と自認しているらしいから）の空港に相応しくないことに思える。

出国ロビーを出、止まることなく荷物チェック処に向かい、それを受けて搭乗ゲート（No.11）へ行く。搭乗開始予定時刻の十一時五十分はすぐだ。椅子に坐って待つ。

しかし当該《その》時刻になってもゲートは開かない。何やら航空機自体の方の都合らしい。アナウンスがそれを伝えている。

十二時十分過ぎ、ゲートへ降りてゆき、空港バスに乗り込む。機は少し離れた処に止まっている。

機内には前のバスで来た客がすでに乗り込んでいる。私たちのバスの客が乗っても空席はある。

少しすると出発予定時刻は過ぎるが、出る気配はない。

一時近くまで動かない。一度、機は私たちが乗り込むと、少し動きはしたが。

次のバスが着いたのだろう、客が乗り込んで来て、そして殆どの空席は埋まる。だが出ない。

暫くして、

「後部ドアが故障して、修理している」

と伝えられる。ちょっと不安になるが、仕方ない。

「十五分程で済む」

とも言うが、信じて任せる以外ない。

午後一時五十五分、定刻より一時間半程遅れて離陸する。乗客は誰しも、無事着くことを内心祈り乍ら航行に身を任せていた。

タイ

カオサン通り

インド航空ではアルコールは有料だ。缶ビールが一ドルする。条件反射的に——飛行機に乗ると必ずビールを飲んでいる——飲みたくなり、取りに行って、買う。オレンジジュースとかコーラは無料サービスされているが、機内食《しょくじ》の前にはやはりそれを飲みたい。

席は窓側の三人掛けの一番通路寄り。窓への二席には学生らしき青年が居る。普通私は殆どこういう時には隣人と話さないが、今回は見るからに学生ぽく、また優しそうな顔貌をしている彼等に、食事のプレートをパスする際の相手の対応を見て、印象に違いのないことを確かめると話し掛ける。

〝袖すり合うも、他生の縁〟

という。それにやはりバンコクまで六時間程というのは人が出逢うのに充分な時間とも言える。

二人はインド、ネパールへ行くと言い、「初めての訪問」ということで不安と期待が交錯している様子。私にはそう見える。

一人がヒンズー語を専攻しているので、インド行きが決まったらしい（他にも候補の国はあったようだが、色々な条件からインドに決まったらしい）。もう一人はモンゴル語を修めていて、どちらもちょっとユニークなので尋ねることが多い。こういった言語を学ぶ学生を大切にしなければならないと思う。日本の国際化を真に見つめられるのは、彼等のような少数派の者達だからだ。

二人はカルカッタまで飛ぶ。

午後七時四十七分、無事バンコクに着陸する。当地時刻五時四十七分（二時間の時差）、まだ明るい。二人と別れの挨拶を交わして降機する――『彼等が、いい旅行ができればいいが……』。

五年前とは違う入国審査所だ。明るく綺麗で広く、天井も高くなっているように思う。

列に並んで十分程で抜ける。

カスタムは申告カードに必要事項を書き込み、申告するもの無し、の通路を通ってそれを役人に渡せば済む。煩わしいことは何もない。

そこを抜けると、入国時の手続きはすべて済んで、出迎えの人たちでゴッタ返すロビーとなる。

彼等を横に見て、両替所へ。まずタイ貨を得なければならない。

二十ドル換える。一ドル＝二十五バーツだが、手数料を引かれると五百バーツを切っている。ちょっと納得ゆかないが、仕方ない。

空港外に出て、市バス乗場へ行こうとするが、空港ホテルへ続く歩道ではそこへは降りられない（五年前にはこのホテルはまだ完成していない）。こういうところがひどく不便だ。一旦ホテルまで行って、別の跨線橋を再び戻って来なければならない。

バス停には六時三十分に居る。そして赤ラインの五十九番に乗り込む。青地に白ラインの同番号のバスは来ない。あるいはもう運行していないのかも知れない。

一時間後に終点に着くが、当然目的地、民主記念塔ではない。地図を持っていないのでここがどこだか判らない。同じくリュックを背負った白人が下車する。彼等の動向を見守る。七、八人居るので、その中の一人位は情報を持っているのではないかと考え、彼等が乗るバスに乗り込もうとする。

そして数分後に来る。三十九番のバスに乗る。しかし定かな確証はないようで、車掌や乗客に、

「Democratic Monument ?」

とか、

「Khao San Road《カオサン通り》 ?」

と訊いている。だがそれに正確に答えるタイ人は居ない。旅行者にとっては有名な通り名としても現地の者で知っている人は少ない。

彼等は途中のポリスステーションの前で下車する。こちらはもう少し乗っている。別にアテがある訳ではない。見慣れた、あるいは記憶にある場所を通らないかと思って。

しかしそのような処は出て来ない。

さらに走って比較的大きなバス停で下車する。そのベンチでリュックを開《あ》け、ガイドブックにある地図を確認する。そして民主記念塔のある通り名を頭に入れて、傍らに居る女の人に問う。

彼女は最初不審気に見ていたが、少しするとこちらの質問を察してくれて、

「三十九番のバスが行きます」

と教えてくれる。

今乗って来たバスがやはり行くようだ。仕方ない。改めてそれが来るのを待つ。彼女は車道際に立ってくれて、それの来るのを見つめてくれる。

十数分して来る。これはエアコンバス。しかし乗り込む。料金は普通のバスより倍高いが（六バーツ）、もう夜も遅いこともあって、早く宿に入りたい。

十五分後、民主記念塔に出る。それを通り越した次の停留所で下車する。いくらか不安——すでに日暮れていたので夜目に、そこであるか確信がなくて——もあったが間違いなく同記念塔で、その大通りを渡り、TANAO《タナオ》通りに入って、カオサン通りを左に見て、目指す宿へと行く。以前泊まっていた「セントラル・ゲストハウス《GH》」。

いい具合に部屋もある。「六十バーツ」というところを五十バーツ、に値切って泊まる。午後八時三十分を過ぎている。日本時間にすると、十時半を回っている。

部屋に入って、やっとホッとする。しかし空腹。

カオサン通りへ行き、屋台でラーメンを食べる。もっと安いか、と思っていたが、十五バーツもする。どこもそれ位の値段のようで、諦める。

外国人の居るこの界隈では高くても仕方ない。相変わらず白人の多い通りを歩いて宿に戻る。バンコクの夜を終える。

タイ出国

翌、日曜日。しかし予定の行動はする。比較的遅く（八時三十分）まで寝ている。昨夜の疲れもあって、眠っていたい。部屋も静かでよく眠れる。

九時五十八分に動き出す。

カオサン通りに出て、旅行代理店に行く。マレーシアへの代金等をチェックする為に。まだ

朝（10時頃）のカオサン通りの光景

朝（10時頃）のカオサン通り（車道）の光景

この旅行の後半をどのように過ごすか決めていない。一応クアラルンプールからモーリシャスへ飛ぼうと思っているが、どうやらこのバンコクでは切符を扱っていないようだ——格安航空券を扱う代理店ではバンコク発着便でないと手配は無理なようだ。

何軒もある、どの旅行社も白人で一杯。日曜というのにカオサン《この》通りの旅行社は開いている処が多い。

旅行代理店を出ると、朝食を、以前食べたことのある〝160 GH〟前の食堂で摂る。

それから歩いて鉄道駅へと向かう。チャイナタウンにある店屋や龍蓮寺等で休憩を取り乍ら歩いて、一時間四十分後の午後一時半、中央駅《ホアランポン》に着く。

バッターワースまで、二等寝台下段で七百二バーツ、上段で六百五十二バーツという。バスより高いが、しかし横になれるから、やはり列車の方が良いように思う。

　駅を出て四番のバスでマレーシアホテル地区へ行く。下車する処がちょっとはっきりしないが、運よく間違わずに最寄りのバス停で降りられる。そしてやはり日曜でも開いている旅行社を訪ねる。

「STUDENT.TRAVEL」の女の人は親切に対応してくれる。しかしモーリシャスへの代金は、航空会社が休みなので判らないという。マアそれを調べてくれただけでもよかったと思う。

　歩いてPHAT《バッ》 PHONG《ポン》通りに向かう。途中の道に以前来た時にはあった日タイ協会はなく、その建物は絹製品のショールームに変わっている。五年も六年も間があけば、様々なことに変化のあるのは当然だ。

　夜の準備をしている夕刻のパッポンを行き、

夕刻のパッポン通り　屋台組立

SURAWONG通りを右に曲がって、なつかしいTHANIYA通りを見る。

そしてラマ四世大通りに出て、四番のバスに乗り鉄道《ホアランポン》駅に戻る。

同駅前で、ちょうど前に停車する五十三番のバスを見て、乗り換える。

民主記念塔近くで下車するつもりが、記憶違いでずっと手前で降りてしまう。道に迷い乍ら、やっと戻って来たのは一時間後。自分の思い違いを腹立たしく思い乍ら宿に帰る。

七時になっている。一日の行動はそれなりに済む。夕食を近くの食堂で摂って、早目に眠りに就く。疲れがいくらかある。一日が過ぎれば次の行動が自然にやってくる。


午後二時三十分発のフライトだが、もう朝から空港に向かう。チェックイン二時間前には入らなければならないし、それに空港までに要する時間を二時間と見ているので。特別この町でやることもないので早目に向かう。

九時二十分に宿をチェックアウトして、RATCHADAMNERN. KLANG通りのバス停で待つ。青地に白の五十九番のバスはやはり来ない。白人のリュック姿も居るが、彼等はそれぞれの番号のバスに乗って行く。エアコンの三番のバスは来るが、やはり不安で乗れない。

十分程して赤地の五十九番のバスが来る。空港まで行かないかも知れないが、とにかく乗り込む。他に乗るバスはない。

入ってすぐに車掌に、「エアポート?」と訊くと、「ＯＫ」と返事をする。それでいくらか安心する。しかしこちらの言葉が正確に伝わっての「ＯＫ」なのか、いささかの危惧はある。だがとにかくバス停をあとにする。

バンコクの朝の、車のラッシュにぶつかる。ひどい渋滞。この町の信号システムは大通りの交差する処では青の時間が日本に比べて長い。従って赤で待つ時間も長く、もし一回の青で通過できないと、かなり待たされることになる。

車内も満員に近く、ムッとして汗をかく。止まっていると風は入らず、それも加わってイライラは増す。空港までは市中心から約二十五㎞だが、ローカルバスは最短ルートを択《と》らないので、その倍の距離は走るのかも知れない。

一時間が過ぎても町中を離れない。この町は他のどの東南アジアの国の都市よりも広いような気がする。なかなか渋滞から抜け出せない。バイクが車の間をすり抜けてゆく。それは日本の比ではない。ヘルメットを殆ど被らず、二人乗りして縫ってゆく。

十一時過ぎ、やっと空港に至る大通りを右折すると、それまでのノロノロを晴らすかのように、フルスピードで走り出す。これ程このローカルバスが、疾《と》ばせるのかと思う程に能力一杯にエンジンを働かせて。片側六車線あるので、視界は充分だ。

国内線のターミナル前を過ぎると国際線の発着ターミナルが現れる。

同十三分に下車する。まだチェックイン時刻より一時間程早いので、真っ直ぐには向かわず、下車した左先方にある鉄道駅（ドンムアン駅）のホームへと入って行く。以前はこの駅から市中心（バンコク中央駅《ホアランポン》）にも行ったし、また逆に空港にもやって来た。宿を駅近くに取れば、当然今回もそうしたのだが。

エアポートホテルができたお蔭で周辺の雰囲気がいくらか変わっている。だが庶民の生きる場所がそこにあれば、人々は逞しく商いをして生きている。

線路際にある露店に行き、ビニール袋に入れてもらった氷入りコーヒーを買う（五バーツ）。三十分程居て十一時四十五分、空港建物へと行く。跨線、及び跨道橋を渡り、空港脇の車の進入口から入って行く。

ベトナム航空のチェックイン・カウンターはまだ開いていないが、その前で待つ。他に行く処もない。

十二時十分過ぎに手続きが行なわれる。搭乗カードの席番号は一A。一番目にやはりしている。二百バーツの出国税が取られる。

次に出国手続きへと動く。出国なので問題ない。カスタムもあるが、何もせずに抜ける。出国ロビーが境の壁の向こう側にある。

帰国時の下調べにと、免税品をチェックする。母と妹からの頼まれ物を探すが、思うようなものはない。ここでは買ってゆけないかも知れない。他の免税品や土産物もいずれチェックしなければならない。

ベトナム航空の便は六番ゲートであり、三階のここから一階まで降りなければならない。

二時十五分、空港バスに乗り込み、かなり離れた処にある——むしろ国内線の機と同じ処にある——当該機下に行く。

暑い陽光が照り返す。風は無い。

係員の指示に従って、それに乗り込む。中央通路を挟んで、片側二人掛けの二十列程か。台湾からの団体客が多い機内は満席となっている。

定刻二時三十分。

同二十八分にはドアは閉められ、動き出す。

滑走路に出、同三十八分離陸する。ベトナム航空ホーチミン行きの八五〇便は快晴のバンコクの空に飛び発った。

ベトナム

ホーチミン

三時十五分頃、サンドイッチの軽食が出る。その後、缶コーラ、ジュースあるいは缶ビールが配られる。冷えていないが、のちに氷の入ったコップが出てくる。配られたジュース類をすぐ飲むと生温かいままだ。少し待てば冷たくして飲める。これがベトナム式だとあとになって知る。マァ何もないよりいい。

午後四時、やはり快晴のホーチミン空港に着陸する。アエロフロートとエールフランスの機体しか外国のそれは見えない。時刻にもよるのか、ひどくバンコクに比べると小じんまりとしている。

降機すると小さ目のバスに乗り込んで、すぐ近くのターミナル建物へと行く。

台湾人が圧倒的に多い。日本人も居るが私には見えない。白人がそれでも半数は居るのか。

建物内に入るとすぐに入国審査所がある。用紙に必要事項を書き込んで、審査官の前へ行く。ビザはあるがやはりいくらか不安もある。いつだって入国の時はそうだ。

「入れない」

と言われても、こちらではどうすることもできないのだから。数度そんなことを味わっているので尚更だ。

入国審査を終えるのに建物に入ってから十五分かかっている。

次にカスタム。ここでも用紙に各自が書き込んでゆく。まだここに居る者の数は少ない。他の者は荷物の出てくるテーブルで待っているからだ。

税関申告書を書いて、カウンターへ行く。すると、

「二枚」

と言われる。再び用紙のある処に戻り、同じことを書き込んでゆく。

カウンターは四、五カ所あるが一人にかかる時間は長く、なかなか進まない。まして一度その前に立ち、もう一枚と言われて書き込んでいるので、尚更そう感じられる。

時計とカメラを申告する。勿論所持金もだが。カメラだけ提示することを求められる。リュックを開けて見せる。形式的にちょっと見ただけで済む。

書類審査を終えると、荷物がX線を通るベルトコンベアに乗せられる。向こう側に行ってそれを待つ。不審物がないと判ると、二枚のうちの一枚にスタンプが捺され、係官のサインがされて返される。これが出国時まで大切に持っていなければならない用紙となる。

約三十分程、カスタムに居たことになる。ドアの処で、その受け取った一枚の紙を官吏に見せ

ると、やっと外に出ることが出来る。鉄柵で仕切られた向こう側に大勢のベトナム人達が居る。誰かを待っているのか。それとも用もないのに、ただ居るのか。

私は、日本の旅行代理店で貰った小さな目印のワッペンを左胸に付けて（この旅行は帰国日の決まったもので、従ってベトナムのビザ取得には日時をかけたくなかったので、そのビザだけは日本で取得していた。それ取得の為には必要ということで、ホーチミンの一泊だけ、旅行代理店に頼んで、ホテル――なるべく安いの――を予約していた。それで空港まで代理店《そこ》の迎えの車が来ていることになっていた）出て行く。しかしこちらを呼び止める者は居ない。

鉄柵の出口を出ると、タクシーや何やらの客引きが寄ってくる。ホテルの客引きも居る。日本で貰った書類にある指定の場所へ赴くが、そこにも誰も居ない。

『マァ、ベトナムではこんなものだろう』

と思う。タクシーの運ちゃんが盛んに寄って来るが、当然利用しない。両替をしたいが、インフォメーションに隣接するそこには誰も居ない。不思議なことだ。国際線の空港で両替所が開いていなければ、どうして現地通貨を得ることができるのか。

しかし居ないのなら仕方ない。何もないまま動かざるを得ない。とにかくこの町の連絡先に電話をする以外ない。といって金はない。公衆電話など掛けられない。

インフォメーションの女の人に事情を話して、そこから掛けてもらう。

どうにか通じて、駐在する日本人と話すことができる。

私の他に二人、この便で日本人が到着することになっているらしい。そして、

「間違いなく当社の者――女の人です――が迎えに行ってますから」

と言う。迎えに来ている人の服装と年格好を聞いて電話を切る。

再び鉄柵の出口辺に行き、探してみる。しかしそれらしき女の人は居ない。

そこで待っているとこちらのことを気にした他のホテルの客引きが寄って来て、そして空港の者か、とにかく携帯電話を持つ男に話してくれる。彼は再度掛けてくれる。旅行社の者とベトナム語で話したあと、

「十分すると迎えに来る」

と言う。どうやら迎えに来ていた人は、どこかに行ってしまったようだ。先程日本人と話せたことで安心はしている。とにかく待つ。

結局建物外に出て、三十分程待っていたことになる。本来の人とは違う人が迎えに来てくれる。出迎えの女性は他の二人の客を乗せて戻ってしまったらしい。その二人は連れなので、たぶん十分も待つこともせずに、空港をあとにしたのだろう。このことを責めても仕方ない。

空港から走ること十分程、旅行代理店に着く。先着している二人の日本人とも会う。

「だいぶ待って探したのですが……」

「次の便も到着したようなので」

と、先に来た言い訳をする。日本人の習性として、見知らぬ人を待つということはできないこ

ホーチミン

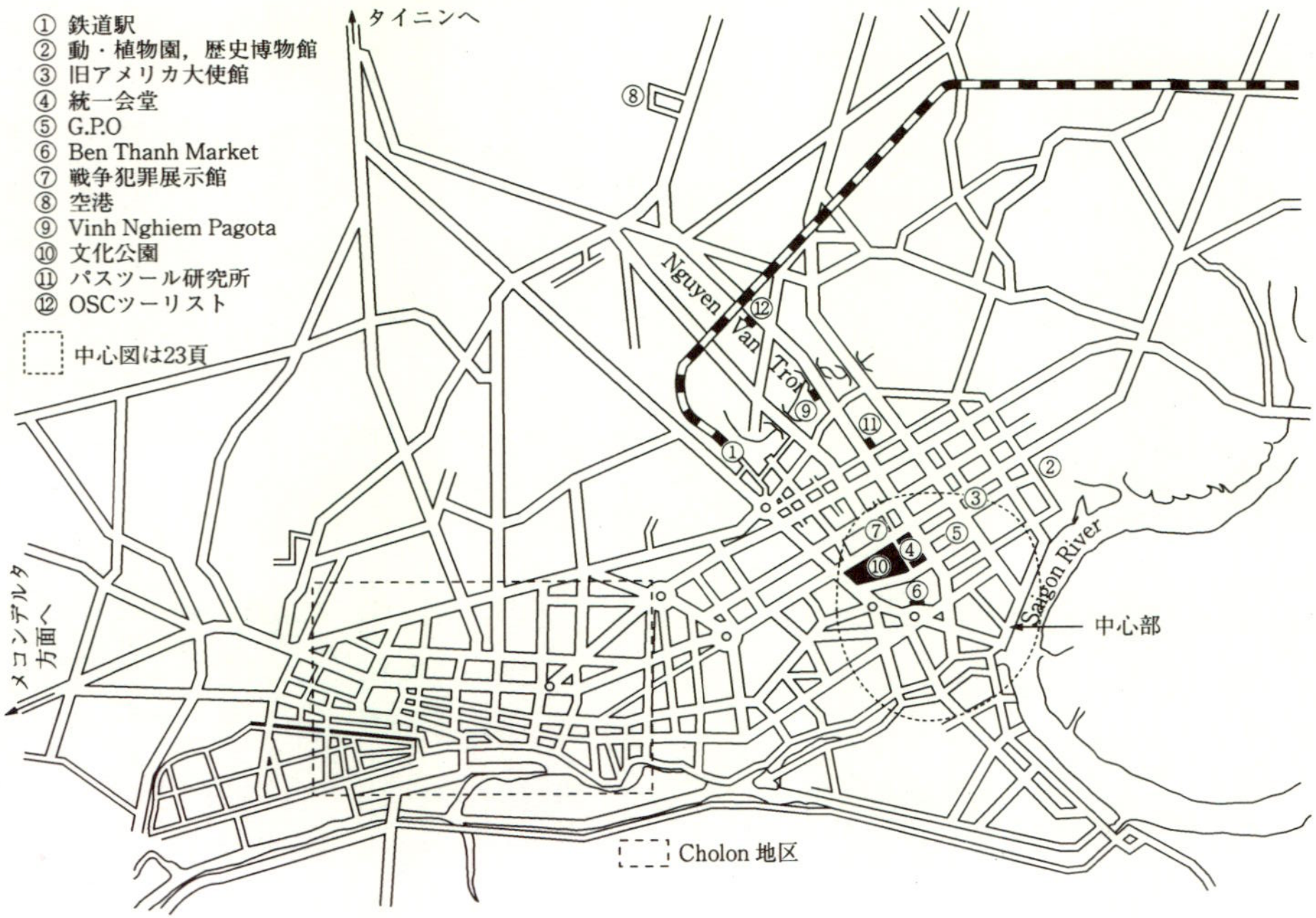

① 鉄道駅
② 動・植物園，歴史博物館
③ 旧アメリカ大使館
④ 統一会堂
⑤ G.P.O
⑥ Ben Thanh Market
⑦ 戦争犯罪展示館
⑧ 空港
⑨ Vinh Nghiem Pagota
⑩ 文化公園
⑪ パスツール研究所
⑫ OSCツーリスト
中心図は23頁
タイニンへ
メコンデルタ方面へ
Nguyen Van Troi
Saigon River
中心部
Cholon 地区

とを知っているので、何とも言いようはない。

たぶん、

「来てないのでしょう。行きましょう」

と言って、迎えの人を急《せ》かせたのだと思う。

このことはそれでいい。

オフィスでベトナム国内の移動許可証の申請をする。また新たな書類に必要事項を書き込んでゆく。

小一時間程居て、そこの車で宿泊先の「SAIGON《サイゴン》ホテル」まで送ってもらう。代理店のゼネラル・マネージャーの日本人と一緒に。

この人もそのホテルを住まいにしているという。

六時三十分を回っている。

宿換え

部屋は三階（日本式には四階）のツインであ

サイゴンホテルと、その入口辺

る。エアコンも利いていて涼しい位だ。値段の割にはいい設備をしていると思う。

二十分程して両替に出て行く。空腹だし、夕食も摂りたい。教えられた政府公認の両替所は、しかし七時ということでちょうど閉まる処だ。換えることはできない。他に探すがない。

近くのホテルのフロントに行くと、ヤミドル買いのおねえさんを連れて来てくれるが、率は悪い。換えない。あちこち探すが見つからず、一旦宿に戻る。とりあえず夕食を摂る為の一ドル分でいいから両替したい。明日銀行が開けばT/Cで換えるつもりだ。

十分後（七時三十分）、再び外出する。NGUYEN.HUE《グエンフエ》大通りとLE.LOI《レロイ》大通りの交叉する処にある高級ホテル「REX《レックス》」のフロントでやっと一ドル換えることができる。一一〇〇〇ドンを手にして、そして「サイゴンホテル」

「REXホテル」前の広場に建つホーチミン像（後方は市庁舎）

近くの路上、うどん屋で肉うどんを食べる。二千ドン。こちらには充分な味だ。

やっと人心地ついて一日を終える。ベトナムに入ったようだ。

部屋のベッドの寝心地はいい。静かで申し分ない。

翌朝七時四十五分に起床する。もっとゆっくり眠ってもいたいが、それなりに予定の行動を消化しなければならない。

朝食付きなので、階下の食堂でパンとハムエッグとスキムミルクとパパイヤの朝食を摂る。

そして早速両替へと動く。両替屋にレートを訊くと、「一ドル＝一〇九五〇ドン」と言う。五十ドン、「レックスホテル」より悪い。それでそちらへと行く。

しかしそちらのホテルでも一〇九五〇となっている。一日で五十ドン、ドルの価値が下がったことになる。それでも仕方ない、十ドル両替する。

次に、今夜の宿探しへと動く。情報にある宿を探して歩く。しかし初めての町故、地図を手にしても、なかなか探し当てられない。

あちこち無駄な動きをしてやっと見つけたのが BEN《ベン》 THANH《タン》 市場辺を離れて三十分後。本来ならそこから十分もかからぬ距離にある。

部屋を取る。一泊五ドル、六ドル、七ドルとあるが、一番安い五ドルの処を取る。その差は階数による。上階になる程安くなる。五階（日本式の六階）以上は五ドル、それ以下二フロアー毎に一ドルずつ高くなる。

ベンタン市場前辺の光景

受付の女の子はこちらがＯＫすると、

「ビザを見せて」

と言う。しかしパスポートは移動許可証を取る為に、旅行代理店に昨日から預けたままだ。事情を話すと納得してくれる。

「では五ドル」

と言う。私はT/Cを出すが、

「現金でなければダメです」

少しねばるが結局受け付けてもらえない。この国のホテルでは外国人には米ドル払いを要求する。例外はあるが誰でもドルを払わされる。

現金の手持ちはあるが、

「明日、T/Cから両替して持って来ますから」

彼女が好意的だったのだと思う。その二つの不備《こと》を許してくれたのだから。一層気に入って、ホーチミン滞在はずっとこの宿にしようと決める。

ホーチミン（中心図）

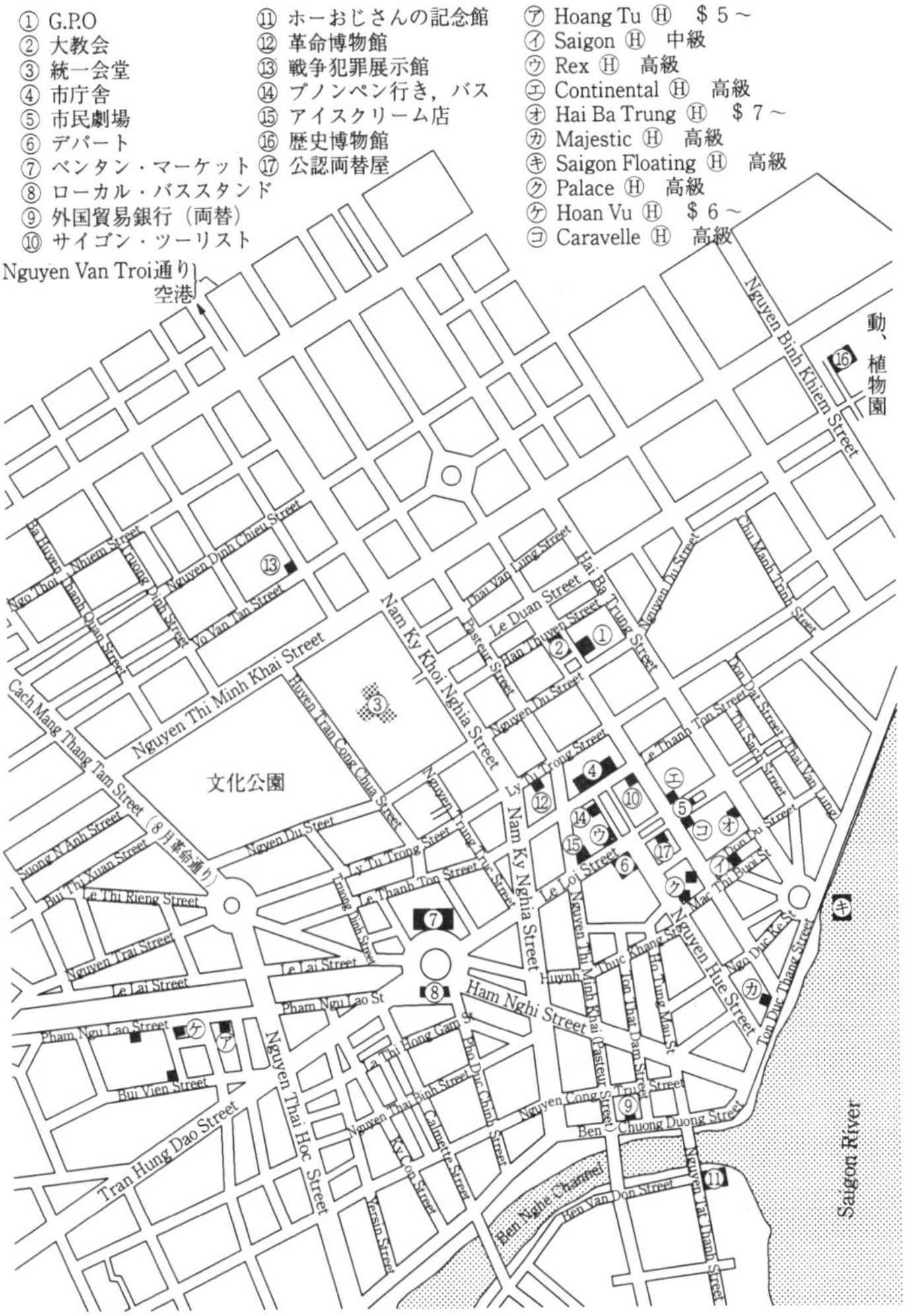

① G.P.O
② 大教会
③ 統一会堂
④ 市庁舎
⑤ 市民劇場
⑥ デパート
⑦ ベンタン・マーケット
⑧ ローカル・バススタンド
⑨ 外国貿易銀行（両替）
⑩ サイゴン・ツーリスト
⑪ ホーおじさんの記念館
⑫ 革命博物館
⑬ 戦争犯罪展示館
⑭ プノンペン行き，バス
⑮ アイスクリーム店
⑯ 歴史博物館
⑰ 公認両替屋
㋐ Hoang Tu Ⓗ ＄5～
㋑ Saigon Ⓗ 中級
㋒ Rex Ⓗ 高級
㋓ Continental Ⓗ 高級
㋔ Hai Ba Trung Ⓗ ＄7～
㋕ Majestic Ⓗ 高級
㋖ Saigon Floating Ⓗ 高級
㋗ Palace Ⓗ 高級
㋘ Hoan Vu Ⓗ ＄6～
㋙ Caravelle Ⓗ 高級
Nguyen Van Troi通り
空港
動、植物園
Nguyen Binh Khiem Street
文化公園
Nguyen Thi Minh Khai Street
Cach Mang Thang Tam Street（8月革命通り）
Nam Ky Khoi Nghia Street
Le Duan Street
Hai Ba Trung Street
Nguyen Du Street
Le Thanh Ton Street
Ly Tu Trong Street
Le Loi Street
Nguyen Hue Street
Ham Nghi Street
Ton Duc Thang Street
Le Lai Street
Pham Ngu Lao Street
Bui Vien Street
Nguyen Thai Hoc Street
Tran Hung Dao Street
Ben Chuong Duong Street
Ben Van Don Street
Ben Nghe Channel
Saigon River

宿を取ったので宿換えをするべく、サイゴンホテルに戻る。チェックアウトは正午なので比較的気楽だ。途中公認両替屋で百ドル札を十ドル札十枚に換えてもらう。こんなことならドルの現金をもっと持って来るべきだったと悔む。手持ちの百二十～三十ドル程では全く足りない。

十時四十分にサイゴンホテルに戻り、シャワーを浴びて汗を流し、十一時二十分に出て、新たな宿へ向かう。シクロ（力車）に乗ってもよいが交渉するのが面倒臭く、歩いて行く。荷もそれ程重くない。

二十分程で着く。歩くのにちょうど良い距離だ。

ヤミ師

午後一時まで宿の「HOANG《ホアン》.TU《ツウ》」ホテルに居る。そして見物へと動く。

パスポートがないので列車の切符を買うことはできないし、T/Cからの両替もできない。

TRAN.HUNG.DAO通りにあるローカル・バススタンドでCUCHI《クチ》行きのバスを確認する。後日時間があればそれに乗ってクチへ行くつもりだ。

次にHAM NGHI大通りを行き、サイゴン川縁りに出る。川辺での荷降ろし作業を見て、あれはバングラデシュのコックスバザールだったか、いや首都のダッカだったか、とにかく真っ白に汚れた（麦粉袋を背負っていた）人夫達を思い出す。

川縁りの公園のベンチでしばし時を送る。あまり動くことはできない。町中の様子を足で歩いて確認すればよい。

「CUU《クー》 LONG《ロン》（MAJESTIC《マジェスティック》）ホテル」前を行き、「SAIGON《サイゴン》 FLOATING《フローティング》ホテル」を右に見て、HAI《ハイ》 BA《バ》 TRUNG《チュン》通りを左折する。サークルになった道を左手に行く。そこの路上で店を開く、豆入りアイスを売るおばあさんの椅子に坐る。千ドンでコップ一杯のそれが出てくる。

そして中央郵便局へ。二時半過ぎより三時四十分まで六人に絵ハガキの便りを書く。

日本まで四千二百ドン。二百ドンの切手しか貼ってもらえず、四千ドン分は数字の機械スタンプだ。味気ないが絵ハガキを渡したら勝手にそうされてしまう。あとで四千ドンの切手もあることを知らされて、なぜそれを売ってくれないのかと、彼女等の不親切を少々恨む。


中央郵便局（正面）と大教会（左）前の光景

郵便局前の大教会を見て、裏の LE DUAN《レズアン》大通りを左折して、統一会堂＝旧大統領官邸前に行く。そこを外から見てUターンして、動・植物園を目指す。

途中でヤミ両替のおじさんに声を掛けられる。

「チェンジ・マネー？」

こちらもヒマなので相手してみる。

「いくらだい？」

彼はポケットから紙を出して書く。

〃一ドル＝一二五〇〇ドン〃

マァ悪くないな、と思う。しかしあまり乗り気を示さず歩いて行く。すぐ取り出せる処にドルはない。腹のベルトの中なので、換えることに躊躇している。それを相手は勘違いして、率を上げてくる。

「もし百ドルなら一三〇〇〇ドンにしよう」

私は歩くのをやめずにいる。おじさんもこちらが拒否しないので乗り気だ。

「三十ドルでも一三〇〇〇出そう」

こちらは二十ドル位ならと思い始める。それ以上は当面必要ない。札が多くなり過ぎる。

「二十ドルなら換えるよ」

「ＯＫ、二十ドル」

「一三〇〇〇ドンだから二六〇〇〇〇〇ドン」

おじさんはそう決まると、さっさと歩いて行く。もうほんの突き当たり、植物園の近くで、その路上で店を広げる茶店の小さな椅子に坐って待っている。少ししてこちらも彼の示す椅子に坐る。

店のコーラを二つ注文して一つをこちらに差し出す。しかし私は飲まない。交渉が決裂した時、「支払え」と言われることを想定して。

彼は低いテーブルの下に置いてある黒いバッグの中に手を入れて、五千ドン札を数えている。そういえば五千ドン札は使用されているのをあまり見ない。果たして有効なのか。

五千ドン札を二十枚ずつ、二束で二十万ドン、プラス十二枚で六万ドン。こちらが数えてテーブルの上、地図の下に隠すと、彼はそれを手にして、二つ折りにしてゴム輪で止めにかかる。私は当初、親切からそうしてくれているのだと思う。いつ二十ドルを出そうかと考えあぐねている。

こちらの態度を見て、レートに不満を持っていると思ったのか、

「OK、一四〇〇〇ドンにしよう。二八〇〇〇〇〇ドンだ」

と言い、さらに二万ドンを上乗せする。五千ドン札四枚をプラスする。私はいよいよ換えなければならないと思う。但し、腹ベルトより出すのが、彼を前にしているので、躊躇《ためら》われる。

再び私は五千ドン札を数え直す。そして二十八万ドンを確認する。一旦バラした札を彼はまた丁寧に頼みもしないのに、二つ折りにしてゴム輪をかける。その動作はどうしてもそうしなけれ

ベトナムの通貨（紙幣）

100ドン

200ドン

500ドン

ばいけない、というような感じだ。

二十八万ドンとなると二つ折りにするとかなりの厚さになる。彼は新聞紙を八つ折りにしたのを私の地図の上に乗せて、何やら手を動かしている。

『そういうことか』

と思う。再び地図の中にある、その輪ゴムで止められた二つ折りの五千ドン札は先程とは似つかない程の厚みしかない。それは二十枚、十万ドン少ない分しかないものに思われた。つまり彼は二十ドルで十八万ドン（あるいはそれ以下）しか渡さないインチキ・ヤミ師なのだ。

怒ることはしない。法に触れることにこちらも参加しようとしているのだから、ここで怒って彼のインチキを責めても仕方ない。いい経験をしたと思って、椅子から立ち上がる。彼もそのインチキを見破られたことを覚って、それ以上何も言わない。

うまい話には必ずウラのあることの証しだ。そしてやはりコーラに口をつけなくて良かった、と思い乍ら、植物園へと歩いて行く。

ヤミ師との交渉はそれでも十五分程の間のことだ。

植物園は、ベトナム人＝千ドンに対して、外国人には五千ドンという入場料を課している。これは私には面白くないので、入ることをやめる。もう四時三十分に近く、長く見物していることもできないことも、その決断を早めた。

園前通り NGUYEN.BINH.KHIEM に店を出すシュガーケイン屋の椅子に腰を降ろす。コーラ

ベトナムの通貨（紙幣）

1000ドン

2000ドン（新札）

2000ドン（旧札）

シュガーケイン屋の女の子

うどん屋のテーブルとうどん

の代わりにそれを飲む。五百ドン、という看板が出ているので、確認してそれを注文する。店の女の子と冗談を言い合って、ついでに隣にあるPHO《フォー》屋（うどん屋）から、そのうどんをとる。こちらは二千ドンだ。マァ相場だろう。五時近くまで彼女等と話している。

NGUYEN.THI.MINH.KHAI（以下ＮＴＭＫ）通り、NAM.KY.KHOI.NGHIA（以下ＮＫＫＮ）通りを経由してレロイ通りに出、宿へと帰って行く。ホーチミン実質初日としては充分過ぎる程歩いたと思う。

七時三十分過ぎ、夕食に近くの安食事処へ行く。うどん中椀が千八百ドン、小椀が千二百ドン。各種のそれを一椀ずつ食べて、別の屋台のパン屋でサンドイッチを求め、シュガーケインを飲んで夕食を終える。こういう時間がひどく楽しい。千ドンずつで二千ドン。うどんも入れて五千ドン（1/2ドル弱）で満腹となる。インドやアフリカをこういった意味でも思い出す。

両　替

昨夜食べた宿近くの路上（NGUYEN THAI.HOC 通り）のサンドイッチ屋で、千ドンのそれを買い、その背後で店を開くジュースやビールを売る屋台でカフェ（六百ドン）を飲む。

カフェは文字通り、コーヒー豆に熱湯を注いで落とした濃厚な液体だ。小さなカップに入れる処はトルココーヒーそっくりだ。所謂、ミルクコーヒーとは違う。

軽く済ませて CACH.MANG.THANG.TAM（以下八月革命）通りへと進む。旅行代理店O社へ向かう。

とにかくパスポートを得なければ不安だし、自由な動きはできない。ただ他の開発途上国に較べて、制服の人間をあまり町中で見掛けないのは嬉しい。警官も居るには居るが、大通りの交差する処に、交通整理の為に居るといった風が強い。何かを求めてウロウロしている姿は見えない。軍人の姿に至っては皆無のように思う。

路上のカフェ。そのテーブルとサンドイッチと

NTMK通りを右に曲がる。そこは公園（文化公園）になっていて時間があれば入ってみるのも面白いように思う。それに続く統一会堂の横を進み、それの切れたNKKN通りを左へ。この通りを行けば自然にオフィスのあるNGUYEN.VAN.TROI（以下NVT）通りにつながる。

九時三十八分、右手にパスツール研究所を見る。さらに進んで同四十七分、ヴィンギェム寺《パゴダ》前を過ぎる。すぐ先が小川に架かる橋である。この川を境に、その先からＮＶＴ通りとなる。

　代理店が近付くが、その手前右側にベトコン銀行を見つけたので入ってみる。T/Cを両替できるかチェックする。

　しかし返事は、「ＮＯ」。どこで換えられるか、と訊くと、

「BEN.CHUONG.DUONG（以下ＢＣＤ）通り十七番地にある銀行（＝外国貿易銀行）だ」

と言う。やはりこの国の旅行はまだ簡単ではない。

　代理店にはベトコン銀行から二分で着く。十時二分過ぎ。

　しかし日本人駐在員は出掛けて留守。代わって応対してくれたのはベトナム人のランさん。日本語を話す。まずパスポートと移動許可証を受け取る。代金は十ドルという。しかしやはりここでもT/Cでは払えない。このことは仕方ないとしても、日本の代理店でそのことを事前に伝えてくれても良いと思う。必ず移動許可証は取らなければならないものなのだから。

　確かに日本の代理店も親切だった。そしてここのオフィスも好意的だ。だが私のような「旅行者のスタッフ」が居ないので、所謂「痒い処に手が届く」ということはない。それを要求する方が無理というものか。

　CANTHO《カントー》へのオプショナルツアーのことをランさんに訊く。希望としては訪れたいので、どの位料金が掛かるか知りたい。しかし正確なことは答えられず、やはり日本人が居なければ話は進まない。後刻電話するということでオフィスを出る。移動許可証代金も未納のままだ。銀行で

T/Cをドル現金に換えてから、ということにしてもらって。

鉄道駅へ向かう。NVT通りを戻り、ほんの一～二分で交差するTRAN.HUY.LIEU（以下THL）通りを右に折れる。初めての土地を歩くのは楽しいものだ。たぶん代理店がそこにあって、そこから駅に向かわなければ、一度も通らないで終わった道だろう。知らぬままに終わった道を歩けるのは嬉しいものだ。

十分もせずにLE.VAN.SY（以下LVS）通りと交差する。そこを左折。

道路を挟んで右手にマーケットがある。ここも人で一杯。シクロ、バイク、自転車で溢れるばかり。

四分でいくらか坂になっている橋に出る。小さな橋上を、ひっきりなしに人が流れてゆく。渡って最初の右に折れる道、KY.DONG（以下KD）通りを行く。道の両側はここでも小さな店々の列《つら》なり。いや家の中にある店もそうだが、歩道上にある各種、店々が、という意味だ。サンドイッチ屋、メシ屋、うどん屋、飲物屋、肉マン屋等々。

七分歩くとT字路に突き当たり、右折する。そこを道なりに進むと、鉄道駅に行き着く。代理店を出て三十分。

広い敷地内に入り切符売場へ行く。窓口には誰も並んでいない。十一時五分前というのは発売をしていないようだ。建物内も薄暗い。

こちらを外国人と知ると、売場窓口の内側に案内してくれる。そしてハノイ行きを告げると、

敷地内から見るサイゴン駅舎

水曜、午前11時過ぎの駅構内の景

英語を話すグエン・トゥイ・ヘェープさんという女の人を呼んでくれる。彼女との会話でこちらの意向を正確に伝えることができる。

特急のＣＭ６列車は月、水、土曜にあることを知り、月曜のそれで行くことを決める。急行にはＴＢＮ４（毎日発）とＴＢＮ８（火、木、金、日曜発）の二つあるが、朝八時十分発と午後四時発とで、どちらも四十八時間後のハノイ到着となり、できることなら午後発、朝着の方が何かと好都合なので、午後三時十分発、ハノイ朝九時十分着（四十二時間後）というＣＭ６にする。

しかしまだ買えない。ヘェープさんは売る人ではないようで、担当者は午後一時過ぎなければ来ないという。こちらもT/Cではたぶん買えないだろうと思うので、ちょうど良い。これらの情報を得られれば充分だ。三十分後の十一時二十五分、サイゴン駅をあとにする。


どうするか迷っている。両替の為にサイゴン川辺まで行くかどうかを。この駅辺で一時頃まで時間をつぶせば、代理店も遠くない。そんな逡巡もあって八月革命通りと二月三日通りとLY.CHINH.THANG通り等、七つの通りが交叉するサイゴン駅近くのロータリーで立ち止まる。決めかねてロータリーに面してある食堂に入ってしまう。歩くに歩けなく、留《とど》まっていることに理由が欲しかったので。

正午をはさんで三十分程居る。食事後、やはりサイゴン川近くの外国貿易銀行に行くことにする。たぶん切符は現金でなければ買えないし、代理店への支払いもそうなのであれば、現金を用

騎馬像の建つロータリー光景

ベンタン市場前のロータリーの光景

意しておかなければならない。

八月革命通りを行き、騎馬像の建つロータリーに出たのは二十分後。

そこからベンタン市場前のロータリーを通り、LE.THANG.TON 小路に入り、「HONG KONG《ホンコン》 INN《イン》」前に来た時、雨が降り出す。そこのロビーで雨宿りする。

十分程で上がる。ＢＣＤ通りの銀行に着いたのは午後一時七分。一時三十分からの始業かと思っていたが、一時から始まっている。好都合だ。

両替カウンターには二人の先客（白人）が居るだけ。すぐにこちらの番が来る。T/Cから現金への両替の可能性を問う。私のような顧客がいるらしく（当然だろう）行員も慣れていて、テキパキと手続きをしてくれる。

「二百五十ドルに対しては三ドル七十五セントの手数料が掛かります」

ドルからドルに換えるのに、額面通り出て来ないとは、と不満を言っても仕方ない。たぶん日本でも同じだろう。とにかくこの国ではこれだけの手数料が掛かる。

三ドル七十五セントを日本円にすれば、五百円もしないので大したことはないが、この国では私なら、七～八食分にも当たる金額だ。そう思っても現金が必要なので換えざるを得ない。

二百四十六ドル二十五セントとなり、二十五セント分は二千七百五十三ドンで、ベトナム貨でもらう。但し、「五十三ドンはない」ということで、二千七百ドンしか受け取れない。日本の銀行なら一円の単位にしても用意してあるだろう。この辺がいい加減な国と言わざるを得ない。この国以外にもこういった国はいくらでもあるが。

食欲

ドルの現金を手にしてやっといくらか落ち着く。すぐに駅へと向かうが、「ROSEホテル《ローズ》」の前まで来た時、雨が降り出す。まだいくらも歩いていない。

空全体が暗くなる。雷を伴って降る。閃光も放つ。十分やそこらで上がる気配はない。空一面が雲に蔽われている。

入口のガードマンの処にある電話を借りて代理店に電話を掛ける。いい具合に駐在員は居る。

「可能なら明日のカントー行きのアレンジをお願いしたい」

と依頼する。

OK、と言う。ガイド付きで百四十ドルとも聞く。ランさんとの話の時よりいくらか安い。頼むことにする。ガイドが付かなければ移動（市外へは）できないというのだから仕方ない。

電話を切っても雨の上がる気配はない。しかし代理店には五時半までに行く約束をする。

一時三十分過ぎから降り出した雨は一時間経っても上がらない。いくらか雨足が弱まった二時三十分に歩き出す。これ以上は待てない。

一旦宿に戻ることにする。傘がある。それをさして行くことにする。シクロの運ちゃんは当初一万ドンと言っていたが、こちらが気のない返事をすると五千ドンに下げる。それでも高いと感じて利用しない。歩いても十分程で行けるのだから。ただ、今は雨が降ってはいるが。

宿に二時四十四分に戻り、傘を出し、ちょっと休んで三時五分に出掛ける。雨は上がっているが傘は持ってゆく。いつ降っても歩けるように。

最短コースを通って鉄道駅へ行く。宿を出て三十分はかかっていない。

早速切符発売口の横を通って、内側へ入る。そこに先程のヘェープさんが居る。彼女の案内で、内側《そこ》の椅子に腰を降ろして待つ。出札担当者の来るのを待つ。

暫くすると中年の女の人が来て、料金表を示す。先程と同じのだ。CM6（特急）の三等寝台の上段の処、九十ドルを示す。それを希望しているからだ。一応T/Cを見せて、これで買えないか、と問うがダメである。彼女等はT/C自体を使ったことがないので、それの価値を認めていない。

切符を受け取る。九十ドルの現金と引き換えに。次の月曜の便というのに、もう三等寝台の予約はかなり入っている。早めに購入してやはり良かった。

駅には午後四時五分まで居る。そして先程通った道を逆に辿って代理店へ行く。途中路上の細メン屋でメンスープを食べる。切符を購入したので、いくらか気持ちに余裕ができる。

代理店《オフィス》（O社）には五時二分に着く。駐在員と話し込む。商売人らしく人を逸《そら》さない。何かと話題を作って、客に好印象を与えようとしている。外国で働く人は大変だと思う。特に日本人と現地人との間に挟まってする仕事に於いては。

明日のカントー行き（＝小旅行《エクスカーション》）のガイドと車の手配を確認し、そしてそれの代金、プラス移動許可証代の計百五十ドルを支払う。どうなのか、移動許可証は個人でも取れるのではないか（後日、個人で取っている者の方が多いことを知る）。この国は少しずつだが変わって来ているので、そのうち完全に個人の自由旅行ができるだろう――そんな日も近いだろう。

代理店の車で「CARAVELLE《カラベル》ホテル」の処まで送られる（午後六時十七分）。駐在員はサイゴンホテルを住まいとしているので。

宿への途中、両替屋へ寄る。ドルT/Cからドル現金への両替も可能だが、外国貿易銀行より手数料がさらに高くなり、百ドルで九十六ドルしかこない。故にやめる。ちなみにT/C十ドルでは、八万七千ドン程しかこない。ひどく悪いレートだ。現金なら十万九千五百になるのだから、二万二千余ドンも下がる。これは二ドル分が消えるということだ。なんてバカな話ではないか。

こういったことを日本に居る時に知っていれば、当然対し方は違っていただろう。活きた情報というのはなかなか入って来ないものだ。また日本の旅行社の者にしても、自分達はそれ程、金を使う行動はしない訳だから、それを要求する方が無理というものだろう。たまたま自分の周りにベトナムに行った者が居なかったというに過ぎない。

宿に戻る。やはりいくらか疲れている。ノドも渇いている。ジャーに入っている湯を飲む。しかしこの湯が、腹を下すことの原因となる。急におかしくなる。

しかし夕食には（午後八時少し前に）出る。たぶん義務感からだろう。安く食べられる店を見つけたからだ。

千二百ドンのうどんで腹四分目となり、別の千二百ドンのメンを食べれば、腹八分目となるのだから安いと言わざるを得ない。

それを食べたい為に、下痢気味だが、その安食堂へ行く。そしてそれらを食する。充分旨い。帰り、昨夜も摂ったサンドイッチ屋へ向かうが、その少し手前で雨に降られる。雨宿りを建物の幅狭な軒廂下でする。サンドイッチは諦める。

この雨も当分上がりそうにない。三十分程足止めを喰う。まだ上がっていないが宿へと軒先伝いに戻る。随分雨に降られた一日だ。

小旅行

ベトナム四日目。

ホーチミンからカントーへ小旅行に出る。宿はホーチミンに取ったままの一泊旅行だ。ガイドと車と運転手付き。自分には似合わない豪華版だ。しかしそうでなければ移動できないというのだから仕方ない。

約束の八時三十分に少し前に、迎えの車が来る。まず良かった、待たされることがなくて。

ガイドのギアさんは日本語を話す。彼はたった五年間でこれだけの日本語を話せるようになっている。一度も日本に来たことはないというのに。それも正式な学校で習ったのではなく、以前日本で坊さんの修業をしていたという人が開いていた私塾みたいな処での学習でだ。週二回一時間の学習だけということで。私のような日本人からしてみると、ひどく頭の下がる思いだ。英語をさて何時間、これまで勉強して来ただろうか。中、高で六年、大学でも四年間、計十年間、それも週三時間はやっているというのに情無い話だ。ギアさんの日本語の方がこちらの英語よりはるかに上手《うま》い。

彼とその家族は統一以前はかなり富裕な生活をしていたという。地主だったようだ。一九六三年生まれというから、アメリカがベトナムに介入する前だ。南ベトナムが消滅した時は小学六年生だったという。それからあとは苦労したらしい。旧政府の役人はいい仕事に就けず、その子供もまた、大学には行けないという。もし行けるとすれば阿《おもね》り、金を出した者だけだ。住まいも中心から離れた郊外に行かざるを得なくなったと。役人になろうとすれば、当人より三代前まで調べられるという。

彼が日本語の勉強を始めたのは二十三歳の時。なぜ日本語か、というと英語を学んでいる者は多いのであまり面白くなく、メジャーでない日本語の方がこれから先利用価値が出てくるのではないか、と考えたからだ。それに日本の歴史にも興味があると。

「何となくベトナムの歴史に似ている」

とも。

「明治維新の時の日本のあり方が興味深い」

と。

こういうベトナム人が居るということをどう思えばいいのか。日本に興味があって、日本語をマスターしようというのは正論だ。しかしそれを実行に移せるかどうかというのは往々にして別次元の問題だ。実際自分には興味のある国はいくつもあるが言葉を、ガイドできる程までマスターできるとは思われない。実際私には英語のガイド役などとても務まらない。

彼は十人兄弟の下から二番目。男では一番下で、下に妹がいる。まだ独身で今は年老いた両親と妹と四人暮しという。生活は大変らしい。

MYTHO《ミト》に着いたのは、ホーチミンを出て約一時間三十分後。タイソン島への船が出る川辺へ行く。白人の初老の夫婦が二人だけで大きな船をチャーターして、そこへと出発して行く。時間と金があればこちらもそこへ行くのだが、諦める。五分程停車して先へ進む。

「昨日遅くまで仕事していたので、今日は眩暈《めまい》がします」

とギアさんは言う。寝不足らしい。

ミトを出てから三十分後、車は道端に寄せられる。ギアさんが降りてしゃがみ込む。どうやら嘔吐しているらしい。気分が良くないようだ。五分程して戻ってくる。

「こちらのことは気にせず、眠っていいですよ」

明日も同じ道を戻って来るのだから、何か土地のことで訊くことがあれば、その時でも問題ない。

そこからVINLON《ヴィンロン》へのフェリー乗場へ着く四十分程の間、彼は前の助手席で眠り込む。

こちらもまた半分眠っている。窓外には豊かに広がる田園がある。

町中を離れると、バスの姿が多い。あるいはバイクも二人乗りして走る。乗用車もかなり走る。ホーチミン市内のような喧騒は全くない。

バスがいくつも故障して道端で修理されている。確かにこれはアフリカ的な光景だ。故障しているバスの殆どが中国製、あるいはソ連製か。

日本のバスも多く見るが、それがエンコしている姿はついぞ見ない。

バスに限らず、多くの日本の運送会社で廃車になった大型トラックがここでは活躍している。

ヴィンロンへのフェリー乗場辺，順番待ちの光景

ヴィンロンへのフェリー乗場辺，順番待ちの光景

この国では充分通用する代物だろう。午前十一時三十七分、フェリー乗場に着く。十分程待って乗船する。着いたフェリーの乗客や車が降りたあとに乗り込む。

乗船すると、すぐに発船となる。車も七～八台も入れば満杯となる。フェリーは四、五隻（いやそれ以上）あるが、今は二、三隻が常時動いている。

フェリー中央部に車が乗り、その両脇にバイク、自転車、人間が入り込む。

物売りがひっきりなしにやって来る。車の窓ガラスを叩いて自分の存在を知らせる。前席の運転手とギアさんは無視したままだ。こちらも特別問題ない。

車外に出て、写真を撮る。両脇にある二階部分に上がる。ここにも店を開く商売人が居る。しかし彼等はそこに店を構えているので、移動

ヴィンロンへのフェリーから船着場を

ヴィンロンへのフェリーから見た，こちら側に着いたフェリー

フェリー内２階の新聞売り少女

フェリー内　乗合バスと物売り

して売り歩くことはない。こちらを見ても、売り込むようなことはしない。

十分後、対岸に着く。ヴィンロンの町そのものは、ここから五km程離れている。フェリーに乗り込むのを待つ車の列の横を通って進む。もう物売りもやって来ない。

十五分後、ヴィンロンのバスターミナルの横を通る。町中に入ったのだ。

フェリー内，光景

そして二分程、メコン川に着く。

「ヴィンチャーホテル」前にあるフントイ・レストランで昼食を摂る。エビ二つと焼魚の煮物、それにご飯とスープ。昼食としては充分過ぎるもの。

ギアさんの話によると、一食を五ドルでまかなう、と言う。五万ドンに抑えなければ足が出て、彼の持ち出しになるらしい。特別高級料理を食べたいとは思わないが、こういう機会でなければ値の張るものを食べられないことも確かだ。

　午後一時前にそこを出て、隣接する観光舟の舟着場へ行く。クルーズの値段の交渉だ。時間的にもここで舟に乗らなければ早くカントーに着き過ぎる。ギアさんもこのクルーズに出ることを薦める風がある（口には出さないが）。

　相場は二十ドル。私は、「十ドル」というがそれでは無理という。二十ドルは出せない。間をとって、

「十五ドル」

「二十ドルだが、十五ドルだとメコンの本流までは行かない」

　こちらはそれでOKする。とにかく気分を味わえばそれでいい。

　たとえ三十分間でもいい。その舟に乗って、メコン川を航《はし》ったという事実だけあればいい。

　乗ってみると、やはり気分がいい。これは可

ヴィンロン，メコン・クルーズ。川を航く小舟

メコン川を航く小舟

メコン川に浮く、舟の商店

能なら乗ってみるべきものだと思う。往き違う小舟や中形船、そして手漕ぎの舟はまさしくこれまで写真やフィルムでしか見ることのできなかった世界だ。

デルタの小支流を抜けて航る。舟頭はこちらがカメラを構えると、エンジンの回転を落として、ブレの少ないようにしてくれる。そんな心遣いがまたひどく嬉しい。

乗って四十分程、AN.BINH 島の脇を通る。AN.BINH とは漢字で書くと、安平、であり、「平安という意」と言う。

そしてさらに十分程、その安平島と列なるようにしてあるのがヴィンロン最大の島、ヴィンフアーフック島だ。この島内の水路を航って舟着場に停まる。島に上陸する。

市場を見て、水路を越えるコンクリートのアーチ型の橋（人間のみが通れる）を渡り、右手に進む。小径の左側に舟造りの作業場がある。木を重ね合わせて、舟の形にしてゆく。隙き間には接着剤を塗る。人手があれば四日で一艘を完成させるという。

「ベトナムの舟造りの技術は一流です」

とギアさんは言う。確かにその形は流麗だ。

さらに小径を進むと、心許無い木製の、いや板木の小橋が架かり、そこを抜けると、川辺側でヤシの葉を編み重ねて造る屋根瓦の作業所に出る。まだ十代前半の女の子達が六人集まって作業している。

「ここでは一枚二百ドンだが、ホーチミンへ行くと五百ドンにもなる」

ヴィンファーフック島内の水路とアーチ型の橋

メコン・クルーズ・ツアーのガイドのギアさん

とギアさんは説明する。

「大体三年に一度は葺き替えます」

一軒の家の屋根に使用する枚数は、それはかなりの数になる。従って比較的安定した職業《しごと》ということができる。

作業する女の子達の写真を撮ると、キャッキャッと言って笑う。花も恥じらう年頃とはよく言ったものだ。十代前半の娘だから、可愛いということもできる。周りに、男達も様子を見に集まって来る。しかし女の子達の手は休まない。どの国でも女の方が働き者だ。

ここを折り返し点として舟着場に戻る。三十分程島内に居る。

二時三十六分、待っている舟に乗り込む。戻りは複雑な水路を通ることもなく進む。ヴィンフアーフック島、漢字にすると「平和福島」、が後方に遠ざかってゆく。

ヴィンロンの舟着場には島を出て、五十分程して戻る。

車の運転手が待っている。この町のマーケットも見物したいので、そちらに寄ってもらう。舟着場からはすぐ近くだ。入口で車に待っていてもらい、ギアさんと二人で入って行く。

ひどい人の群れ。ここでもアフリカの市場を思い出す。その足元の悪さもソックリ。人々の肌の色の違いだけがアフリカとを分けている。

ランブータンという果物を買う。一kgで二千ドン。かなりの量がある。

十三分で車の処に戻る。ギアさんも運転手も今は早くカントーに着きたい風が読み取れる。確かにそこへ着けば、彼等の一日の仕事は終わるのだから。

カントーへのフェリー乗場へは四十分後の四時二十分に着く。ここでもギアさんが下車してゲートの処で乗船代を支払う。支払うと乗船ゲートの処まで進む。

七分してゲートが開き、フェリーに乗り込む。時刻が遅いからか、ヴィンロンへの時は満杯に入った車はここでは私のを入れて三台だけ。従って小さなフェリーでもガラガラの態だ。

しかし同じのこともある。物売りのしつこさと、そして乞食さんの多さ。

子供の乞食が寄って来る。子供が赤児を抱いて相手の同情をかう演出だ。そして、まだ五歳位の別の男の子がこちらの足元にひれ伏して、恵みを乞う。

『なかなかの役者だ』

一種のこれはゲームだと思っている。彼等は年端もいかない子供だが、すでに生活の知恵はつけている。どれだけの演技をすればより強烈に相手に訴えるものがあるかを心得ている。従って、故にこれはゲームということになる。

彼等の貧しさに切実を感じなくなっている。演技ということになれば、そこには余裕というものがある。誰にでもするということは、特別、「こちらであるから」ということではない。ならばそれに応える必要もないということになる。このような思考回路を経て、私はひどく冷たい心情でその子供の演技を見ている。

カントー

フェリーは十三分後、対岸に着く。車は動き出す。物売りも乞食さん達も、後方へと置き去られてゆく。私は後ろを振り向かない。いや誰も振り向かない。たぶん彼等は新たに乗り込んで来る車の主に同じようなことを始めているのだろう。

フェリー場から六分後、宿となる「QUOC《クオック》 TE《テー》」ホテルに着く。八時間の行程は終わる。ギアさんの不調も次第に回復している。こちらもホッとする。

部屋に入る。旅行社に支払った百四十ドルの中に、部屋代も含まれているが、フロントの壁にある料金リストから十八ドルの部屋ということを知る。高い方から二番目のものだ。私はむしろ最低でもよいからその分代金を安くしてもらった方が良かったが。

今日一日でミト、ヴィンロン、そしてカントーを巡ったことになる。金はかかるがそれなりに納得できるものだったと思う。

部屋で小休止後、町の見物に少し出る。日のあるうちに見ておきたい場所がある。明日は帰りなのでたぶんあまりゆっくりとは、ガイドさんも運転手さんも、していたくはないだろう。

マーケットを見る。そしてクメール寺へ。

寺で若い坊さんと少し話す。カンボジア人だが（というより本人は「クメール人」というが）、ベトナム生まれだという。ベトナム南部にはクメール人は多いとも。夕食の時刻もあり十数分でそこをあとにする。一日のすべての予定を終えて宿に戻る。

夕食の約束の時刻六時三十分より五分遅れて戻る。ギアさんがそこでこちらを待っている。宿一階のレストランで運転手を入れた三人で食事する。ここでも豪華な食事となる。こんなに必要ないと思うが、逆にギアさんはこちらに気を遣っているらしい。先に言うべきだったかも知れない。「安いものでいいよ」と。

三人とも満腹して、レストランを出る。もうやることは何もない。

ギアさんとの約束は、朝八時に食堂の前で、ということだ。朝食までこのエクスカーションの代金に入っている。その時刻に合わせて起床する。眠りは比較的よい。

ホーチミンの「ホアンツウ」ホテルより静かだ。但し、蟻が部屋に多く居て、食べ物があればすぐにそれに群がってくる。川辺に面しているのでいくらか蚊の心配もあったが、エアコンが利いている為か、それには悩まされずに済む。七時十分に起き出す。

日本人の常として（昨夜は少し遅れたが）、五分程前には約束の処に下りている。荷物もまとめてチェックアウトする。ギアさんはまだ見えない。

フロントでチェックアウトの手続きをしているとやって来る。どうやら今、宿泊代金を払うようだ。何か不思議なツアーだ。これなら客が勝手に決めた方がいいように思う。確実に十ドルは安くあがった。これも仕方ない。ギアさんはこちらの部屋代十八ドルを支払っている。

朝食は、"Hu.Tieu"という細メンだ。メンというよりむしろ春雨に近い。

少しして運転手さんも来る。彼等は二人一部屋で、やはり十八ドルの処に泊まっている。但し、外国人では十八ドルであり、現地人はその約$\frac{1}{3}$、六万ドンだ。

ギアさん自身も言っているが、このガイドという仕事をして居るからこそ、このような高いホテルに泊まれ、ホテルのレストランでも食事できる——日本円にすれば僅かな額だが。

この辺の心の機微は私のような旅行者にしか解らないかも知れない。日本円に換算して、大盤振舞いすることの方が礼を欠くような気がする。

朝食後、ギアさんと二人でマーケットへ行く。

「カントーで一番大きなマーケット」

と言う。川辺を上がった通り一杯に店々が並んでいる。路上にも溢れる程だ。野菜、果物、魚、肉、日用雑貨、ありとあらゆる物品《モノ》が売られている。アフリカに似ているが、その品数の豊富さではアフリカとは比べものにならない。

楊枝売り、宝くじ売り、寒天売り、そしてメシ屋、うどん屋、パン屋、甘菓子屋等々と。足の踏み場もない程に。そこに歩けない不具者、目の見えない乞食さん、老人の乞食さん。子供、老婆、とありとあらゆる人が入り乱れて。この喧噪はインド的だ。

建物内にあるマーケットは、いくらか小綺麗。売り子も客も装いからして違う。貴金属屋、布地屋、化粧品屋、時計屋等々、いくらか高級品を扱っている。

私は自分ではベトナム人に紛れ込んでいるつもりだが、やはりどこか浮いているのか、人々の見る目は違う。私の目に特徴があるらしい。ベトナム人にはない目らしい。それにアゴの不精ヒゲもベトナム人には殆ど見られない。

三十分程見物して宿に戻る。そして運転手さんを呼んで帰路につく。九時十九分、ホテル発。

トラブル

旅行にはトラブルがつきものだ。トラブルのない旅行は、それはすなわち他人《ひと》の与えてくれた上に乗っかって動いているに過ぎない。

だから(私の場合《これに》)トラブルはあっていい。しかしこういったトラブルはひどく気を滅入らせる。その相手が国家をバックにしている者であると。私の最も嫌っている制服の男とのトラブル。確かに落ち度はこちらにあるが。

それはカントーを出て二時間程後に起こった。カントーからヴィンロンへ行くフェリーでは問題なかった。しかしヴィンロンを通過してミトへのフェリーに乗るその船着場で、トラブルが起こる。

私はベトナム語が読めないにも拘らず、フェリー代に興味があり、その料金徴収所で車が止まった時に、その看板を撮ろうと車外へ出た。たぶん近くに公安警察の詰所があったのだろう。そこを撮影したと疑われる。

乗船切符を買って、フェリーへの乗り込みを待っている時、公安警察が近付いて来る。まず運転手に話し掛け、車の書類を要求し、次に免許証を要求する。この時私はまだ自分の行為によって、このようなことが起こっているとは思っていない。ただ何かの気紛れで私たちの車に声を掛けて来たのだ、と位にしか。

しかしギアさんが話に加わるに及んで、こちらに向けられていることを覚る。運転手への質問は終わっている。

「先程、公安の写真を撮りましたか?」

ギアさんが尋ねる。

「公安?　撮っていません」

彼は警官に通訳する。何か言葉が交わされる。

「さっき、写真を撮りませんでしたか?」

「切符売場は撮りましたが、それ以外は撮っていません」

それが真実だ。他に答えようはない。しかし公安警官達はヒマもあったのだろう、また興味も手伝ってか、車を降りるように言う。

ギアさんと共に警官の後ろに従う。車はフェリーへのコースから外れて公安取調所前に着けられる。

カメラを前にして尋問が始まる。先程訊いたことの繰り返しだ。ギアさんは通訳する。

「ここはこの国の法律で写真を撮ってはいけない処です。公安の働く姿も撮ることは禁じられています」

私は無言で聞いている以外ない。パスポートの提示を求められる。それを渡す。ビザを相手は調べる。それは問題ない。

「ここで写真を撮るのには人民軍による許可証が必要です。あなたはそれを持っていませんから、ここで撮ることは法律に違反しています」

ギアさんは警官の言うことを正確に通訳する。日本語にすると丁寧だが、実際はきつい言葉で言われているのだろう。

「何枚撮っていますか?」

私はカウンターを見て、

「二十八枚です」

「どんな処を写しましたか?」

「今来たカントーの町と、それから昨日行ったヴィンロンのメコン川のクルーズ、ヴィンファーフック島です」

それはギアさんも知っていることだ。相手は一人が主に応対しているが、他にも二人が口を挟んでいる。三人を相手にしてはちょっとやりづらい。それにこういう相手には決して逆らうことはできない。少しでも相手の心証を良くしなければならないが、主なる一人は全く私の方を見ず、もっぱらギアさんに顔を向けている。ギアさんの生い立ちを聞いているだけに、申し訳なくて仕方ない。彼が現政府の人間を恐れていることも知っているから。

「フィルムを調べますがいいですか?」

「いいです」

「もし不服があるようでしたら、言って下さい。その時はヴィンロンまで行って現像をしてみますから」

ギアさんは通訳すると共に、「フィルムを渡さなければ、今日はホーチミンに戻れないかも知れない」と言う。

「二、三日、止められてしまうかも知れない」と。それはギアさんに限らず、こちらにとっても困ることだ。フィルム一本の為に予定を狂わされることなどしたくない。

「フィルムはお渡しします。もう私は要りません」

実際そう言わなければ、相手を依怙地にさせることは判っている。

「じゃ、取り出して下さい」

フィルムを巻き戻す。この一本で本当に片が付けばいい。

彼等は取り出されたフィルムを前にして、話し合う。私には何が語られているのか判らない——のちにギアさんに訊くと、この時三人で本当に没収するか、それとも見逃すか、話されていたという。しかし私の人相・風体等によって、結局「没収」ということになった。

相手は再び繰り返す。

「もし不満があれば、ヴィンロンに一緒に来て下さい。そこで現像して問題ない写真でしたら、すべてお返ししますから」

「いえ、もう結構です」

ギアさんの話では、たとえそうであっても現像代はこちら持ちだという。それにもしかしたら、すぐには現像できないかも知れないし、ヴィンロンの宿泊代も自分持ちになる訳だから。

相手はノートを取り出して、事の次第を書き込んでゆく。そのゆっくりとした書き様は、何かをこちらに求めているようでもある。もし金を要求しているのなら、むしろそう言ってくれた方がいい。こちらからはそれは言い出せない。なぜなら自らおかしい処を写していたと認めるようなものだからだ。

十行以上書いただろうか。書き終えると、こちら（ギアさん）に確認を求めるように読み上げる。

「——公安を撮影した疑いがあるので、フィルムを没収したことに対して、異議は申し立てません——」

最後の処にこちらの署名を求める。ギアさんもサインをさせられる。公安詰所に入ってから四十分後、カラになったカメラを持ってやっと解放される。ひどく疲れている。

カンボジアが見える

「あの人たちには絶対に逆らえません。反対のことを言えばヴィンロンへ連れて行かれて、二日も三日も調べられるかも知れません。もし違反した写真でも見つかれば、一ヶ月くらいは出れないかも知れません。罰金もかかります」

かつてアフリカでこのような経験をしているが、そのことをギアさんに話す必要はない。しかしいくら経験したといっても、決して今の思いが薄れるということはない。

「教養のない連中です。彼の書いた文章はバラバラで、まるで小学生が書いたもののようです」とギアさんは先程の警官の作文を嗤う。ひどく丁寧に書いていたようだが、それは文章を考えていた為だったようだ。もともと教育が無いからスラスラとは文章が書けなかったと、ギアさんは暗に言っている。

解放されて三分して、フェリーに乗船できる。いくらかホッとする。しかし岸辺を離れるまで不安がある。もう今回は車の外へは出ない。そんな気分にはなれない。

「これまでに何回、カントーにお客さんを連れて来ましたか?」

「十回以上来ています」

「それまでにこんなことになったのはなかったのでしょう?」

「はい」

「でも、これまでのお客さんの中にもフェリーを写真に撮った人は居たのでしょう?」

「居ました」

ということはやはり運が悪かったということだ。

フェリーはいつの間にか航《はし》り出している。

そして、十二時二十二分対岸に達する。上陸への、その浮き舟のゲート上部に書かれたベトナム文字の下に、

「NO.PICTURE」(撮影禁止)

というアルファベットを発見する。よく見なければ見落としてしまいそうな位置だが、確かに掲示はある。船着場がいけないのか、あるいはフェリーもダメなのか。没収されたフィルムにはフェリー内部を写したものが入っている。もしそれを咎められれば違反ということになるだろう。

ミトに向かって走るが、車内での会話はあまりない。座席に浅く坐って、〝眠っていることを欲する〟、ギアさんはそんな風だ。

四十分程走って、ガソリンスタンドに止まり燃料を入れる。〝一リットル=二千三百ドン〟の

看板がある。場所によってその値は違う。ホーチミンでは二千八百ドンが相場らしい。人間はトイレする。

四分後、そこを出て十六分走って、車は国道端にある食堂に止められる。「昼食」と言う。確かに空腹だ。だがこの昼食代は含まれていない。現実には昼食時間は来るというのに。

三十分程で食事を終える。三人分二万三千ドンはこちらがもつ。ギアさんが支払ったその分、彼に渡す。フェリー場でのトラブルがなければ、あるいは昼食前にホーチミンに戻って来れていたかも知れないからだ。

ミトより一時間二十分でホーチミン、CHOLON《チョロン》地区に入る。チャイナタウン。市中心（ベンタン市場周辺）よりさらに激しい人の渦。

『これも大変な処だ』

車は私たちの他はあまり見ない。車が車として走れないのだから、普通はこの道を避けるのも当然だ。いずれ時間があれば来ようと思う。

午後三時三十三分、「ホアンツウ」ホテル前に着く。

お礼を言って車を降りる。彼等二人にとっても疲れる仕事だったと思う。こういう時、どうすればいいのか。ただ契約を終えた関係とシビアに割り切ってしまえばいいのか。

ギアさんは、それは仕事だといっても、疲れたということを隠さない。日本に来るかも知れないということなので、もし来たら今度はこちらが案内したいと思う（しかしパスポートを取るのに三千ドルとも五千ドルとも言われているので果たして本当に日本に来れるのかどうか疑問だが)。

フェリー場でのことがあったからと言って、ホテルの部屋に閉じこもってはいない。早速カメラにフィルムを入れて町中に出て行く。できたらT/Cを現金に換えたい。但し、四時をすでに過ぎている。銀行が開いているとは思えないが、そこへ向かう。

着いたのは四時三十分を過ぎている。扉は閉まっている。

次にベトナム貨を得る為に動く。一昨日ヤミ師が声を掛けて来たレズアン大通りへ向かう。しかし雨も降り出し、それに五時も回っていて、その男の居る可能性はゼロに近い。がこちらの性格は行ってみなければ納得しない。雨に打たれ乍らも歩いて行く。無駄足になることを充分承知していて、行くというのはどういうことか。自分自身を得心させる為以外の何ものでもない。

その大通りを往復して——やはりヤミ師は居ない——戻る。DONG《ドン》 KHOI《コイ》通りにある「サイゴンツーリスト」に入り、念の為、「カントー一泊ツアー」の料金を訊く。二百ドルはかかると知り、いくらかホッとする。利用した代理店より安く行けたら、不満は残っただろう。

またカンボジアへの可能性を訊く。ビザは一日で取れると言う。そして料金は五十ドルとも。

「カンボジアへはバスで行けますか?」

「行けます」

かなり難しいと思っていたカンボジアがひどく身近に感じられる。このことが日本を発つ前に判っていれば、全く違ったスケジュールを組んでいただろう。たぶんバンコクからハノイに入り、ホーチミンに下って、そこからカンボジア入りを企てただろう。

今回はさてどうするのか、予定通り大人しくハノイからバンコクに戻るか。それはあまり面白くないように思える。もしハノイでラオスのビザが取れたら、陸路で入ることを目指そうかとも考える。

しかし悪いことがまた起こることを考えれば、あまり予定外なことはしない方がいいかも知れない。ホーチミン市の喧噪を再び身近にして、一日を終えようとしている。

CUCHI《クチ》へ、地下都市へ

ホーチミン市から外へ出る時には、ガイドが必要です、とは言われていた。しかしそれはあくまで原則であって、それをすべて実行に移さなければならないとは思わない。特別何かを見るという目的がなければガイドは必要ないのだから。しかし旅行者は何かを見る為に動くという前提があるから、ガイドを付ける、という当局側の主張も正しいが。

私のような旅行者は特別何かを見るモノがなくとも市外に動くこともある。そんな時はどうすればよいのか。当然金のかかるガイドなど雇わない。この考えを敷衍してゆくと、ホーチミン市からそれほど遠くない、日帰りの距離にある処なら一人で行ってもいいのではないか。

そう考えて、今日クチへはガイドなしで動く。ただ今日も、「もし……」という仮定形が存在するなら、これから起こることも違った展開になっていただろう。

〝もし、朝その時刻に雨が降り出さなかったならば……〟


たぶん銀行が開くであろう午前八時に宿を出る。T/Cを現金に換える作業をまたしなければならない。面倒臭いが手持ちのドル現金（百ドル程）が心許無く、ハノイでも可能だろうが、できる処でやっておこうと、このホーチミンで換えることを決める。

先日も換えた、川辺のＢＣＤ通りにある外国貿易銀行へ行く。

途中、宿近くの路上サンドイッチ屋でそれを求め、傍らにある路上茶店でカフェを飲んでの朝食を摂っているので、銀行着は八時三十七分になっている。

窓口には先日にも居た男の人が坐り、テキパキと用件をこなす。そして隣の窓口に書類を渡し、そこで二百ドルT/C分の現金、百九十七ドルが出て来たのは十分程のちのことだ（T/Cから現金へは一ドルにつき一・五％の手数料が掛かる。だが百ドルだとしても二ドルは取られる。最小限二ドルの手数料は取られる）。

それを手にして外へ出ると、雨季のスコールが激しく降り出している。傘を持っているので、歩くことはできるが、まだ九時前、気持ちに余裕がある――しかしのちにこれがアダとなる。

『バスは乗れば一時間半、遅くかかっても二時間あればクチに着く。そこから地下トンネルまでは車で十二分とガイドブックには書いてある。十二分なら何を利用しても三十分もあれば、いや遅くとも一時間もあれば辿り着ける。正午にはその地下トンネルを見学しているだろう』

と勝手に考える。この辺が能天気なところだ。いくらこういう国の旅行を経験しても、どこかしら日本的な順調な流れを描いている。

銀行は冷房が効いていて、ソファに腰を降ろしていると町中の喧噪とは隔絶されていて、過ごし易い。外は激しい雨、やはり進んでは出たくない。何しろ三時間もあれば地下トンネルの前に立っていると思っているので。


一向に歇《や》む気配を見せぬ空模様に、これ以上待っていても同じと考え、九時三十七分に傘をさして外に出て行く。先程よりいくらか雨足は弱まっている。

ここ二日ばかり強烈なスコールが降る。それも一時間はたっぷり降っている。七月下旬のこの時期、ホーチミンは確実に雨季の様態を見せている。

来た道を戻る。PHO.DUC.CHINH 通りを右折して、TRAN.HUNG.DAO 通りに出て、そこに止まるクチ行きのローカルバスに乗り込む。九割方、乗客が居る。

こういった国のバスには定刻というのはない。客の集まり具合で動く。但しここでは次のクチ行きのバスが到着して、押し出されるような形で、こちらの乗るバスは発車する。九時五十一分。

しかし騎馬像の建つロータリーを回って八月革命通りへの道に入る処で止まる。運転手の私用で十五分間動かない。こういった国のいつものことなので驚かない。所謂発展途上国のトランスポートは、その所有者が絶対的な強みをもつ。いつどこで何時間止めようと彼等の勝手だ。十五分程で動いたのを幸運としなければならない。

八月革命通りを進む。駅へと続くロータリーを越してゆく。

車内は満員、立っている人も居る。狭い椅子に三人掛けだ。始発地点では二人で坐っていたが、詰めさせられて三人となる。日本流に言えば二人掛けのスペースだが。

雨が吹き込むので、あまり窓辺には行きたくないが仕方ない。途中で木製の窓ふさぎがあるのを知り、それを下ろす。外は見えなくなるが、雨は吹き込まなくなる。

走り出して十分程して車掌が料金を取りに来る。クチまで二千ドン。

十一時二十一分、雨でぬかるんでいるクチのバスターミナルに着く。果たして地下トンネルへ行く交通機関はあるのか。「DIA.DAO」と言って、乗って来たバスの運転手に尋ねる。すると、目の前に止まる中型のトラックバスを指差す。

下車してそこへ行く。しかし乗客は一人も乗っていない。動き出す様子も見えない。小雨を避けて、正面の軒庇の下に行く。何やらの事務所前だ。そこに居る男に尋ねる。彼は、

「待っていろ」

と態度で示す。少しするとやはり中型のトラック改造バスがやって来る。

「あれだ！」

と言う。こちらを伴って彼はそのトラックの処に行く。運転手は中国系の五十年輩の男。彼に「DIA.DAO?」と確認する。彼は頷くと下車してゆく。

このトラックは今、クチに戻って来た処らしい。これから休憩に入るようだ。早く出て欲しいこちらの願いは叶わない。客も数人しか居ないので、当然すぐには出ない。

ホーチミンからクチに着いて一時間、やはり動けない。この中型トラックバスがターミナルを出たのは午後零時二十五分。意想外のことだ。胸算用ではもう地下トンネルを見物している時刻なのに。

しかし動き出せば三十分もすれば、そこに着くだろうと考えている。だが……。

ターミナルを出たバスは国道を左に進む。そして一分も走らぬ処、店屋の前で止まる。何やらの入った麻袋を、三つも四つも後部の床に積み込む。その一袋の重量はかなりのものだ。店の男二人とトラックの車掌兼荷物係との三人でやっと車上に載せられるという代物だ。百kg近くはあるかも知れない。十分程積み込みに止まっている。

車はローギアのまま、走る。そして、また少しして止まる。

車掌達（先程の男と運転手の娘さんのような女《ひと》）が用事をこなしている。七分間止まっている。

少し走ってある三叉路を左折して国道と離れる。

『いよいよ地下トンネルのある方向に進む』と勝手に解釈する。道端にある各商店で様々なものを積み込む。Bamboo Raffを屋根上に載せる。自転車も載せる。

田園光景の中を走る。しかし三十分経っても“DIA.DAO”には着かない。午後一時十五分、走って来た道を左に曲がった処にある小村の前に止まる。運転手に、

「まだか？」

と問う。彼はベトナム語しか話せないので、指で位置関係を示し、〃もっと走ってからある〃という風を示す。どうやらガイドブックにある、「車で十二分」というのは誤りであるらしい。いくらローカルのバスでも、四十分近くも走っていれば着いてもいい筈だから。

DIA.DAOまでの運賃三千ドンをすでに支払っているが、その時にも『おかしい』と感じている。ホーチミンからクチまで一時間半走っても二千ドンだったのに、一時間もしない距離にある筈のそこが三千ドンもかかるなんて、と。

その小村には十分弱止まっている。いつもならもっと長く止まっているのだろうが、こちらのことを気にして運転手が出発を早めていることが感じられる。言葉は通じぬが、その優しさに心が暖かくなる。

左右に広がるのは一面の田んぼ。ホーチミン近郊は確かに豊かな稔りを保証している。

雨は歇むことなく降り続いている。

隣の男が煙草を吸う。クチのバスターミナルでこのトラックに乗り込んで来た十二～三歳位の女の子のタバコ売りから買ったものだ。バラ売りで一本三百ドン。彼は十本まとめて買った。二十本一箱買っても六千ドンで日本円にすれば七、八十円なので安いのだろうが、当地の物価からすればやはり高価なものだ。フィルター、ギリギリまで吸っている。ケムリがこちらに流れてくる。これをもまた辛抱しなければならない。

トラックの走る道路上に度々、数軒が連なるバラック小屋の商店を見る。そこが村なのだ。人の乗り降り――いや殆ど降りる者ばかりだ――が繰り返される。

二時も回る。少々焦ってくる。

『これは帰りの時間が気になる事態だ』

同十五分、また集落に止まる。運転手に訊く。すると、「あと僅か」だと。時計の針をガラスの上から指で回して言う。二時三十分になったら着くと言っている。

この小村でガソリンを入れる。ガソリンはこちらの坐る一番前の席の処にポリタンクがあり、それに注入してゆく。これが文字通り、このトラックのガソリンタンクだ。ここからホースでエンジン部に流している。男の助手が別のポリタンクにそれを入れて運び込み、如雨露の口を入れて注ぎ込む。八割方入れる。

同二十三分発。そして同三十分、左へ延びる道のある処で、運転手が降ろしてくれる。下車したのは私だけだ。いくらか不安だが、

「この道を行けば DIA.DAOがある」と言う運転手の言葉（動作）を信用して歩き出す。トラックは真っ直ぐに走り去って行く。

地下トンネル

数分すると右手に木の間越しに湖（池）のようなものが見える。近くに行きそこに居る男に、「DIA.DAO ?」と訊く。すると左方向に延びる道を指す。そして、「一㎞」と。

距離はアテにならないが方向は間違いないだろう、とそちらへ歩み出す。

そして十分程、右手に「DIA.DAO.RA.SONG」という板標示のある処に出る。しかし何やら自分が探しているトンネルとは違うような気がして――そちらに人の居る気配は全くないし、観光客が歩くような誘導路もない――本道をその

クチ，地下トンネル近くにある "DIA DAO RA SONG" の板標示

まま進む。すると次に射撃試射場が右手に見えてくる。観光客にそこで射たせているようだ――後刻、ここでの発砲の音がいくつも響くことを知る。

道はもっと延びているが、右手木立ちの中にたまたま居合わせたベトコン帽を被る女の人に確認の為にトンネルの所在を尋ねてみる。言葉は当然通じない。ガイドブックにある写真を見せると、納得してくれて、こちらを道左側、林の中の入口に導く。そして指で、この道だ、という。確かに人の通る踏み固められた小径が先奥に続いている。

「ありがとう」

と言って入って行く。

しかし初めての地、少し行くと不安になって引き返す。何しろ踏み固められた小径はすぐにいくつにも分かれていたからだ。どちらの方向に進めば、こちらの探しているトンネルがあるのか判らない。

先程の入口に戻って、近くにまだ居た女の人にまた問う。そして案内を頼む。彼女は親切にも先に立って案内してくれるが、すぐに狭い小径の林の中、彼女の方が不安を感じて、こちらに先に歩くように言う。確かに見ず知らずの男に背後に居られたら不安だろう。

私は、〝すみません〟といった表情を作り、彼女より先に歩く。しかし道の分れた処に来ては振り返り、どちらかと問う。彼女は別にどちらでもいいという風を示すが、

〝そっち〟

と一応指差す。確かにあとになってみれば余程のことがない限り、どちらの径を行ったとしても結局は同じ処に出たのだから。

そして数分さらに歩いた処で、トタン板の蓋《おお》いが開けられている地下トンネルへの入口にぶつかる。こちらの探していたものが見つかり、ホッとする。

彼女に再び「ありがとう」と言って、今度は林の中を一人で歩を進めて行く。ちょうど姿は見えないが、どこやらのグループの声が聞こえて来ている。中国語のようなので、台湾か香港からのグループだろう。大勢の歩く音がしている。

地下トンネルの中に入る。確かに背をかがめなければ通れない。いくつもの通路がめぐらされているが、明かりがなければ当然入れない。観光客用に用意されている処には電気を引い

地下トンネルへの入口

地下トンネル内，作戦会議室

て明かりを点《つ》けている。そのトンネルの中に入る。

台湾のグループ（だった）のあとに付いて歩くようになる。台湾人のガイドと、この地下トンネルの軍服を着たガイドが居る。

各地下の施設を見学する。ベッドやハンモックのある宿舎用の地下壕。作戦会議の開かれる部屋、四m×十m程の広さか。

食事を作る（食堂のある）壕、通信用の部屋、司令官等、幹部の住まう壕、また手術もできる病院壕と。オープンされている地下トンネルだけでもかなりの数がある。しかし見学そのものにはたぶん一時間程の時間で済むだろう。

正規の入場口を通らずに入ってしまったようだ――正規の入場口から入らずとも簡単にその近くから入ることができる。

この展示場は外国人用のものなので、当然客

司令官の部屋。木製ベッドと机に乗るタイプライター

病院壕への地下入口

はガイドと共に来ることを前提としているので、出入口をそれ程しっかりしていなくても、確実に入場料は徴収できるから、このことをあまり問題にしていない。

三時半には一通りの見物を終える。そして先程横を通った「DIA.DAO.RA.SONG」へ、ちょっと行ってみる。

だが数分歩いてもその周りの光景に変化はなく、時刻も時刻なのでそれ以上は進まない。

正規の入口に戻り、駐車場から小村へと行く。歩いて七分でトラックバスが止まったそこに至る。午後四時になっている。

再びトラブル

村の者に、

「バスはあるか?」

地下トンネルへの正規入場口と料金徴収小屋

と訊くがこちらのベトナム語では通じない。年寄りは聞こうともしない、ただ首を振るばかり。女、子供、若者は逆に興味津々でこちらを取り囲む。それが煩わしい。

トラックバスのことをベトナム語で何と言うのか知らない。ただ〝バス〟で通じると思うが村人は、「ない」と言う。午後四時で運行が終わっているとはどうしても思えないのだが。

少しするとクチのバスターミナルでこちらを地下トンネル行きのトラックバス（まで導いて、そしてそれ）に乗せてくれた少年の乗る（彼は別のトラックバスの助手だった）それを見つける。クチとは反対方向に向かっているので、それが戻ってくるのは確実だが、果たしてどの位先が終点なのか判らない。

またたとえ終点に達しても、すぐに折り返すかどうかも判然とせず、周りに群がる子供や女達が厭《いや》になって、地下トンネルの駐車場へ引き返す。そこで、訪れているグループ客のマイクロバスにでも便乗させてもらえればと考えて。

午後四時四十分、もう大方の観光客の見学は済んで、最後の戻り客が帰る時刻だ。乗用車二台とマイクロバス二台がある。

そこへ行くとすぐに兵士がやって来て、ベトナム語で何か言う。意味は解さないが、入場するのではないことを伝える。英語なので通じず、代わって女の英語を話す人がやって来る。

「入るには入場券が必要です」

「いや、入るのではなく、クチへ行く車を探しているのです」

それで彼女等は駐車場を去ったが、すぐにまた派手なズボンを穿《は》いた中年の男がやって来る。流暢な英語を話す。

「私はあなたのことを知っている。先程ここに居ましたが、入場料を払わずに見学しましたね」

こちらの用件とは違うことを先に言われ、少々マゴつく。しかしそちらの方の言い訳をしなければならない。それはあくまで言い訳に過ぎないが——あとからでも料金は払えるのだから。

「ローカルバスでここに着いて、向こうの方からこの中に入ってしまったものですから……」

彼はこちらを咎めているが、しかしそれ以上は追及せず、

「今ここで何をしているのですか？」

「クチに戻りたいので、車を探しているのです」

「あなたのガイドは？　車は？」

「いえですから、ローカルバスで来たものでガイドは居ません」

確かに悪いことは重なる。敢えてその中に飛び込んでいるのだから。その原因が、つきつめれば朝の一時間の銀行での雨宿りにあったとしても（一時間、今より早ければ確実に先程の小村でトラックバスを待っていたことだろう。まだ三時なのだからクチに行くそれはある筈だから）、何故兵士が居るここへ戻ったのか。何時間待とうとも、小村で逆方向に向かったトラックバスを待っていれば良かったのだ。

どれかの車に便乗させてもらえれば、クチまでの交通費がロハになるという狡い欲心が出たの

か、あるいは時間的な節約を考えたのか（ローカルのトラックバスより、どこにも止まらずに走るチャーターされた車なら、クチには一時間程で着くだろう）。

現実は、事態は悪い方向へ進んでいく。自業自得というものだ。

台湾人グループの二台のバスには便乗を拒否される。同じ顔容を持つと言っても、彼等は日本人よりシビアな考えを持っている。情に訴えるということは不可能だ。ましてこちらの人相・風体は情をかけるには程遠いものであるから。

実際僅か十八ドル（土曜には二十二ドル）のツアー代をケチッているのだから、こちらに同情を寄せる気の起こらないのも当然だろう。邦貨にすれば二千円から三千円のものだから、自分でもそんな額をケチッているのが可笑《おか》しいが。しかし自分の旅行はいつだって現地人の生活感覚に合わせるというものだから、とても簡単にはそれだけの金を使うツアーには参加できない。一食、⅓から½ドルで済ましている者からすれば、十八ドルはかなり高額なものだ。

乗用車二台も、女の二人連れと、白人の老夫婦の為のものであってみれば便乗は覚束なく、結局一人残される。いや先程の流暢に話すこの施設のガイドと兵士のみが残っている。

「こちらにどうぞ」

やはり悪い方に進んでゆく。午後五時に近い。

兵士の駐留する屋根囲いのみ（壁はない）の大テーブルのある処に通される。ガイドが、

「お茶をどうぞ」

と言うが、私は早くここから抜け出したい。とにかくポリスとか軍人とかは苦手だ。まして状況はこちらに一方的に不利だ。いくらでもこちらの落ち度を突こうと思えば衝ける。

一人の軍服の男がやって来る。

「こちらがここの責任者です」

右腕が肩から無い男を紹介する。眼鏡越しにこちらを射る目は鋭い。

『まずい』

と内心思う。『バカなことをしてしまった』。

責任者は一切こちらに話し掛けない。その一瞥のみで、英語を話す男の方を向いて語り掛ける。

それがひどく無気味だ。

「もう今日は車もないから、ここに泊まっていってはどうか、と言っています」

最悪になる。

「いえ、何とか車を探してみますから」

「でももうないと思うよ」

「……」

午後五時を回っている。判断は責任者に委ねられている。彼が何と言うかで私の今日が決まる。

それこそ生かすも殺すも彼の判断次第だ。

通訳の男が口を開く。責任者の言を伝える。

「来る時、ローカルバスを使って来たようですから、帰りも自分でどうにかするように、とのことです」

『救われた』

と思う。

「OK、ありがとう」

私は反射的に通訳氏に握手を求め、その制服の責任者にお礼を言うと――彼はそれでもこちらを直視しようとはしない――席を立ち、足早に敷地内を出、駐車場を通って小村へと戻って行く。午後五時七分を指している。

一難去って……

トラックバスの通る露店の並ぶ道に戻ったのは同十五分。こちらを見つけるとまたゾロ、どこから出てくるのか二十人、三十人の者達が集まり出して来る。

たぶん先程逆方向に向かったトラックバスはもう折り返し、ここを通過してしまっただろう。村人に訊いても、

「もうバスはない」

と言うばかり。いよいよ村人の誘いに乗る以外ない。彼等の中でバイクを持つ男が、それで連

れて行くと言う。彼と交渉する。

「10 USD」

と書く。彼等の常套額だ。ＯＫしないと、五ドルになる。

それでもＯＫしない。そして米ドルではなく、〝ドン〟で払いたい、と伝える。

結局二万ドン（約二ドル）ということになる。これが相場のようだ。この額からは全く下がらない。

村人は大勢居る。金を払うにも駆け引きがいる。

村人全員がこちらの一挙手一投足に注視している。金を彼等に見せてはならない。それに、二万ドン、をすぐにＯＫすることはできない。足元をみられて、また値を上げてくるかも知れない。このような交渉はアフリカで嫌《いや》という程している。

一応一万五千ドンと言ってみる。この額は端《はな》から相手にされない。こちらも二万ドンでＯＫするつもりだ。ただそこへのいわば序章が必要なのだ。こちらがスンナリＯＫしたところを見せてはならない。

バイクの男は、二万ドンを周りの者から言われて、ＯＫする風を見せる。バイクは二台あるが、一人の方が受け持つらしい。しかしその男のバイクの荷台は荷物用の金敷きのままだ。もう一人の方のは人間が乗るように、運転台と同じようなクッションが付いている。そのことを指して、「値下げしろ」と私は言う。勿論それが通るとは思っていない。謂わば、ＯＫするまでのプロセスなのだ。

相手の男は周りの者に私の要求《ことば》から、揶揄《からか》われる。これは予期せぬ成り行きになる。彼は腹を枉《ま》げて、走らす気を示さなくなる。

『ちょっとやり過ぎだった』

冗談半分に言ったことが周りの者の囃《はや》し立てと共に、彼を反発させてしまう。彼はバイクを車道から路端に戻し、止めてしまう。

騒ぎが大きくなる。時刻も時刻なので、早くこの村を出なければならないのに、余計なことをしたと少々悔む。

事態を脇から見守っていた、車道に面する茶店の主人が出て来て、自分の息子にバイクを出させて、送るという。それには荷台にクッションが付いている。こちらはそれでOKする。

二万ドンということでお互い納得する。しかしいざ出発という時になるとガソリンがないという。これは計算外のことだ。燃料代は別で二万ドンということらしい。彼のバイクには殆ど燃料が入っていない。こちらは二万ドンを渡す。それでまかなえ、というつもりだ。バイクを近くのガソリンを売る露店商まで押して行き、それをタンクに入れ出す。

とそこへ一台の乗用車が通り掛かる。息子のおやじはそれを止め、何やら話し合っている。運転席に居る男の目付きは良くない。

『ちょっとまずいな』

と思うが、おやじは話を進めてゆく。

二分後、私は息子に渡した二万ドンを取り返し、そしておやじの勧めるままに、彼とその乗用車に乗り込む。

車はUターンして、クチとは違う方向に走り出す。もはや自分で勝手に動くことは出来なくなる。半ば事態を察知している。

車は少し走って、私が最初（約三時間前に）トラックバスを降りて入って行った脇道を進む。そして、少し行った処で止まる。左手にある建物内に声を掛ける。旗がひらめいている処を見ると、国関係の建物だ。国関係と言えば決まっている。警察か軍関係だ。

少し待つと、その建物の裏手から、ジープに乗った男が出て来る。私服を着ているが、警官か兵士なのだろう。おやじは、

「クチへ行く。俺も一緒に行く」

そして実際、ジープにこちらを乗せると彼も乗り込む。おやじは助手席に坐り、こちらは一人後部席に坐る。五時四十分にやっととにかく小村を発つ。

トラックバスに比べて、止まることもないので早いが、こちらの気は沈んでいる。助手席のおやじが数分毎にこちらの様子を横目で観察する。まるで警官気取りだ。アフリカにもこんな男が居たと思う。警察に協力することによって、自分の村での立場を良くしようとする者が。

成程こちらの態度も良くなかったが、国を相手にさせるとはちょっとひどいのではないか。し

かしここは日本や欧米とは違う社会主義国だ。甘く考えてはいけないのだ。

二十分程すると辺りは暗くなって来る。夜になるのだから当然だが、それとは別に雨雲が漂って来ているのも暗くしている理由の一つだ。

そして次に激しい雨となる。運転席にも助手席にもドアはない。雨を遮るもののないその両側から吹き込んで来る。特に風向きからか、助手席からの吹き込みが激しい。

おやじは我慢できず、後部のこちらの隣に移ってくる。私のバチはこの成り行きだが、おやじの余計な行為のバチがこの大雨だ。おやじもビッショリと濡れている。私もGパンやポロシャツ、腕、頭髪が濡れる。仕方ない。車はそれでも止まることなく走り続ける。

一時間程走ると国道に出る。そしてクチの町の、列なる灯りが見えてくる。こちらの期待するバスターミナルへは当然行かない。ジープが止まったのは案の定、この町の警察署だ。私はこれを察知して、雨の降り出す前、パスポートを腹ベルトから取り出し、すぐ出せるようにと、ショルダーバッグに入れ替えている。腹ベルトを彼等に見せてはならない。

警察署の裏手にジープは回される。後部席にポリス二人が乗り込んで来ている。

ジープは止められ、運転手とおやじは戻って行く。こんな光景もアフリカで経験している。こちらは覚悟を決めなければならない。

尋問

二人のポリスが居る。一人は制服、一人は半袖シャツ姿だ。年の頃、どちらも二十代後半か、三十そこそこといったところだ。

大きなテーブルを挟んで向かい合う。私はかしこまっている。雨に当たった寒さもあって、余計縮こまっている。

「君は何者かね？」

制服の方がカタコトの英語を話す。

「私は旅行者です」

「トンネルで何をしていたのかね？」

「トンネルを見物していたのです」

「君は何国人だい？」

「日本人です」

「何しにトンネルに行ったのかい？」

「いえ、ですから私は旅行者でして、観光見物に行ったのです」

「一人でかい？」

「はい」

「車は?」

『車があれば、今ここでこうしてはいない』

「ありません」

「……」

両手を膝の上に置いて、いくらか前かがみになって答えている。緊張と寒さで身は固い。

「パスポートを見せなさい」

私はバッグから取り出して渡す。二人はそれを開いて調べる。入国の際受け取ったカードと、パスポートに捺されたビザを調べている。それに落ち度はない。

「君はガイドと一緒に行動しないで、一人でトンネルに行ったのですね?」

「はい」

「それは規則違反です。このことをどう思いますか?」

「大変申し訳ありません」

「いや、君は今、私たちに何をしなければならないと思いますか?」

「……」

私はただ申し訳なさそうな顔をする以外ない。

「君は私たちに金を払わなければならない」

「……」

「パニッシュ！」

と言う。私はその言葉を理解できない。すると彼等の持つノートの、最終頁見開きに書いてあるその英語を見せる。

・Punish＝□□□（同じ意味のベトナム語）

・to fine＝□□□（同じ意味のベトナム語）

と書かれている。

「パニッシュ、解るかい？」

「いえ、どんな意味か解りません」

「じゃ、ツーファインだ」

「ファイン？」

「そう、ツーファイン」

私はそれも理解できない。制服の男は、両手を合わせるような仕草をする。

「ファイト？」

と、訊き直す。

「そう、ツーファイン」

お互い英語がカタコトなので、おかしな処で擦れ違っている。

「君は規則に違反したから、お金を払わなければならない」

「……」

「ワンハンドレッド・ダラー（百ドル）！」

「えっ、そんな。そんな金は持っていません」

「じゃ、フィフティ・ダラー（五十ドル）」

私はそれでも支払えないという素振りをする。

「お金を支払えない時には、三カ月間ここに居なければならない」

「……」

私は俯いたまま、顔を上げない。

「おい、君！」

顔を上げる。

「今、君は私たちに何をするべきか？」

彼等の要求は解っている。たぶん十ドルでも二十ドルでも、渡せばコトは済むのだろう。そのことをだから、制服の彼はゆっくりとした英語で語っているのだ。

「ガイドと一緒でなく、この町に来たのだから、違反しているのだ」

「……」

「百ドル支払うか、三カ月ここに居るか」

「……」

どちらの要求も呑むことはできない。

本気で三カ月も拘留する気のないことは判っている。ただ金が欲しいのだ。領収書のいらない、彼等の個人的フトコロに入るそれが。

こちらの態度を見て、百ドルの要求は無理と覚ったのか、他の間然さを探すようにパスポートに挟まれた移動許可証を調べる。それにはクチへの移動も含まれて書かれているので問題ない。

「カントーへはいつ行ったのか？」

許可証に書かれてあるそれを見て問う。

「昨日です」

「ミトには？」

「一昨日です」

「そこにも一人で行ったのか？」

「いえ、そこへはガイドと共に」

「どこの会社の？」

「そこに書かれている旅行会社です」

移動許可証を取ってくれた会社名を示す。

「今、ホーチミンのどこに居るのか？」

「ホテルです」

「何という名だ？」

「ホワンツウです」

「ホワンヴー？」

「はい」

「場所は？」

「パーム・ング・ラオ」

話が金のことから逸《そ》れている。半袖シャツの男の方がパスポートから、私の名前を書き取っている。またホテルの名と場所も。

“Hoan Vu”

と書いた紙を見せる。

「いえ、ホワンツウ」

“Hoang Tu”と、私は書き直す。二人は首を振り合う。

「パーム・ング・ラオの何番地だ？」

「ワン・エイト・セブンです」

制服が通訳して、“187”と書く。

「君は何歳《いくつ》か？」

「四十二です」

「何をしている、仕事は？」

「学生です」

「君はいくつだ？」

「四十二です」

「おお、ずい分年取った学生だな」

「はい、夜間《ナイトスクール》の学生です」

今は違うが、この三月まではそうだったので、それで押し通そうとする。どうせそこまでは日本に問い合わせないだろう。

「ナイトスクール？」

「ナイトです。夜です」

「？」

「モーニング、アフタヌーン、そしてイブニング、ナイトです。解りますか？」

それでも二人は得心できないようだが、とにかくこちらが学生であることは承知したようだ。

「何を勉強している？」

「文学です」

「？」

「リテラチャー」

「?」

私は本を読む真似をする。

「リテラチャー?、アルファベットを書いてみろ!」

literatureと書く。少しすると制服の男が、解ったという風をする。そしてまた、

「君はいくつだったかね?」

「四十二です」

パスポートの生年月日の処と合わせている。

そして“1949”を示して、

「?」

計算し出す。1992—1949=43
「四十三ではないか!」

ちょっと怒ったように言う。

「いや、十二月が誕生日なので、まだ四十二です」

まるで漫才のようだ。二人は顔を見合わせて、

〝確かにそうだ〟

という風をする。

「随分年取った学生だね」

「いえ、私は学ぶことが好きですので」

自分でも信じられないようなことをこんな時には平気で口にする。

「OK、君の話は解った。しかしもうホーチミンへ行くバスはないから、今日はここに泊まってゆきなさい」

「いや、どうしてもホーチミンへ戻りたいので、自分で探しますから……」

こんな処に泊まりたくない。椅子から腰を浮かす。

「ならば、警察の車で送ることもできる」

「いえ、結構です」

「十五ドルでどうか?」

たとえタダとしても彼等とは近くに居たくない。

「いえ、結構です。ホーチミンからクチまで二千ドンでしたので、二千ドンしか持っていません」

「君は随分、プアー(Poor)なんだね。ところでホテル代はいくらなんだい?」

「五ドルです」

あまりこの辺のことは答えたくない。五ドルだって彼等にとっては大金だ。

「その金はどこにある?」

「ホテルです」

とにかく会話《いみ》が適当にズレていることを幸いに、今、金を余り持っていないことにする。殆どの金はホテルに残してあることにする。

「もうよい。次からトンネルに行く時にはガイドと一緒に行くように」

と念を押して、ここでの取り調べを終える。

「ホーチミンへ帰る手助けをするから」

制服の男はパスポートを返し乍ら言う。しかしまだ私を手離すのは惜しいのか、

「君の持っている荷物の中身を見せてくれないか?」

私はショルダーバッグを開ける。カメラとガイドブックと傘しか目星しいものは入っていない。他には石けんとかボールペン、ティッシュペーパーだ。それでもいくらか恐れている。イチャモンをつけようと思えば何にでもつけられるのだから。

しかし興味は徐々に失せたらしく、少しすると、

「もういい、終わりだ」

部屋を出ると、裏庭に止まるバイク後部席に坐り、半袖シャツの男の運転に身を任せる。バスターミナルに行って欲しいと思うが、何のことはない表通りに出て、そこに面した警察署に回っただけだ。

尋問した二人以外の者に会うのは避けたい。別の男が興味本位で同じことを繰り返すかも知れないからだ。早くこの場を去らなければならない。

まだ七時三十分だというのに、乗り合いバスは一向に来ない。それが通れば止めてくれるということで、ホーチミンに帰る「手助けをする」という訳だ。

こんな時、運の無さを嘆かなければならない。こんな時こそ、時の運しかないのだから。来るか来ないかということは、偶然以外の何ものでもないのだから。

四輪車が一台も通らないということはどうしたことか。反対方向へは頻繁にバスもトラックも通るというのに。

小雨の降る中、じっとしていられずに——それまでは門内側の衛士小屋に居る——、門扉外へ出る。

尋問した制服のポリスは小屋の中でも、

「君は今、私たちに何をするべきか?」

を度々繰り返したが、こちらは意味を解さないように、それを無視している。いや答えなかった。金を持っていないことで通そうとする。

ここに居る五分がひどく長く感じられる。とにかく何でもいい、ホーチミンへ行く車であれば乗り込みたい。

しかし十分待っても来ない。本当にまだ七時台だというのに、バスはなくなっているらしい。

ホーチミンは遠い

七時四十分、やっと小型トラックが通り掛かり、赤い光を放つ棒を持つポリスがそれを止めてくれる。そして車から降りて来た男に問うている。

どうやらホーチミンへ行くらしい。私は車の方に行く。ポリスも、「ホーチミン」と言って、こちらに合図する。

トラックには運転席に四人が乗っている。こちらが坐れる処はどこにもないような気がする。しかし乗り込む。運転手は運転台すぐ後ろの荷台の屋根の狭いスペース部分を示す。すでにそこにも二人の男が窮屈な姿勢で乗っている。

『あぁ、アフリカと同じだ』

もともとこの小型トラックはアヒルを運ぶものだ。それに便乗する。

アヒルの鳴き声が激しい。車の動揺の度にその声は大きくなる。木の囲い越しに何羽いるか判らぬそれ等と共に乗っている。

『アヒル並みか』

と口を衝いて出る。僅か十八ドル、ケチった為に（たとえ曜日によって高い二十二ドルにしたって、邦貨三千円にも満たない）こんな、ある意味では不必然な悲惨を味わっている。何故こんな旅行をしているのか、と思う。あまりに自分を痛めつけてはいないか。

狭い荷台――それは本当に狭い。身体を斜めにしていなければ、頭が天井板にぶつかるという程の――に乗って、吹き込む木枠越しの小雨を受けて、

『不思議な男だな』

と思う。敢えてトラブルの起こる方に歩んでいる。三千円を――それはたったの三千円だ――出していればこんな嫌な目に遭わずに済んだのに。こんな嫌な思いをすることもなく、たぶん午後の早い時刻にホーチミン市に帰り着いていただろう。台湾人の冷たい視線に遭うこともなかったし、ベトナム人の村人の不親切さを感ぜずにも済んだ。あるいはこの国のポリスの貧しさを肌で感ぜずにも済んだ。また村人の、〝親切ごかしの世渡り〟を見ずにも済んだ。人を陥れる為に平気で嘘をつくという醜さも知らずに済んだだろう。


『このままホーチミンに着いてくれれば、九時頃には宿に入れるだろう』

とまた勝手に考える。トラックも順調に進んでいた。しかし……。

四十分程走った処で止まると、私に〝降りろ〟と言う。いや私ではなく、同じ場所に居る二人の者が降りるのかと思って、その二人の降りるのを通す為に、下車する。

しかし数分後、助手はこの村での用事を済ますと――確かに二人の男は降りている――、こちらを置いて車を走らせてしまう。何と言っていたのか正確には判らない。たぶん、

「この車はここから折れてしまう。ホーチミンへは行かない」

と言っていたのだろう。いやそうでなければ話が違うことになる。しかし車の走り去った今、何を言っても始まらない。

そのトラックはもしかしたら本当は、私など乗せたくはなかったのだろう。しかしポリスに頼まれて、「いや」と言えなかったのだと思う。だからある程度の義務を果たせば、降ろしたくなるのも故ないことと言える。

八時二十二分、どことも判らぬ処に降ろされる。

すぐにシクロの男が近付いてくる。

「ホーチミンまで二十㎞ある」

と言う。その言を単純には信じないが、あるいはそれ位あるかも知れないとも思う。とにかく辿り着かなければならない。

シクロの男は、“10 USD”と手のひらに書く。

『この国の者は、いつも十ドルと言ってくる。不思議なものだ』

こちらが首を振ると、五ドルとなる。それでも首を振ると、本当の交渉となる。

二万ドンが彼等の本来の値らしい。二十㎞、本当に離れているのなら、その額も仕方ないだろう。しかしその距離を信じられずにも居るので、値切る。男は二人居る。

二人を相手にする。そして一万ドンになった処で、ＯＫする。

シクロに乗る二人の男は仲間なのか。一人が運転すると、一人が私の背後に乗り、一緒に付いてくる。マア、いい、一万ドンでホーチミンに行けるのならば。八時三十分になっている。

しかし五分走った交叉路で勝手に止めて、もう走ろうとしない。

交叉路にはポリスの居る小屋がある。

『とんでもないことだ』

シクロの運ちゃんと揉めている処を咎められては元も子もない。ましてここはまだホーチミン市内でないのだから。こんな時刻にウロついていたなんて判れば、また厄介な尋問を受けないとも限らない。今度こそ本当に一夜をポリス署で送らなければならなくなるかも知れない。

シクロを降りて勝手に歩き出す。交叉点ポリス小屋より少しでも離れなければならない。

『何ということだ』

ホーチミンはひどく遠い。

五分程歩いた処にある、お菓子を売る商店に賢そうな女の人が居るので、訊いてみる。

「ホーチミンまで何㎞ありますか?」

勿論英語は通じないので、「ホーチミン」と言って、〝㎞〟と紙に書いてみる。するとこちらの質問を察して、

「35」

と書く。私が、「ホーチミン?・」と再び問うと、すぐに「18」と書き直す。どうやらこれは信

じられる数字だ。十八㎞はとても歩いて行けない。

商店に居ると、一人のシクロマンがやって来る。先程の男とは違う。この男は四十代の誠実そうな顔相をしている。

もはや九時に近い。とにかく早くホーチミンに入りたい。彼は当初、「二万ドン」と言うが、こちらが拒否し「一万ドン」と言うと、それは彼が拒否する。彼は仕方ないという表情で、「一万五千ドン」と言う。

十八㎞離れていればその額は仕方ないと思う。他にシクロは寄って来ないし、これから改めて探すとなれば、逆に足元を見られる。だが念の為、彼の手のひらに「15,000」と書いて、それを確認させて乗り込む。九時に四分前である。

一本道をどこまでも走る。車の往来もある。逆方向へはバスも幾台か通る。しかし同じ方向へ行くので、抜いてゆくバスはない。バイクか自転車か、あるいはたまに乗用車が抜いてゆくのみだ。

いくつもの村――道の両側に商店の列《つら》なる処――を通って行く。

三十分走っても着かない。十八㎞は嘘ではない。しかしホーチミンに近付くにつれて、自転車、シクロ、バイクの量も多くなる。九時台は女、子供も沢山家外《そと》に出ている。

九時四十六分、やっと見慣れた鉄道駅近くの七叉路のロータリーに出る。もうここからなら歩いても行ける。しかしシクロは走る。

乗る時、地図で行く先の通り名を確認している。だが示した地図の文字を読めなかったのか、シクロの運ちゃんは途中で、たまたまバイクで並行するように走っていた英語の解る男に頼み、

「ホーチミンのどの通りに行くのか?」

を尋ねて来る。

「PHAM.NGU.LAO《パームングラオ》」

こちらの発音では理解できなかった彼が、そのバイクの男のベトナム的な発音で同じ通り名が言われると、

「おお、パーム・ング・ラオ!」

と初めて解ったというように口ずさむ。そして、

「アイ・アム・ソーリー」

と言う。やはり、悪い男ではない、と当初の印象の当たっていたことを確認する。

ロータリーから十分後、その通りに入った処でシクロを止める。宿の前までは行かせない。行かなくていい。

「おお、ベリ・ファー(とても遠かった)!」

私も確かにそう思う。ちょうど一時間走ったのだから。一万五千ドンという約束の額に感謝の意も込めて千ドンをプラスして渡す。こんな気分になったのは久しぶりのことだ。それだけこの

運ちゃんが感じ良かったからだ。彼はその額を数えて、確かめようともせず、

「サンキュウ!」

(確かにそうだろう、私は間違って〝二万六千ドン〟を渡したのだから。一万ドン多く貰えれば改めて数え直すこともないだろう。マアそれもよい。一ドル分のチップと思えば安いのだから。その男の誠実さが、こちらのシブイ手を狂わせたということだ)。

九時五十八分、やっと宿に戻る。ひどく長い一日は終わる——いやその後に今日初めての食事をしに路上の食事処に出て行ったのだが。こんな時刻にもまだ路上では商いをしている。人々の逞しさを感ぜずにはいられない。

また新たな経験をした一日が終わる。

市内見物

ベトナムに入って初めて午前中の半日を休養に充てる。実は昨夜宿に戻ったあと、Gパンの洗濯をしている。この旅行に出て十日程になるが、この間の汚れが一杯沁み込んでいるそれを洗う。こんな機会《こと》がなければ洗えない。一応の予定を済ませて、精神的にも一段落つけたので、あるいはまたそのようにして、〝動けないこと〟を外側からつくらなければ——翌午前中はまだ乾き切ってなく、とてもそれを穿いては出れない——また動いてしまうことは目に見えていたから。そ

してやはり、午前零時近くに洗ったそれは八時間後ではまだ半分も乾いていない。

逆に午後には少し出る予定をもっているので、早く乾いてくれなければならず、部屋のベランダの扉を開け、日本から持参したビニールひもをドアの錠の部分と、部屋内の適当な場所とを結んでＧパンを外に干すようにする。これでいくらか早く乾くと思う。

起床後は日本の友人への便り（絵ハガキ）書きに充てる。十数人に出すので結構時間を要する。十時四十分過ぎ、空腹をおぼえて、それに、書き続けているのにも倦きて来たので、短Ｇパンを穿いて、近くの路上サンドイッチ屋に朝食に行く。ここは、「サイゴンホテル」よりこちらに移ってからずっと利用している店だ。千ドンという安さで、それを提供してくれている。現地人でも千五百から二千ドンを支払っているというのに。

サンドイッチを買い、隣のカフェを出す、やはり路上の店でミルクコーヒーを飲む（千五百ドン）。背後の建物の建築工事をしている労働者が近くに居る。こちらを珍しがって声を掛けてくる。こんな時はゆっくり相手をする。一人がカタコトの英語を話す。彼を通じて少し会話をする。

「年はいくつか？」

とか、

「結婚しているか？」

とか、

「君の食べているのは美味しいか？」

とかいった他愛ない会話だ。

十五分程で済まして宿に戻る。まだGパンは乾いていない。絵ハガキ書きの続きをする。

三時近くになって動き出す。この町で見物し残している処に行かなければならない。

宿を出てベンタン市場を左手奥に見乍ら、CALMETTE《カルメッテ》通りを右折する。どの道もそうであるように歩道上に露店があり、バイクや自転車が行く手を塞ぐように止められてあるので、進むのが容易でない。

道は確かにどのように使おうと勝手だが、ここでは完全に私物化されている。いくつもの通りの歩道上には駐輪場としてのロープが張りめぐらされていることがあり、真っ直ぐに進めないことが度々だ。

カルメッテ通りに入って五～六分も歩くと、

カルメッテ通り。Ben Nghe Channel 方面を望む

カルメッテ通り先に架かる橋からの眺め

Ben Van Don 通りのパン工場と、その店先（パン生地を鉄板に乗せている）

水路（Ben Nghe Channel）に架かる橋に出る。

　そこを渡る。渡ってすぐの BEN.VAN.DON 通りを左に折れる。そこには各種の貝を売る屋台が三店連なってある。食べたらたぶん美味しいのだろう。しかし自分には今買うすべはない。

　橋を渡っただけでいくらか喧噪が消えている。

　少し行くとフランスパンを焼く小さな工場がある。それこそ小さな工場だ。工場というより、普通のお店といった方がいい。

　中年の男と少年がその生地を乗せた鉄板をかまどに入れ、そして方向を変えて入れ直す。

「ホーおじさんの記念館」には橋を渡ってから十分程で着く。

　入口右手に入場券発売所がある。ものは試しに一年前の国際学生証《IDカード》を提示する。すると若い女の係員は笑顔を見せて、

「どうぞ、いいです」


「ホーおじさんの記念館」よりサイゴン川、港辺を望む

というような素振りを見せる。貧乏旅行者のこちらには幸運なことだ。僅か$\frac{1}{2}$ドル程度といっても、ここでの六千ドンはうどんを三回食べられる額だ。その額が浮く。

一階にはあまり展示物はなく、主なものは二階に陳列されている。

ホーチミンはフランス語、中国語、ロシア語、英語に長けていたようで、それだけでも国の指導者に相応しいと思える。

同記念館のバルコニーに立つとサイゴン川が、そして港が望める。

四十分程で同館を出る。あと一つ見残している「戦争犯罪展示館」へ向かう。「ホーおじさんの記念館」からは少し離れている。

途中、「サイゴンホテル」で絵ハガキを買い、レロイ通りに面した公認両替屋で両替したり、郵便局へ寄ったりしたので、一時間程後《のち》に着く。午後五時に近い。案内書には五時半まで開いているとあるが、すでに扉は閉ざされている。

明朝来ることにして、そこを出る。

統一会堂の前を通って、再び郵便局へ寄り、切手を購入する。前回には切手代わりのスタンプを押され、あとで四千ドンの切手があると知らされたのだが、当然それは常にあるものと思って買わずに居たら、「今日はない」と言う。仕方なく二千ドン切手を購入する。不足分は前回同様、機械のスタンプということになる。うまくゆかないものだ。

この町に一週間居る。郵便局から宿まではもう地図を見なくても歩ける。

レズアン通りから統一会堂を

レロイ通りから市民劇場を

DONG.KHOI《ドンコイ》通りを行き、市民劇場前に出たら、レロイ通りに右折して、ベンタン市場前まで真っ直ぐに進めば良い。そこからは少し道を左に横切って、空地のある方向へ進めば、自然に宿のある通りへと入る。

宿近くの路上シュガーケイン屋で千ドンのそれを飲んで帰宿する。そして一休みしてから夕食へと出る。

翌日、ホーチミンを出る日（七月二十七日、月曜日）。

発車時刻は午後三時十分なので、午前の半日は使える。昨日見られなかった、「戦争犯罪展示館」へ行く。夏季は七時三十分から開いているということで、朝食後に向かう。

宿からは歩いて二十分程で着く。しかし扉は半開き。だがとにかく門を入る。

「Hoang Tu」ホテルの入口玄関前の光景

昨日、閉館を告げた男が居る。こちらを覚えていて、入れてくれる。他に白人二人が先客として居る。しかし扉は開けられない。不思議に思っていると、七時三十分開館している筈の各展示室も鍵の掛かったまま。見学者も私たち三人以外は居ない。展示室のカギを開けてくれる係の男の人に訊くと、

「本当は今日、月曜日は休館日なのです」

と言う。外国人である私たち三人の入館は特別のことであるらしい。それで入場扉も中途半端な開けられ方をしていたのだ。

しかしとにかく見学できて良かったと思う。ここではしかしＩＤカードは通用しない。五千ドンを支払わなければならない。当然だろう。

いくつもの展示室には、写真と銃火器が展示されている。写真の掛かる壁の一カ所の説明板に「写真とキャプションは KYOCHI SAWAZA」とあって、報道カメラマンとして有名な沢田教一氏の写真だったことが窺われる（正確な氏の名前のアルファベットではないが）。ごく前線で撮影活動に従事していたことがこの写真からも知られる。しかしその最期の時のことを思うと、やはり今更乍らも胸が痛む。

多くのアメリカ兵の犯罪的行為を暴露するような写真が展示されている。ベトコンの生首二つを前にして頬笑む四人の米兵は象徴的だ。また拷問の絵図も見ていて辛い。戦争は人間を人間として狂わす以外の何物でもない。ベトナム人、アメリカ人の多くが死傷して、結局現在何が残っ

たというのか。

一時間程居て、そこをあとにする。白人二人に会話はあまりなかった。彼等は果たしてアメリカ人なのだろうか。英語を話していたことは確かだが。

そこを出て郵便局へ行く。絵ハガキを出す。時間は一時間程ある。宿には正午までに帰り着けばよい。

十一時過ぎ、局を出て帰路につく。この町のそこは日曜もやっているし、夜も七時八時とやっている。何の用もない人々が大勢、局内のベンチに腰掛けている。発展途上国の公の施設にはこういった光景がよく見られる。

鉄道駅へ

ホテル「REX」で二十ドル両替する（二十一万八千四百ドンになる）。この国で出来たら、土産物の多くを買ってゆきたいと考えているので。母へのそれも五十ドル程でかなりのものが買えそうだ。

しかしハノイにも同じようなものがあれば、敢えてここで買う必要もない、と思って今日まで来ている。そして今日も買う時《の》間を逸する。結局買わずに発つことになる。

宿には十一時三十分に戻る。

宿近く、路上のサンドイッチ屋

シャワーを浴びたあとで、いつもの路上のサンドイッチ屋でそれを求め、また隣の露店（いつもはカフェを飲んでいる）でインスタントラーメンを作ってもらって食べる。ベトナムに来てインスタントラーメンを食べるとは思ってもいなかったが、話のタネにはいいだろう。味は特別なことはない。ただ具に、白菜のような葉が入っている。

午後一時、リュックを背負って宿を出る。出口で屯するシクロの運ちゃんが話し掛けてくる。

「駅まで一万五千ドン」

彼等は必ず、最初の値ではそれを言う。そしてこちらが断ると、すぐに「一万ドン」になる。

勿論、ＯＫしない。

「いくらだい？」

と相手が訊いてくる。

「二千ドン」

これは相手が、話にならない、といった表情をする。私は後ろを見ずに歩き出す。駅まで歩いてもいいと思っている。ゆっくり歩いても、二時までには辿り着く。発車時刻には何の問題もない。

NGUYEN THAI HOC 通りに入るとすぐに流しのシクロが寄って来る。こちらも値が合えば、乗って行こうと思っている。

「ガーサイゴン（サイゴン駅）」

「三千ドン」

運ちゃんは返す。

「二千ドン」

相手はダメという表情をする。それを見て、歩き出す。するとすぐに呼び止める。

「サイゴン駅までは二千ドンでは無理だ。三千ドンなら行く」

こちらは二千ドンを繰り返し、歩みを止めない。シクロは諦めて、横を通り過ぎる。

しかしものの五メートルも歩かないうちに、次のシクロが横に付く。同じことを私は言う。

「ガーサイゴン？」

運ちゃんは言う。

「そうだ」

「三千ドン」

同じ額を言う。こちらも、

「二千ドン」

私は歩いている。運ちゃんもペダルを踏んでいる。少し考える風をして、

「OK、二千ドン」

歩みを止めて確認する。そして乗り込む。

乗って十メートル程行くと、騎馬像の建つロータリーとなる。それを右回りにまわって、八月革命通りへと進む。いや、進むものと思っている。

しかしシクロはすぐの、右への道と折れてしまう。ベンタン市場前へ向かう道だ。

「おいおい違うぞ、止まれ！　止まれ！」

私は振り向いて言う（この町のシクロは、客席が前にあるもの）。

「ガーサイゴン！」

運ちゃんは言う。その「ガー」の発音は、私の「ガー」とはいくらか違う。彼のガーは、鉄道駅を意味していないようだ。私はそれを意味する「ガー」を言っているつもりだが、そうとは理解されない発音《おと》のようだ。

シクロを止めさせ、地図を出して駅を示す。彼はやっと納得したようだが、

「ガーサイゴンではないのか？」

と言う。彼の「ガー」が何のガーなのか判らない。でもたぶん鉄道駅より距離的に近い「ガー」であったに違いない。もしかしたらベンタン市場前にあるバススタンドのことだったのかも。しかしそれでは常識的にシクロなど利用する筈はないのに。私の歩いていた方向はそちらとは違うし、もしそうだとしたら歩いても五分とかからないのだから。

とにかく運ちゃんはこちらの行く先を知ると、「三千ドン」と言う。私はシクロの席から降りると、歩き出す。そんな相手の思うようにはならない。

駅まではたぶん二㎞程だと思う。〝二千ドン〟で行くシクロはある筈だ。しかし数メートル歩くと、そのシクロは再び横に来て、

「OK、二千ドン」

折角つかんだ客を逃《のが》したくないと思ったのだろう。客に比べてシクロの数の方が圧倒的に多いのだから、空《カラ》で走っているよりか客を乗せていた方がいいに決まっている。

再び乗り込むと、彼の運転に身を任せる。とにかく無事駅に辿り着けばいい。

大きな交叉点に居るポリスを見るとなるべく顔を合わせないようにする。信号で止まった時など、早く変われ、と心の中で呟く。それ程カントーからの帰りのフェリー場でのことと、クチでのことがあってから、彼等に対して恐怖感を抱くようになっている。

十五分後、駅に辿り着く。約束の二千ドンを支払うと入口門を通って広い内庭のような空地を行き、駅舎内へと入って行く。まだ一時二十分だ。

サイゴン駅舎を（36頁とは別の出入口を）

十分もせずに天候は一変し、大雨となる。シクロで来て正解と知る。いくらか運は上向きになって来たようだ、と勝手に思う。

切符売場を横に見るベンチに坐って、改札を待つ。隣の売店でオレンジジュースを求めて飲む。ホッとして喉が渇いている。

特別急行、三等寝台

一時四十五分、改札が始まる。ちょうど雨も上がったところだ。

同五十五分、ベンチを離れて、改札を通る。切符の一角をハサミで小さく切られる。それが改札を通った証しだ。

車両は九両繋がっている。先頭方向に行く。機関車の次から数えて五両目が四号車だ。入口で四号車の車掌に切符を見せて乗車する。

寝台番号十二番は、入って二つ目のコンパートメント。

すでに若い男が三人乗っている。何となく嫌な予感がする。できたら家族連れか、女の人との同室を願っていたが。

『最悪だな』

と思う。

すぐに自分の寝台（上段）に昇り上がり、リュックを通路側上部の袋棚に入れる。

そこには三人の男達の荷物の竹篭に入った何やらがあるが、それをどかす。男達はそれを見て、荷物を下に降ろして、下段の寝台の下のスペースに入れ直す。初めからそうすればいいものを、と思う。

発車まで一時間程ある。扇風機は天井にあるがまだ回らない。寝床に坐ることもできない（頭がつかえる）程狭いスペースで、横になる以外ない。

汗が吹き出る。

こちらのそれを見ていたように、タイミング良く子供の扇子売りがやってくる。こちらもやはりそれがあった方が風がいくらか来るので、千ドンになった処で（二千ドンと当初言っていた）、それを購入する。彼等（モノ売り）は何人も居て、ひっきりなしにやって来る。

それからは横になり乍ら、それで風を送り出す。アフリカやインドの寝台に比べれば、こちらの方がまだマシだ。木の寝台だが、そのスペース分のゴザが敷いてあるし、枕も一応用意されている。同室の者が若者でなければ何も問題ないのだが……。

『やはり二等寝台にしておけば良かった』

と弱気な心が顔を出す。自分以外の五人の目（三等寝台は向かい合わせ三段ベッドの六人部屋）に注意してなければならないというのは、ちょっとシンドイ。二等（料金表では“Soft Berth”となっている。「一等」は、“Super Berth”）なら、寝台四つの四人部屋だから三人でいい。そして乗り込む客も三等より、その料金の高い分だけマシではないかとも思えて。

そんな弱気が頂点に達したのは、向かいの下段の寝台の持ち主の、その下の荷物収納スペースの彼等の大型のバッグの中からピストルが現れた時だ。それはそこにやって来た若者の要求によって出されたものだ。若者はそれを受け取ると、腹とズボンのベルトの間に挟んで、コンパートメントを出て行った。

そんなものが簡単に一般人の間でも所持されているとなると、何となく恐ろしい。まして日本人にはインパクトの強い品物だ。

『二等寝台は三等に比べて二十六ドル高いが、日本円にすれば三千三百円程。それで精神的安寧が得られるならば、そちらの方が良かった』

年齢と共に弱気が先行するのが何とも情無いが、これはどうしようもない。しかし現実には今更、変更することもできず——そんな行動は勿論起こさない——、ただ暑く狭いバース（寝台）

で発車までの時を待つ。

二時二十分頃に向かいの上段の寝台の所有者がやって来る。中年のおじさんだ。見た感じ悪い人のようでもない。新聞紙を幾重にも巻いた扇風機と、そしてそれぞれパンパンにふくれた手提げバッグとショルダーバッグ、それに車中での飲料用の中型のフタ付プラスチックの水のみを抱えて。

当初来た時に居た若者三人は姿を消している。代わって中段、下段の寝台には四十歳前後の中年の夫婦二組がやって来ている。勿論発車するまで誰が本当の所有者なのかは判らないが。しかし若者ではなくなっている状況にいくらか安堵する。

車内にはひっきりなしにタバコ売り、本売り、扇子売り、果物売り、そしてパン売り等がやって来る。その売り物にも男女、老若の分担があるらしく、本売りは青年、扇子売りは主に少女、果物売りは中年以上の女性、そして煙草売りは比較的若い男女と。先頭から最後尾までの客車を歩いて、果たしてどの位売れるのだろうか。

二時三十分過ぎ、荷物の心配はいくらかあったが、狭い寝床に居るのも息が詰まりそうで、一度車外へ出る。

発車前のホームは人で溢れている。また各種の売り子が行き来している。

各車両の入口の処には車掌が居て乗り込む者の切符をチェックしている。一等も二等のそこに

サイゴン駅、ハノイ行き列車の出入口に立つ女性車掌

も制服の女の人しか居ない。民族衣装のアオザイを着ることは（持参のガイドブックにはそれを着る車掌が扉口に立っている）特別な時なのかも、あるいは彼女等の気分によることなのか。

二時四十分、機関車が連結される。

三時、車内を担当する男のサービス係が各車両を回って歩く。私には何のことか判らないが、下の夫婦の一方の婦人が五千ドンを渡している。そしてそれがお茶の湯呑みセットの貸し出しと、ポットに入った湯の提供代であることをのちに知る。これはハノイに着くまでサービスされるものだった。

統一鉄道

午後三時十分定刻に、ＣＭ６の特別急行はサイゴン駅を離れる。同室の者が扇風機のスイッ

チをひねるが回らない。私は寝床に横になって扇子を動かしている以外ない。

どうやらしかし同室の他の五人は、上段のそのおじさんとそして二組の夫婦連れのようだ。一組のカップルには三歳位の女の子が居る。但し他のコンパートメントにも親戚か知り合いが居るらしく、頻繁に多くの者が出入りして来る。こちらはしかし上段に居るので直接の関係はない。とにかく乗っていれば、そして順調に進めば自然にハノイに到く筈だ。

外の風景も見ずに横になっている。いや上段からは景色は見えない。本当は見たいが五人も六人も居る下に降りてゆく気はない。言葉が通じればまだしも、話し掛けられるのが面倒臭い。

ホーチミン市内を離れても、緑豊かな田園景が続いている。

走り出して二十分もせずに検札が来る、女の車掌さんが。まだ若くちょっと日本人的な風貌をしている。

こちらの切符は外国人用なので、他の五人のとは違った切り取られ方をする。左¼の点線の処から切られ、持ってゆかれる。残り¾は返される。他の五人が全員ハノイまで行くのかどうか確かめたかったが、言葉が通ぜず、確認できずに終わる。

もしハノイまで行くのなら気は楽になる。荷物の途中での心配がなくなるからだ。

知らずに眠っていたようだ。呼び掛けの声に起こされる。

四時四十分、夕食が配られる。

「食べるか?」

向かいのおじさんが下に居て、声を掛けてくれる。ガイドブックには現地人は無料というか、運賃の中に含まれているというが……。

しかしここで敢えて、代金を訊くのもおかしいと思い、頷いてそれを受け取る。ちょうどバンコクからホーチミンへのベトナム航空の機内食の様式と同じだ。いやその〝トレイ〟がだ。プラスチックの青色の盆に透明なプラスチックのフタが被せてある。

五時前で早いとは思うが、同室の他の五人は食べ始めているので、こちらも食べる。たぶんまたそれを回収に来るのだろうから、食べておかなければ下げられてしまう。

お皿にごはんが乗り、小さな鉢にもやしの和え物? と別の小鉢に肉煮と野菜煮が入っている。食べ始めて少しすると別のサービス係が、プラスチックの大きなバケツに入れたスープを配り始める。やはりプラスチックの赤い椀に入れて提供する。瓜の細切りされた具が申し訳程度に入っている。他にデザートとしてランブータンも二つ付いている。

おかずに比べてごはんが多いので、腹は結構満たされる。切符を購入する時に貰ったスケジュール表を見ると、外国人に対しての食事代も書かれてある。それによるとこの列車でのハノイまでの代金は二万ドンだ。昼、夕食が各五千ドンで朝食が二千五百ドン。昼食二回で一万ドン、夕食一回で五千ドン、朝食二回で五千ドンの合計二万ドンとなる。マア他に食事を摂るすべはないのだから、もし請求されれば払おうと思う。大体しかし外国人の方が数倍も高い運賃を払ってい

るのだから、当然食事代も含まれていいと思うのだが……。（注、後《のち》に含まれていたと知る）

私と向かいの上段のおじさんは横になり乍ら食べる。あるいは背骨をひどく曲げ乍ら。下の二組の夫婦はそれぞれに持ち込んだ個人的な食べ物（瓜等）を出して食している。

十五分程で食べ終わる。何もすることはない。横になっている。扇風機が回り出している。しかし風は腰辺のみにしか当たらない。扇子を動かす手は止められない。

室内灯のスイッチをひねると、灯る。ホッとする。それがなければやはり暗い。本を読むにも、何かを書くにも目が疲れる。確かにアフリカの列車に比べれば格段にいい。

五時十分、夕食のトレイを下げに来る。狭い通路を両手に抱え込んで係員は下げて行く。それは各車両の連結部で、各器《うつわ》ごとに分けられ、先頭車両にある食堂車（兼乗務員の寝台車）に運ばれる。

夫婦者であり、子供も女の子なのでコンパートメント内は比較的静かだ。

夕食が済むと六時前だというのに眠る以外ない。この列車行は一つの休養の時でもある。ホーチミンでの行動の疲れをいくらかでも、癒《いや》さなければならない。

七時五十分、スケジュール表では停まらないことになっている MUOUG.MAN 駅に止まる。形だけの特急であって、実質は急行と変わらない。確かに実際に通過するのに、止まらずに行くというのは勿体ないことだ。鉄道省側の用事も、止まれば足せるだろう。

急行列車と同様に十分間の停車をして発つ。時刻表にはないが、たぶん定刻通りに発着しているのだと思う。

午前零時五十分、NHA.TRANG《ニャチャン》駅に止まったようだ。ここは時刻表にある正規の停車駅。半ば眠っていて、外を見る気もない。しかし人々の声は聞こえる。こんな時刻にも商いをする者は居る。一時十五分発。

六時十五分、起こされる。朝食が配られているのだ。起こされなければ眠っていて、それを食べそこねていただろう。それ程周りの動きが感じられない。

フランスパンのサンドイッチと紙パックの茘枝汁（白色の果実《ランブータン》ジュース）。朝食にはちょうど良い分量だ。これは食器がないので下げには来ないから、すぐには食さない。洗面後に食べることにする。私以外の五人はすでに起き出しており、朝食も始めている。

寝床を降りると車両の前後にあるトイレと洗面所に行く。まだ水は出ている。歯を磨き洗面をする。水が出るのもアフリカとは違う――しかしこれは朝だからで、少しするとタンク内のそれは無くなり、断水となるが。

六時二十五分、DIEU-TRI駅停車。時刻表にない駅。

しかし駅に来る商売人達は当然、止まるものと思って待ち構えている。ここは朝起き出した処で止まる駅なので、窓外には洗面器に水を入れてそれを貸し出す大勢の女子供が居る。ビールやコーラのアルミ缶の上部をくり抜いて、コップ代わりにして、〝これで歯磨きのあとの口濯《ゆす》ぎをしろ〟と言うのだ。時刻に合わせた商売だ。

私の車両には朝食は配られているが、これから——車中にはこの駅に着いてから——起き出す者も大勢居るだろうから、ひどくタイムリーな商売といえる。

窓外で商品（この場合、水）を抱えている人々の群れは、これはインドでもアフリカでも同じだ。生きてゆく為には何かしら行動を起こさなければならない。それは経済を行なう為の代価を要求するもので、そういった意味ではこれは循環のうちの一つの要素ということになる。要素は時と場所によって変わってくる。ここでは「水」がその要素だ——多くは食べ物であるのだが。

こういう状況にいる時、いつも逆《そちら》の立場に生まれていたらと思ってしまう。客としてではなく、売り子として自分が存在していたら、と。古くはブラジルでも思ったし、フィリピンやバングラデシュを旅行していた時にも感じたことだ。どちらが良かったのか……。

車内食

DIEU-TRI駅には二十分停車している。洗面するのには充分な時間だろう。

走り出して二十分程、進行方向右手の小高い丘の上に三つのトーチカが見えてくる。一つは二つに比べて背が高い。低い二つはその一つを守るようにして配置されているようで、それらが視界に入ってから消えるまで、五分程はある。

十時十分、もう昼食が配られる。確かにこの車両《はこ》は早く配られる方かも知れない。一等や二等はもっと早いのかも。でも十時を過ぎたばかりでは（こちらには）いかにも早い。

しかし食べる。トレイは先の夕食と同じ。内容もごはんに小鉢二つが付いていて同じ。一つには葉っぱの煮付け、そしてもう一つにゆで卵揚げと豚肉の角煮。それにスープとバナナ一本。

再び背を丸めて、寝床の上で食べる。結構身体がきしんで味どころではない。

向かいのおじさんも下の夫婦も食べている。移動中は食べることしか、することはない。下の二組は、妻の方は何か食べているか、話しているかで、夫の方は中段の寝床で横になっていることが多い。扇風機はずっと回ったままだ。

十時四十分、昼食のトレイは片付けられる。

十二時十分から十五分の間に比較的幅の広い川を二つ越える。

列車内（中段と下段）の食事景。ごはんと小鉢二つとスープ

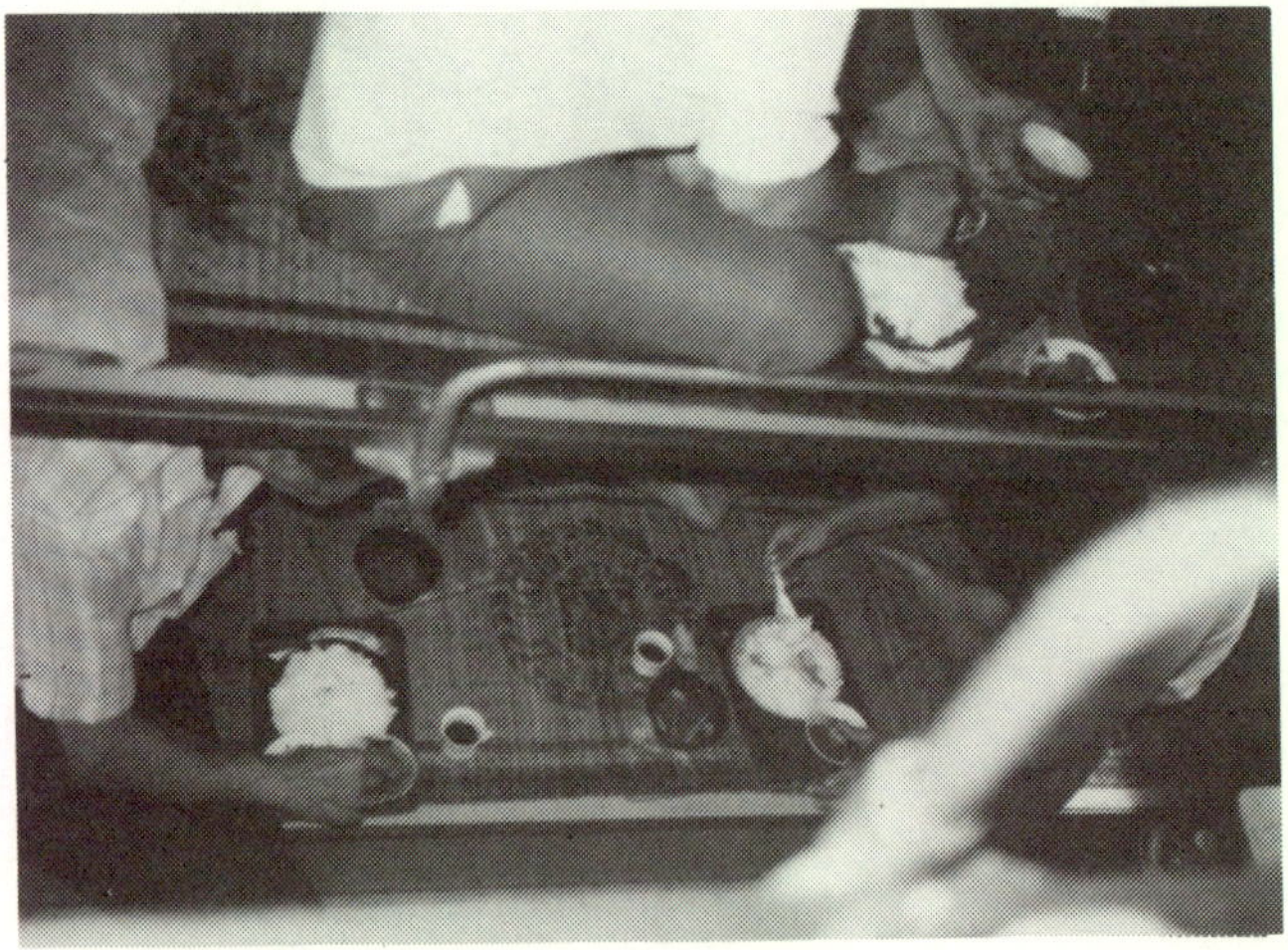

ダナン駅、ホームに停まる上下線の列車（給水景）

同上、ホームに降り立つ乗客達

そして同五十三分、DA-NANG《ダナン》駅に到着する。ここでは三十分の停車時間がある。同室の五人はみんな各自の荷物の中から手拭と石けん、そして着替えを手にしてホームへと降りて行く。向かいのおじさんが私にも、降りないか、と誘う。

彼に従《つ》いて行くと、やはりホームに面してあるシャワー場に導かれる。その入口を入るとコの字型のスペースに、一メートル四方のシャワー室がいくつもある。ちょうど丸一日近く乗っていて汗をかいている。それを洗い流す処だ。シャワー室はどこも使用中。

しかしホームに一旦戻り、少し離れた処にあるシャワー場には殆ど人は居ない。それはなぜなのか、あるいは人で満たされている処は料金的に安いのかも。

私は手拭は持って来たが、当然浴びない。すべてを脱いで、そして隈無《くまな》く洗うには時間が無さ過ぎる。それに荷物の心配もある。

ホームに戻って、大きなシートで日蔭を作る一つの店のベンチに坐ってコーラ（千五百ドン）を飲む。この列車に乗って初めての出費だ。

一時十五分、車両に戻る。

定刻の同二十分に発車する。正確には到着が十二時五十分で三分遅れて着いたが、出発《はっ》が定刻通りというのは偉いと思う。こんなこともこの国では珍しいことなのではないか。とにかく旅行者にとっては歓迎すべきことだ。

ダナンから進行方向が変わる。このことに少し経って気付く。寝床の上段に横になっていると景色を見ないので、すぐにはそれと察知しない。しかし何か動きの伝わり方がこれまでと違うのと、いくらか上段から見える景色の破片がこれまでと逆になっているような気がして。

　今度からは通路側に居ると、進行方向を右手に見ることができる。うまい具合に通路側からの窓外に景勝の南シナ海がいずれ見えてくることになる。

　午後一時四十分過ぎからトンネルに入る回数が多くなる。峠へと進んでいることが判る。同四十四分から四十八分まで、四分間もトンネル内を走る。

　そして二時一分から一分程のトンネル、同二十分からやはり一分弱のトンネルを抜けると、そこから海がずっと望めてくる。

　二時三十分、ハイヴァン峠の頂上辺を行く。丘の上に黒く煤《すす》けたトーチカが建っている。

ハノイへの列車，山間地帯を行く

ダナン→フエ間，列車からの入江の眺め

同三十六分、山の中といった処で、単線と分れた引込線で対向列車がすでに止まって待っている。こちらは止まらずにそこを通過する。定刻通りどちらも進んでいれば、うまくゆくことになるのだろう。

そこを通過するとすぐにまたトンネルに入る。もう下りに入っている。

二時四十二分から二分程、またトンネルに入る。ここを抜けると、海辺に下りている。高度がすっかりなくなったことが知られる。

二時四十七分、LANG-LO 駅に少しだけ停まる。勿論物売りなど居ない。

三時五分、再びトンネルに入る。二分程のもの。

同二十八分、トンネル、一分で抜ける。

この統一鉄道の景観的なハイライト、ハイヴァン峠越えを終える。乗客達は海側の、低目の窓枠に坐って、半身乗り出し乍ら、風を受けて海岸景に見入っている。こちらも同様にしていたが、長くは腰が痛くて坐ってられない。トンネルに入る度に立ち上がって背を伸ばした。

風光明媚といえば言えるかもしれない。しかしそれを活かすも殺すもそこに住む人間にかかっている。

午後四時十分、夕食が配られる。昨日の夕食と似た内容だ。ごはんともやしと、そして骨付の豚肉とがんもどき――ベトナムで「がんもどき」、と思うがこれは結構一般的な食べ物だ――、それにランブータン二つ。本当はスープもあったが、配られる前にそれらを食べ終えてしまって、今回は提供されない。

時刻表にない駅停車

夕食が終わった頃、午後四時四十二分、HUE《フエ》駅に到着する。正規のスケジュールではこの駅がハノイまでの最後の停車駅だ（TBN4、8の急行ではこの間に五駅の停車駅がある）。時刻表では同三十七分に到着して四十二分には発車するとなっているが、ここに来て五分遅れている。

この駅には当然多くの物売りが待機している。特に、"MEXUNG" というビニール袋に入った物を売る者は多く――これが何なのか判らないままで居てしまう――、同室の夫婦者も数多くのそれを購入する。

しかしいつもそうだが――このような国の取引きにつきもののことだが――、その窓越しの交渉がすごい。代金の遣り取りが。こちらは言葉が解らないのでどういうことなのか知れないが、車中の客が、

「買う」

と言ってその品物を車内に入れていざ金を払う段になると、売り手が「足りない」と言う。十も二十も買ってあるのだが、勿論最初、一個いくらで納得して購入したのだと思う。

これはいつの度でもそうなのだが、トラブルの原因は車中の買い手側にあるのだ。個数分の代金を払っていないからだ。不足だから当然売り子は怒る。その声がすごい。この時はまだ若い十代の女の子だったが、それは大変な勢いでこちら側の夫婦者を問い詰めている。夫婦者の方では後ろめたさがあるので、あまり反撃の声はない（今日の日本ではまず考えられないことではないか。たまに計算間違いはあるにせよ、故意に代金をゴマかすなんて）。

正規の代金を受け取れぬままに列車は動き出してしまう。少女は怒鳴り乍ら窓外を列車の動きと共に、小走りにやってくる。こちら側の夫婦（妻だが）は、しかし渡さない。それがどれ位の距離があったか、スピードが上がる少し前の、二十メートルも行った処でやっと旦那の方が、

「払ってやれ」

という仕草をして、妻に不足分の金を渡して、彼女は窓越しにそれを投げて、やっと少女はそれ以上列車の側を追って来ることはなかった。

こういう光景は発展途上国ではよく見ることだ。しかし何となく悲しくなる。やはり低い処で循環しているとしか言いようがない。

午後五時十分に発車したから、定刻より二十八分遅れだ。これまでの最大の遅れかも知れない。しかしこんな程度のままならいいと思う。ハノイへの定刻は午前九時十分だから、朝十時までに着けば、まだ充分行動できる。

夕食の片付けも発車すると行なわれ、寝床の周りは片付く。そして二日目の眠りに早や入ろうとする。日は暮れていないが、もうこちらに予定はない。歯を磨けば良い。幸い、ダナン駅での停車時間中に、タンクの水は補給されていて、再び洗面所の水道からそれが出るようになっている。

この列車に明らかに外国人と判るのは一人しか乗っていない。一等車に居る白人だけだ。チラッとそちらのコンパートメントを通った時見た限りでは、やはり居心地悪そうに席に坐っていた。言葉が通じなければどうしようもないだろう。そして二等の客も、一等の客もそれ程目に見えて富裕そうには映らなかった。確かに社会主義国ではインドのように貧富の差が極端でないことは当然と言えるが。

午後八時二十分、DONG-HOI駅に停車。時刻表外の駅だが、当然のように二十五分間停車している。物売りも居る。しかしこちらは眠っている。止まったことは感じるが自身に動きはない。

九時十八分にもどこやらの駅に五分程止まる。しかし横になったままだ。あと十三時間乗っていればハノイに着く。

夜中零時二十分にも五分程停まっている。次に止まったのは午前二時ちょうど。どうやらVINH駅のようだ。十六分間停まっている。夜中であり同室の五人も誰も起き出さない。

五時三十分、目を醒ます。同室の人の動きによって目醒める。早速、洗面、歯磨きをする。これさえ済ませておけば、いつ朝食が配られても大丈夫だ。二夜一緒に居ると、言葉は通じない乍らも、同室の人は好意的な目を向けてくれる。

洗面を済ませて、再び寝床に横になっている。

そして六時四十分、肩を叩く合図に起こされる。朝食が配られて来たのだ。今日は昨朝と違い、細切り肉入りのお粥だ。何でも支給されるものであれば美味しい。

七時十分、その丼を片付けに来る。それが済

ハノイへの列車中。朝のコンパートメントの光景

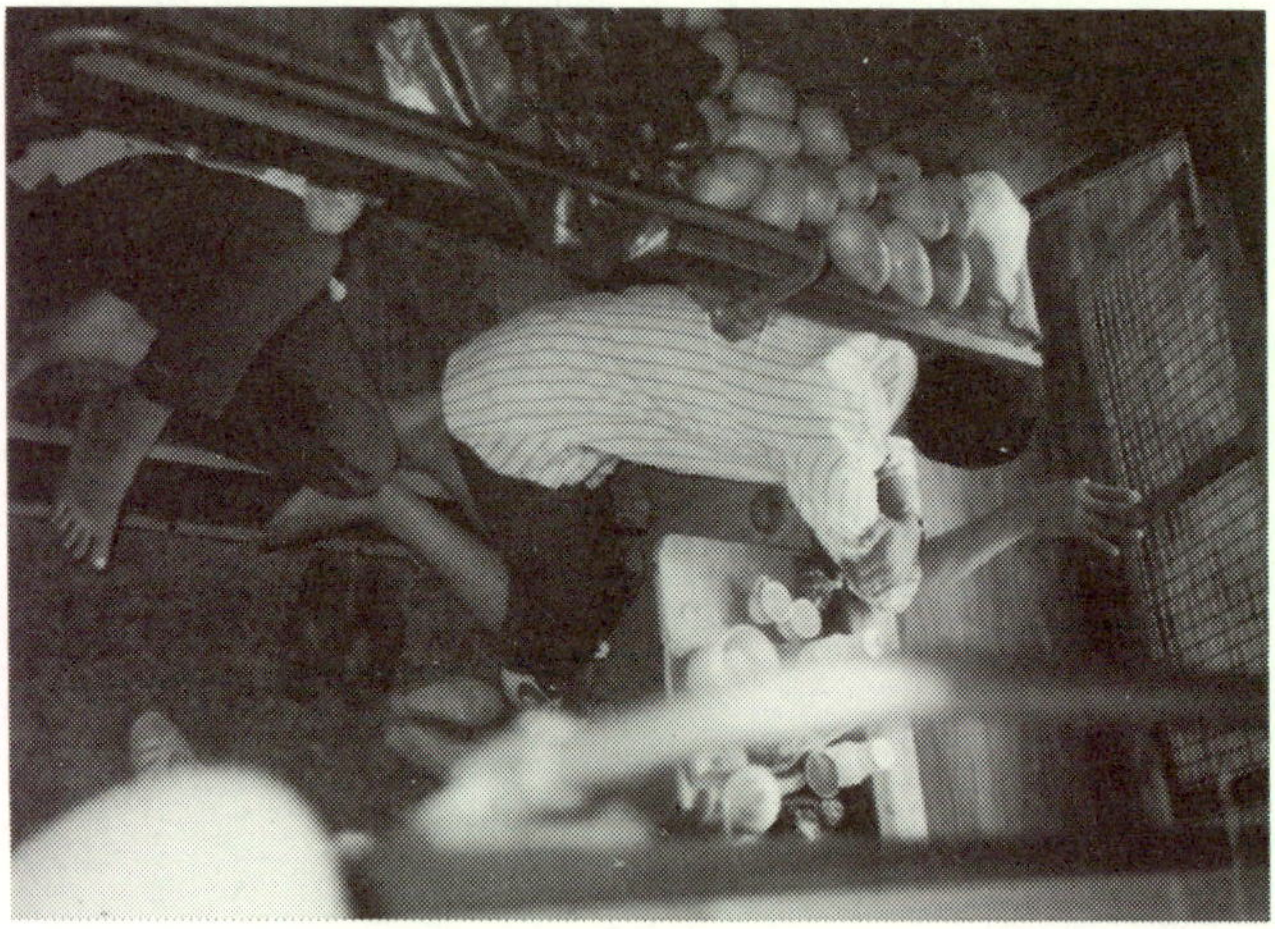

むと同室の人たちは下車の仕度を始める。まだ予定時刻より二時間も前だというのに。気が早いというのか、しかしそれだけの荷物を抱えているので当然かも知れないが。

八時、女の車掌が枕を片付けに来る。ということはそれなりに、それを手入れしているということか。あるいは単に持ってゆかれることを予防してのことか、たぶん後者だろう。

車窓外には道を行く人々の数も、またトラックやシクロ、バイクの数も増えている。ハノイ郊外に差し掛かっていることは確かだ。しかしこの沿線、ずっと緑で蔽われていたように思う。豊かな稔りを約束している。

八時五十五分、定刻より逆に十五分早くハノイ駅に到着する。同室の者はホームを見つめて誰かを探す風で降りる気配はない。

こちらはリュックを背負ってホームへと出る。

そして人の流れの方へ進み、構内を出る改札を通る。そこで残っていた切符の¾を渡す。記念に貰いたかったが、それはできない。

ハノイ

出口付近にはシクロの客引き他、何とも判らぬ人間が一杯。しかしとにかくこちらはいつものように立ち止まらず歩を進める。大体の感覚で列車の進行方向へ行く。

そして少し歩いた四つ角にある、「DONG-LOI」ホテルに入る。まず地理を確認しなければならない。このホテルはガイドブックによると、八ドル程で泊まれるとなっているが、今は四十ドルと言う。とても泊まれない。安宿のある TRANG.TIEN《チャンティエン》 通りへの行き方を訊いてそこを出る。

まだ朝の九時過ぎ、何も焦ることはない。

LE.THUONG.KIET《リートゥオンキエット》（以下LTK）通りを行き、HANG.BAI《ハンバイ》通りで左折する。そして二つ目の通りがチャンティエン通りだ。そこを右折して、目指す安宿へ向かう。そこは角の国営百貨店を曲がってから三分程の処にある。同通りから細い路地を右に入った奥の二階にある。

受付の女の人に空き部屋を訊くが、今あるのは〝十五ドルの部屋だけ〟と言う。

『困った』

と思う。ホーチミンに比して高いことは予想していたが、せめて十ドルでなければ泊まれない。二日間の列車行の汗を早く流したいがどうしようもない。

試しに訊いてみる。

「日本人は今この宿に居ますか？」

「ええ」

『やはり居るんだなア』

と思う。すると彼女の方から、

「その日本人がシェアする人を探している。もし良かったら彼の部屋に泊まれば」

ハノイ（中心図）

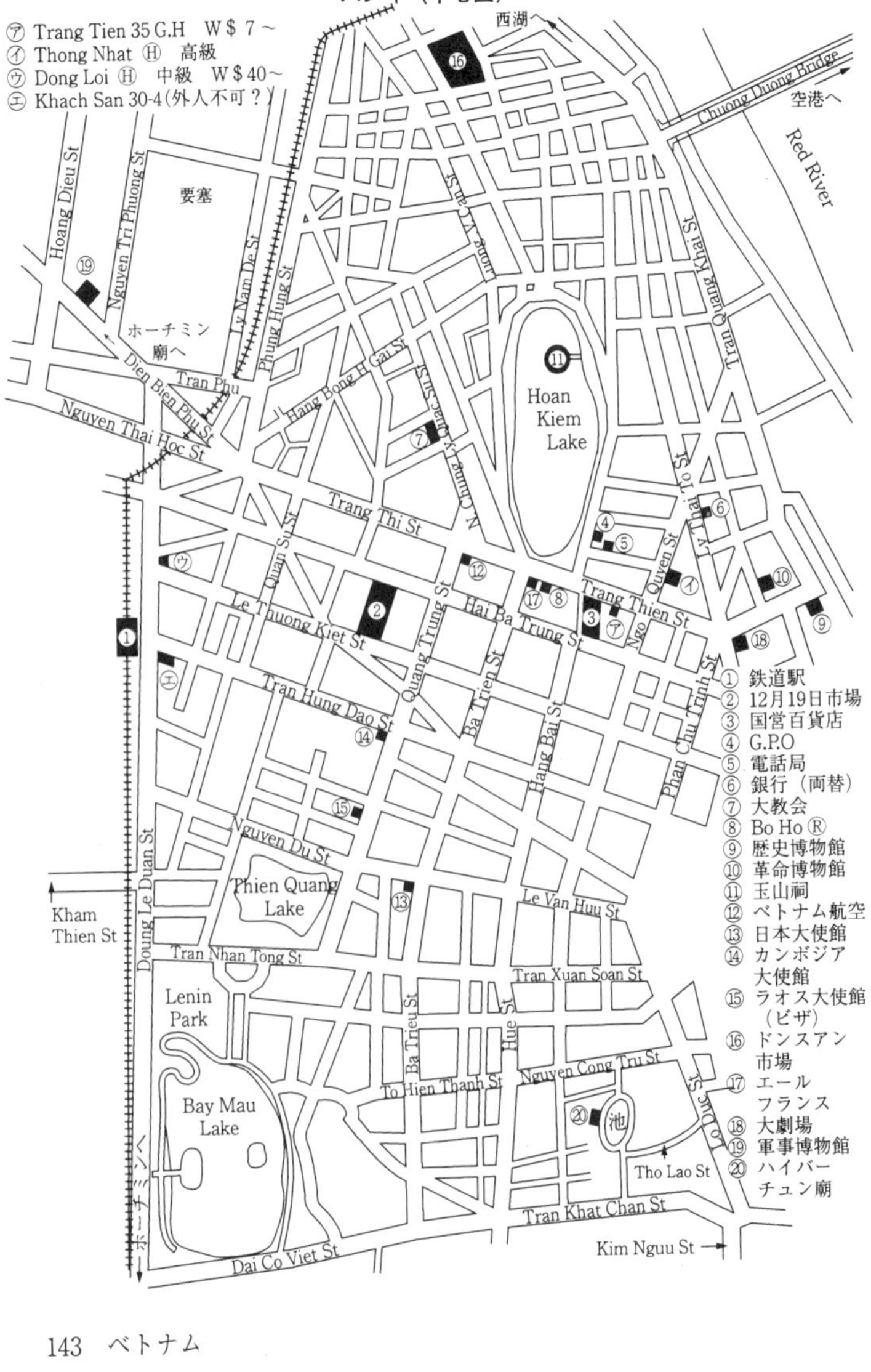

㋐ Trang Tien 35 G.H　W＄7～
㋑ Thong Nhat Ⓗ　高級
㋒ Dong Loi Ⓗ　中級　W＄40～
㋓ Khach San 30-4（外人不可？）
西湖へ
空港へ
Chuong Duong Bridge
Red River
要塞
Hoang Dieu St
Nguyen Tri Phuong St
Ly Nam De St
Phung Hung St
Hang Bong H Gai St
Ly Quoc Su St
Hang Can St
Luong V Can St
Tran Quang Khai St
ホーチミン廟へ
Dien Bien Phu St
Tran Phu
Nguyen Thai Hoc St
Hoan Kiem Lake
Trang Thi St
Quan Su St
N Chung Ly Quoc Su St
Ly Thai To St
Quyen St
Ngo Quyen St
Trang Thien St
Hai Ba Trung St
Le Thuong Kiet St
Quang Trung St
Tran Hung Dao St
Ba Trieu St
Hang Bai St
Phan Chu Trinh St
Nguyen Du St
Thien Quang Lake
Le Van Huu St
Kham Thien St
Doung Le Duan St
Tran Nhan Tong St
Tran Xuan Soan St
Lenin Park
Hue St
Ba Trieu St
To Hien Thanh St
Nguyen Cong Tru St
Bay Mau Lake
池
Lo Duc St
Tho Lao St
Tran Khat Chan St
Kim Nguu St
Dai Co Viet St
ホーチミンへ
① 鉄道駅
② 12月19日市場
③ 国営百貨店
④ G.P.O
⑤ 電話局
⑥ 銀行（両替）
⑦ 大教会
⑧ Bo Ho Ⓡ
⑨ 歴史博物館
⑩ 革命博物館
⑪ 玉山祠
⑫ ベトナム航空
⑬ 日本大使館
⑭ カンボジア大使館
⑮ ラオス大使館（ビザ）
⑯ ドンスアン市場
⑰ エールフランス
⑱ 大劇場
⑲ 軍事博物館
⑳ ハイバーチュン廟

と教えてくれる。どんな人か判らないが、とにかく一日だけでも、早く落ち着きたい。そ
その人の部屋を訊いてその扉の前へ行く。しかし錠が掛かっていて出掛けたあとのようだ。そ
の扉の処に成程、シェア募集の貼り紙が英語で書かれてある。この部屋は一泊七ドルで、もしシ
ェアできるのなら三・五ドルずつ出せばいいと。日付は二十五日になっていて、一週間居る、と
あるからあと二日は居るようだ。どんな人か判らぬが、とにかく今日はここに泊まろうと決める。
部屋に入れないので身体を洗うことはできないが、いつ戻るか判らぬ人を待つこともできず、
予定の行動に歩み出す。

リュックを受付に預けて動き出す。まず路上の売店でハノイ市内地図を買う。四千ドンという
処を三千ドンに値切って買う。そしてベトナム航空オフィスへと行く。

そこは宿の前の通りを左に歩いて行った処にある。エールフランスのオフィスのある角をさら
に進んでいった次の左角に。五分程だ。

一国の国営の航空会社のオフィスとしては暗い感じだが、社会主義国では当然の構えか。カウ
ンターも余計なものの一切ない簡素なものだ。内側にはそれでも画面表示の出る今様のコンピュ
ーターがある。

八月二日のバンコク行きの予約を再確認する。しかしその前に一応ラオス経由の値段も訊いて
いる。コース変更が可能かどうか半信半疑だったが、「できる」と言う。しかし手持ちの航空券
に五十ドルプラスしないと変更できないとも。気持ちが決まっていず、バンコクに戻ることに

一応《ひとまず》する。その為の再確認をする。

まだ十時三十分、その足でラオス大使館に向かう。

二十分で着くが、そこでは査証の発給業務はしていないという。そこのおじさんに教えられて発給セクションの方へ向かう。それ程離れていないが、着いたのは十一時を回っている。ベトナム航空のオフィスから真っ直ぐにこちらに来ていれば十分もかからない。同じQUANG.TRUNG《クアンチュン》通り上にあるのだから（ベトナム航空オフィスはチャンティエン通りとクアンチュン通りの交叉する角にある）。

ラオスのビザ取得には出入国の為の航空券が必要という。トランジット・ビザしかここでは取れないが、五日間有効のそれが二日後には取れるという。バンコクでは五日以上のツーリスト・ビザが取れるということだったが、確か七十六ドル（千九百バーツ）程かかったと思う。ならばここで五十ドル余計に航空代を支払っても、そしてビザ代の十五ドルを加えても、まだ安いのではないかと考える。

しかしまだはっきりとは決めかねる。なぜならラオスの情報が何もないからだ。当初、ベトナム以後、バンコクに戻りマレーシアからモーリシャス方面へ飛ぶつもりでいたので、そちらのガイドブックは持って来ているが、ラオスのはない。

タイに戻って、そこでもしあれば購入してからでも遅くないような気がして、やはり一旦戻った方がいいのではないかと。それにドルの現金も少ないということも不安にさせている。タイに

チャンティエン通りと、Ngo Quyen通りとの交叉点辺

戻って、バーツで主な支出を済ませてから、ラオスに入っても遅くはないだろうと。

決めかねてビザ発給セクションの建物を出る。

お昼に近い。宿に戻ってみる。できたらその部屋の持ち主が帰っていることを願っているが、正午に十五分程前だが帰っていない。

いくらかガッカリして、しかし待っていても仕方がないので、再び町中へ出て行く。身体はベタベタして最悪だが、他にどうしようもない。

ホアンキエム湖に面した郵便局へ行く。切手を購入して絵ハガキに貼る。ここでも四千ドンのそれはない。やはり二千ドンと二百ドンを買う。不足の二千ドンは機械の数字スタンプになる（この国の切手は大きくて、三枚を貼ると住所を書くスペースが小さくなるので）。

湖畔の公園を歩く。玉山祠を目指す。途中、おばちゃんのやる小さな露店でジュースを飲む。

暑いなか、氷入りのそれはやはり旨い。そんな露店が湖畔の木蔭にはいくつもある。

見物行

午後零時五十五分、湖辺から湖中に延びる赤い□旭橋を渡って、玉山祠を見物する。

橋を渡った処に入場券を買う処がある。「二千ドン」と言うが、やはりＩＤカードを見せて無料にしてもらう。

売り子の若い娘さんは困った顔をして、門入口の処に坐る五十年輩の男の人の顔を窺う。

彼は、「ダメだ」という表情を作るが、私は、「いいでしょう?・」といった感じで女の子と対する。彼女はこちらを外国人と知っていくらか興味あり気の好意的な態度を示す。無理には買わせようとはしない。

玉山祠入場券売りの女の子と，入口辺

そこを通って入口に居る男の人の処へ行き、軽く会釈して入場する。僅かな金（二千ドン）だが、僅かな見物しかしないのだから、許して欲しい、と勝手に理屈をつけて通ってしまう。入って左方向に進み、小さな広場を見て右に行くとすぐ祭壇が飾られた仏間がある。何を見るという訳ではない。ただその内に入って見物する。

ほんの少しの処に壇間がある。だがそれを見るより、湖辺に面してある小広場の木蔭に開く茶店の小さな椅子に坐っている者の方が多い。

こちらもベンチに坐ってしばし休む。特別何をする訳でもない者が幾人も居る。湖水はすぐそばまで来ている。

三十分程居て、橋を渡り戻る。

湖辺を左手に沿って歩き、サークルからHANG.BONG.H.GAI（以下ＨＢＨＧ）通りを行く。通り上の各店を見て歩く。できたら金専門の店を見つけたいがない。ホーチミンにあった「宝石店」と呼べるような店はない。やはりそちらで買っておくべきだった。

途中同通りのＣ14番地にある「FOOD STUFF」に入ってジュース（千五百ドン）を飲む。そして自家製のヨーグルト（千ドン）もあるのでそれも頂く。いくらか休憩も兼ねている。

同通りをさらに進んでTRANG.THI通りも交叉する五叉路を右手にDIEN.BIEN.PHU《ディエンビエンフー》通りに折れて行く。軍事博物館へ向かう。

五分歩くと右側にあり、入場する。内庭に戦闘機が飾られている。また砲門や戦車がある。上には登れないが、〃旗の塔〃もその下から見物する。

三十分程で出る。ここでもＩＤカードで入館している。

午後三時過ぎ、ホーチミン廟前に居る。その廟への歩道を歩こうとすると、慌てて警備に当たっている兵士がやって来て、注意される。知らないということは怖いものなしだ。成程ここを歩いているのは私しか居ない。車道には自転車やバイクが頻繁に往き来しているが。

向かって左手奥にあるホーチミン博物館に入る。千ドンは安いが、それもＩＤカードでパスする。博物館はとてもベトナム人が造ったとは思えない外観を（また内容も）している。

館内は冷房が効いているし、また展示計画も楽しい。内装もひどく近代的で、ちょっとベトナムのイメージには不似合な程だ。

軍事博物館。「旗の塔」

ホーチミン廟を望む

ホーチミン博物館内のホーチミン像

ホーチミン博物館。館内から内庭を

池中に建つ一柱寺

小一時間見学して出、近くの一柱寺を見る。寺といっても境内があって伽藍が建つというものではない。むしろ祠といった感じの池中に作られた小社だ。池を一周して帰路につく。

途中、一泊十二ドルというホテルを見つける。もしこれから帰ってもシェアを希望する人が戻っていなければ、ここにやって来ようと考える。十二ドルが十ドルに値下がったのもそうだが、やはりトイレ、シャワーが付いている方が暢びりできると思えるから。一人なら素っ裸でも部屋の中ではいられる。とにかく早く身体を洗いたい。

四時三十分、NGUYEN《グエン》.THAI《タイ》.HOC《ホック》通りにある文廟を見学する。しかし入場口を知らず$4/5$周してしまう。その外壁に着いた時、右回りに歩めば$1/5$歩くだけで済んだのに、逆に回った為に、かなり歩かなければならない。入場口は

文廟，入口門

文廟，本殿内の孔子像と管理人さん

QUOC.TU.GIAM通りにある。

文廟も二千ドン入場にかかるが、ここでもIDカードで入る。料金係の女の子は不満気だが、それを見せたらこちらが入るのを阻止しない。こんなものでいいだろう。

入口門からさらに三つの門をくぐるとやっと本殿がある。建物内には孔子像が坐し、その両脇に彼の弟子（孟子）等が居る。ベトナム最古の大学という。

アプローチの内庭には科挙合格者の名が亀の背に乗った石碑にきざみ彫られてある。

五時まで居て、宿へと戻る。もし部屋の主が戻っていなければ、先程あたった十ドルのホテルへ行こうと考えている。これ以上はもう歩き回ってもいられない。とにかく荷をほどいてゆっくりしたい。

宿には五時三十分に戻る。こちらが受付に行くと、鍵を渡される。部屋扉に掛かる錠を開けるものだ。本人は居ないが、部屋には入れる。流れとしてこうなる。この宿に今夜は泊まろうとする。もしシェアする人が話の合わない人なら、明日にも宿換えをするつもりでいる。

部屋に入る。セミダブル程のベッドが二つあり、スペース的には二人でも問題ない。洋服ダンスが一つあり、そのタンスの二つある扉の片一方に、

「こちらを使って下さい」

と貼り紙がしてある。

入口扉の錠を開ける鍵と共に二つの小さなカギが付いている。その一方のが指定された方の扉を開けるものだ。

小机もあるし、椅子も二脚ある。確かに一人では充分過ぎる部屋だ。

リュックを置くと早速、シャワーへと行く。しかしシャワーではなく、ただの水道が引かれているに過ぎない。ただそれ分のスペースはあるので裸になって身体を洗うことはできる。

二日ぶりに身体を洗う。腕や首の辺りを擦《こす》ると黒いアカが沢山出る。列車行で溜《た》まったものだ。

宿に戻って三十分程のち、やっと気分爽快になって椅子に坐っている。まだ同室の人は戻って来ない。

その人、江口さんが戻って来たのは六時四十五分頃。ドアを開けた彼に挨拶する。日本人同士なので、その言葉に何の異感もない。そして比較的話はスムーズに流れてゆく。それぞれの旅行

の話を少しする。

ラオスが見える

彼はベトナムに二カ月以上居ると言う。やはりバンコクからホーチミンに入って、ここハノイまで動いて来ている。この間殆どの見物箇所は訪れて来ている。バンコクを出る空港から知り合ったフランス人と共にベトナム内を回っていたと言い、特別ガイドも付けずにここまで来たと言う。ベトナムのビザそのものをバンコクで取り、そのような規制は受けていない。ここまでに確かに自由に個人的に動いている旅行者を見ているので、必ず絶対に、ホーチミンやハノイ以外の町に行く時にはガイドを付けなければならないというものではない。

しかし日本人の彼がそれなりにトラブルを起こさずに回って来れたのも、フランス人の存在が大きかったように思う。現地人にとっては、あるいは彼がフランス人のガイドに映ったかも知れない。

ホーチミンより南の観光箇所、カントー、ヴィンロン、ミトにも勿論行っているし、そこから北へ向かって、ダラット、ニャチャン、クイニョン、ホイアン、ダナン、そしてフエとローカルバスで移動して来たという。二人ということもあって宿泊代も安くついたようだし、移動の際もお互いに心強かっただろう。写真に興味をもっていることが、お互いをより親しくしたという。

彼はセミプロの写真家で、スライド写真を幾十枚も撮って来ている。

フエからは急行列車の寝台に乗ってハノイに着き、先週までそのフランス人とハイフォン、ハロン湾見物に一週間程行っていたという。充分過ぎる程のベトナム旅行ではなかったろうか。日々をとても有効に使っていたように思う。

人の旅行はその時々の運が大きく左右することの証しだ。この間、日本人の個人旅行者にはダナンで一度会っただけだという。決まり切った旅行をしていないのがいいと思う。それぞれトラブルはあるだろうが、やはり話を聞くだけでも心強く思う。

そんな話を七時三十分頃に一緒に行った食堂で夕食を摂り乍ら聞いている。所謂旅行者風はしていなく、ひどく小綺麗な身なりをしていて、そんな意味では、すぐに日本に戻っても一つもおかしくない雰囲気を持っていた。またそんな風であっても、こちらを異種とは見ずに、比較的、打ち解けた感じで時は流れた。

たぶん会話の中からこちらの年齢をそれなりに推測したらしく、数度、

「やはり若い人より年を取っている方がいい」

を繰り返した。

「学生さんはちょっと……、二十歳前後の人とは……」

話が噛み合わない、と語った。

会ったばかりなのにベトナム製の生ビールと、また中国製の万力ビールを氷で割って飲み乍ら、

ひどく話は弾む。

戻り道、宿のすぐ近くにあるアイスクリーム屋で、それを買って食べる。二時間程経っている。

帰宿後もベッドに入り乍ら話す。

ベッド上には蚊帳が吊ってあって、その中に入ってもどちらかが話をやめるまでそれは続いた。たぶん午前零時近くまで話していたのだろう。そして自然にお互い眠りに就いた。

翌朝一足先に起き出し、ベトナム航空へ行き、ラオス経由バンコク行きの航空券に変更する。五十ドルならいいだろう。それにラオスのインフォメーションも町中の路上の本屋で英語のガイドブック、「サバイバルキット」の海賊版が売られているので大丈夫だ。地図等は海賊版故に不鮮明だが、本文の活字は殆ど本物と変わりない。紙質は悪いが読むのに問題はない。十ドルというのはちょっと高いが、やはり購入せざるを得ないだろう。しかしまだ買わない。

五十ドルプラスしての航空券は全く新しいものに変わる。それを持ってビザ発給所へ行く。申請はすぐに受理され、受け取りは明日の午前十時という。今日は木曜なのでもしかしたら、来週の月曜になるかも知れないと思っていただけに、その返事はこちらを喜ばせた。航空券も提示だけで返される。写真二枚と申請用紙を渡しただけで済む。

そこを出ようとした処で雨が降り出す。三十分程雨宿りしなければならない。それでも宿には十時前に戻り着く。朝出掛けに、

「一時間程したら戻って来ます」

と言って出たが、二時間後では彼が居なくても当然だ。明日彼はこの町を発つ。最後の土産物を買いに昨日同様歩き出したようだ。

コインのない国

残りの友人達への絵ハガキ書きをして、十時三十分、郵便局へと向かう。

五分後そこに着いてそれを出すと、市内見物へ。

歴史博物館へ着いたのは十一時を回っている（同三分）。宿から間違えなく行けば五～六分の距離の処にあるが、初めての土地故、人に訊き乍ら行ったのでだいぶ（郵便局か

歴史博物館の前を行くシクロ

ら約二十分）かかってしまう。

四十分程見学した処で、「午前の部は終了」と出されてしまう。ちょうど一階を見終えたところだ。二階を残しての閉館は残念だが、午後一時再開館ということを聞いて、出る。またその時刻に訪れようと思う。

戻り道、革命博物館の場所もチェックしておく。ここも午前の部を終えている。

宿には正午前に戻る。江口さんは戻っていて、ちょうど部屋の掃除が宿の女の人によって行なわれている処だ。

「ここは毎日シーツを取り換えてくれます。掃除もしてくれます」

安宿にしては大したものだ。確かにしかし従業員のような女の子は十人近く居るようなのでそれも可能だろう。

昼食に昨夜とは違う食堂へ行く。フランス人と滞在中に結構近辺の各食堂を回ったみたいだ。それはしかし、

「フランス人は毎日同じ処で食べようとする。しかし私は毎日違った処で食べたかったので、よく意見が分かれた」

と。私もどちらかというと多くの違った処《みせ》で食べてみたい方だ。今日はうどんに、焼肉と野菜煮のおかず。それとやはりビールも飲む。

室外の食事処だが、路上に置かれた扇風機の風が来ないと汗が滲《にじ》み出てくる程暑い。江口さん

も食べ物に好き嫌いはあまりないので、一緒に食事しても何も問題ない。

四十分程でそこを出る。

宿近くのアイスクリーム屋でいつものように棒のアイスを買って部屋に戻る。彼はベッドに入ってしばし休息するという。こちらは歴史博物館の午後の見学へと動き出す。まだ他にも見学する処は幾カ所かある。

午前中にも私以外誰も居なかったが（管理人的なおじさんがその椅子に寝転んでいただけだ）、午後の二階にも誰も来て居ない。別のおじさんがやはり階段を昇った処にあるベンチでうたた寝している。

ガイドブックに記されている展示物を確認して歩く。一階には銅鼓、銅甕棺、海中に立てた木杭がある。二階には仏像が、そして二十一面観音がある。考古学的にはどれも価値ある物だろうが、何の知識もないこちらには……。ただ見つめるという以外能はない。

二十五分程でそこを出て、すぐ近くの革命博物館へ行く。ここもＩＤカードで通過させてもらう。フランス植民地時代の税務署だった処で、部屋がいくつにも分かれている。

一階の向かって左側の階段から昇って、二階から見学してゆく。ホーチミンでもそうだったが、この国の博物館、展示館、記念館といったものの多くは戦争に関してのものであり、やはりそれは殺伐としたものだ。ただここには写真とかパネルしかないので、いや銃や小火器、そしてギロチンの実物はあるが、大型の戦闘機や戦車がないので、外からは何の博物館かは判らない。博物館としての機能の他に、展示室以外では現在も役所の一部として使われているからだ。歴史博物館とは違って、管理人以外の人も多く居る。一時間程かけて見学している。

次にドンスアン市場へ向かう。ハノイで一番大きなマーケットという。

ホアンキエム湖畔を通って、革命博物館より四十分程かかって辿り着く。三時二十五分になっている。今日の主要な見物はここでおしまい。一階から入って、布地専門店の多い二階を通り、そして三階へと。

ここには食事処もある。昼の時間帯を過ぎているので、多くの食堂は一日の仕事を終えて閑散としている。五時三十分には市場自体が閉まるらしく、昼での稼ぎを、無雑作に重なる竹ザルの中のその紙幣を、店の男がまるで伝票を扱うかのように数えている。

ホアンキエム湖近くの町中の景。バスの屋根に自転車を積む

その男の処のベンチに坐って休憩する。かなりの紙幣の量だ。コインのない国なので、その厚さは二十センチ以上にもなる。二千ドン札も多いが、二百ドン札が圧倒的に多い。五枚ずつ千ドンに一まとめにして束ねてゆく。こちらがそこに坐っていた十五分の間にも、まだすべてを数え終わってはいない。

一階には日用雑貨、米、茶、各種豆類を売る店が所狭しと並んでいる。どの国のマーケットでも似ていて、足の踏み場もない処で、また店を広げるうどん屋や果実売り屋が居る。

午後四時四十分、その少し前に屋外の小店で、タニシ入りのうどんを食べてから（二千ドン）、市場をあとにする。

市場前のまた混み合う道（ドンスアン通り）を左にホアンキエム湖方面へと向かう。

HBHG通りに出たのは十二分後、その通り

ドンスアン市場（通り奥，右側）前の混み合う光景

に面してある雑貨店で土産用のお茶（清熱茶）を買う。少しずつこちらも土産物を揃えてゆかなければならない。

母からの頼まれ物の指輪も見るが、これは難しい。ホーチミンにはあった金専門の店がないからだ。どうにもここではいい加減な品物でしかないようで。店構えが普通の仕舞屋《しもたや》風で、あるいはとても貴金属店には見えないような造りであって。

宿には五時三十分過ぎに着く。江口さんは出掛けていて居ない。

日本人旅行者

六時過ぎ、土産物を手にして江口さんは戻って来る。タイから帰国するだけの彼にとってタイで揃えるよりこの国の方が何でも安いようだ。

漢方薬の詰め合わせを六千ドンで購入している。様々な薬草が含まれているのが包装の透明ビニール越しに見える。漢方薬に興味のある者には垂涎のものが多くあるようだ。

七時過ぎ、夕食に二人して出掛ける。昨夜と同じ一道路背後のHAI.BA.TRUNG《ハイバーチュン》通りの、昨夜の店と数軒違いの店に入る。

まずビールにワンタンメンを食する。僅か一日と少ししか一緒でないのに、もうすっかり打ち解け合って話は弾んでいる。午後に会った時、彼の持つサバイバルキットの借り出しを頼むと、快く承諾してくれていた。今後の旅行にこれで不安はいくらかなくなっている。

ワンタンメンを食べ終えて、二軒先の食堂でごはんを食べる。二人なので普段より品数を多く頼んでも安上がりだ。こういったメリットも一人でないとある。

夜九時近くまで居て、宿に戻る。いつものようにその前に、アイスクリームを買うことも忘れない。そのアイスクリーム屋の前には人だかりがしている。夜の娯楽の少ないこの町の人々にとって、夕涼みがてら人の集まる処に寄ってくるのは仕方ない。

車道もバイクや自転車でやって来ている者達で埋まっている。道路を挟んでの歩道にも、多くの者達がその棒を持って口を動かし乍ら坐っている。何でもない。ただここにアイスクリーム屋があるだけの話だ。老若男女、子供も、誰

人だかりするアイスクリーム屋。2階は泊まった宿の一部

もかれもこの店の周りに坐り、あるいは立ち、仲間と話し込んでいる。これは一年三百六十五日続く光景だ。一本四百ドンと、六百ドンのが二種類の、たった三種類のアイスだが、飛ぶように売れてゆく。邦貨にすると、五円と七円程度の金額。ベトナム人にとっても安価なものだ。

アイスクリーム屋はあちこちに見掛けるが、一番安くて二百ドンからあるが、大体四～五百ドンというのが一般的だ。暑い夏には確かに旨い。

私たちは部屋に戻るとそれぞれのベッドに入って横になり乍ら、また話し込む。それぞれの生き方にも話が及ぶようにもなる。二十八歳の彼にとってあるいは人生の選択時に差し掛かっているのかも知れない。ただカメラマンとして食べていけるかどうかが難しいことのようだ。大学時代の友人達はそれぞれに自分の道を進んでいるという。

翌朝六時、目覚まし時計の音で起こされる。八時にベトナム航空オフィス前から空港行きのバスが出る。遅くともその十五分から二十分前にはそこに着いていなければならない。大型ではない中型バスだと一ドルだが、それに乗り切れないと小綺麗（＝日本車）なマイクロバスになり、二ドルになってしまう。この国での一ドルは大きい。誰しも貧乏旅行者は一ドルの方で行くことを考える。

それに合わせて目覚ましをセットしている。荷物の整理が結構かかる。土産物が増えているので、それを入れる竹製の手提げカゴも買っている。

七時少し過ぎ、近くのパン屋で菓子パンと茘枝汁を二人分買って朝食とする。せめてものお礼にと。

軽く腹を満たして、七時二十分宿を出る。私も見送りに航空オフィスまで行く。

途中の土産物屋で、べっ甲の腕輪を二つ彼は購入する。ドル払いの店だ。この国以外ではもっと高い値が付いているだろう。自分が装飾具に興味があれば当然に購入するかも知れないが。

オフィス前には七時四十三分に着く。もう中型バスには多くの人たちが乗り込んでいる。彼の坐る席はないが、運転席後ろの床にスペースを見つけ、坐るようだ。

リュックをその床に置いて外に出てくる。オフィス前に開くコーヒーを飲ませる露店の長椅子に坐り、それを御馳走してくれる。

そして、

ベトナム航空オフィス前。空港行きバスと路上のコーヒー屋にて，江口さん

「もうベトナムのお金は必要ありませんから」

と言って、七千ドン近い金を差し出す。こういうお金を受け取ったことはない。日本でなら当然受け取らない。しかし彼の言も解することができる。私は貰うことを拒むが、

「僅か六十円程ですので」

と、こちらが受け取り易いように言う。相手の気持ちを先取りしている。

「日本に戻ってお会いした時、何かでお返ししますから」

と言って、その好意を素直に受けることにする。僅か六十円程度と言っても、ここでは三食は充分に食べられる額だ。一つの出逢いは、それがお互い受け入れられる時、ひどく嬉しいものになる。

バスは定刻の八時に、満員の客を乗せてオフィス前を発って行く。車内の人々の身体越しに、その隙間から彼が最後の会釈をする。こちらも手を振る。お互いの無事を祈って。

ラオス査証取得

宿に戻って小休止し、今日の予定を消化しに動き出す。見残している美術博物館に行く。

宿の前の道を左に真っ直ぐ行く。ディエンビエンフー通りも交わる五叉路を、さらに真っ直ぐに進む。通り名は「グエンタイホック」に変わっている。それは二日前に訪れた文廟の、道を挟

んだちょうど前にある。

一階は現代のベトナム人画家の絵が展示されている。二階には歴史博物館にあったものと同じような二十一面観音像、また仏像もある。そして銅鼓、銅甕棺もまた。いくつにも分けられている部屋には多くの仏教的展示物がある。廊下にも何やら坊さんのような、妙に現実味のある等身大の像がある。

三階には、二十一手観音がある。これはもともと朱塗りであったのだろう。一部が剝《は》げて黒地が出ている。また顔は金箔がほどこされていたのだろう、目、鼻の窪んだ処のみにそれが残っている。耳たぶにも金箔の薄片が。

この二十一手観音は蓮を象《かたど》った台座の上に坐っている。この台座は人頭（顔）を中心にして、その手と、竜頭と竜尾で支えられている、ひどく印象的な台座《もの》だ。特にその人の顔が、何かの絵本・アニメーションに出てくる主人公のような、瞳の大きい現代的な容貌をしているので。

二十一対の手、四十二本には素手（＝何も持たぬ手）に混じって品物を持つそれがいくつもある。特に右手には多い。鐘や湯呑ポット（急須）、蚕《カイコ》（?）、お皿（シンバル様の小さなもの）、小玉、木札（短冊?）、輪の形をしたもの等々。

左手にも、見えるだけでも、お皿、ナイフ様のもの、鏡（?）がある。しかし右手に比べると少ない。

別の部屋にはベトナムの少数民族の衣装や生活用具、住居の模型が展示されている。少数民族はタイやビルマや中国の彼等とつながりがあるような容貌、そして衣装を身にまとっている。生活袋もその色と織り方、形に特徴があるようだ。このコーナーで初めてこの国に於いて戦争臭が無くなっている。何か別の国の美術館に居るような錯覚をおぼえる。

一時間程居て出る。そして文廟脇の TON.DUC.THANG 通りを南に下って行く。この通りも大通りで、車、シクロ、バイク、自転車がひっきりなしで往き交う。

ベトナムの町の常で、歩道上に直角にバイクや自転車を止めているので非常に歩きずらい。また歩道には物売りも多く、そしてバイク、自転車、シクロの修理屋も多く、なかなか真っ直ぐには歩けない。路端の水場では女が炊事をし——野菜を洗い、米をとぎ、茶碗を洗い、鍋をすすぐ——、また洗濯もしている。すぐ傍らにはドブが流れているというのに。

天秤棒をかついで様々な売り子が通る。生肉売り、ドリアン売り。オレンジ、レモン、ピーナッツ、竜眼、スルメにブドウ、ナシ、ほうき、竹カゴ、小エビ、米、小魚、そして卵、青っ葉。ざっと数えただけでもこれだけの売り子が往来を通り過ぎる。

動かぬ固定の出店には、宝くじ売り、タバコ売り、ガソリン売り等々が車道に面した処に坐っている。この他に屋根のある各商店が歩道に面してある。人の居ない通りなどどこにもない。

家と家との間の狭い露地から、子供が、老人がヌゥーと現れる。子供は金曜のこんな時刻、学校に行っていないのか。また若者たちも中学や高校に通っていないのか。

どの顔も日々を大切に精一杯生きている風だ。倦怠の風貌はどこにもない。商いに熱心に取り組んでいる。動きの少ないのは老人ぐらいだ。彼等はその独特の丈の低い小さな木の椅子に坐って、あまり動かない。傍らには茶の入る小さなカップを置いて。

二十分程行くと大きなサークルに出る。そこを KHAM.THIEN 通りに左折して行く。あとは THIEN.QUANG 湖まで一本道だ。

十二分後、線路を越える。そして LE DUAN 通りを横切って、いくらか幅の狭くなった道を、真っ直ぐ進む。線路を越えて六分後、湖辺に至る。

それを右手に見て、ラオス大使館のビザ・セクションへと行く。指定された午前十時より三十分程遅いが、遅い分には出来ている筈だ。午前の執務時間も十一時までだからちょうどよい。

しかし……。

こういった国のこと、定刻より三十分以上も前に午前の仕事は終えてしまっていて、その扉には錠が掛かっている。ただそれにメモ紙が挟まれていて、

「午前は終わり、午後に私たちは戻ってくる」

と書かれてある。午後の何時とか書いていない。この辺の無神経さは日本人には理解できない。だがベトナムもラオスも、またカンボジアを含めて、東南アジアの国家の機関なんて、どこも似たり寄ったりだ。このことを述べてもどうにもならない。

納得しないが、誰も来るアテもなく、ただ階下（ビザ・セクションは二階にある）にあるラオス通商部（?）に居る人に、午後何時に開《あ》くのか、を尋ねて、そこをあとにする。相手の返事は、

「午後二時三十分」。

パスポートがないので何となく不安だ。しかし午後までそんな不安は引き継がれる。T/Cからの両替もできないが、まだ十一時前、宿には直接戻らず、鉄道駅に向かう。

二日前着いてから来ていない。駅前はしかしあの時と同じように、人で一杯。ちょうど列車が到着したらしく、より一層ホームからの出口付近にはシクロや何やらの男達で一杯。

こちらも特別な用事はない。その雰囲気を味わいたく、駅前、道を挟んだ歩道を往復する。路上に店を広げる氷あずき屋で、その小さな椅子に坐ってそれを食する。五百ドンなら納得のゆく額だ。

そして駅前の「30-4」という変わった名のホテルに入る。入るといってもドアも何もない階段を四、五段上がった少し奥に受付がある、と

ハノイ駅

いった体裁だ。入ってすぐ右手にはホテル付属の飲み物、タバコ売りのスペースがある。こちらの言葉は通じない。それを知って、受付の小さなカウンター越しに坐る女の子は、

「ノー」

外国人は泊めないらしい。しかし料金だけはチェックしたく、

「いくら？」

と問うが通じない。いや通じていても、「ノー」と言っているのかも。彼女はノーとしか言わないのだから。

カウンターの上にあるノートを見る。宿泊者名簿のようで、そこでノート端にある数字の並ぶ処を見る。どうやら料金らしい。

「30,000」

と書かれてあるから、三万ドンなのかも知れない。どんな部屋かは判らない。また別の頁をめくれば、「10,000」とか、「20,000」とか書かれたものがあるかも知れない。しかし現実には頁はめくれない。彼女がそれを拒んだから。

十一時三十分まで駅前辺に居て、「ドンロイホテル」の角を曲がって、着いた時リュックを背負って歩いたリー・トウオン・キエット通りを行く。但し今日は途中左側にある「19―12」（＝12月19日）市場に入って行く。ずっとそこを進み抜けると、自然にハイバーチュン通りへと出る。右折する。電化製品の店々が連なってある。日本製のそれが圧倒的に多い。店内一杯にそのダ

ンボールが積み上げ重ねられている。

十分後、ハンバイ通りに当たって左折する。チャンティエン通りとの角にある国営百貨店に入る。薄暗いが広いスペースに空間も多く、天井からの扇風機の下にいると、汗も次第に引いてゆく。

日用雑貨なら何でもある。ウィスキー、コーラ、お茶、タバコも売られている。缶コーラ（三百五十cc程）は四千二百ドン、日本円にすれば五十円程だから、日本より安いが、他の物価と比べるとひどく高く、とても飲む気はしない。

ハノイの男の殆どが被っている緑色の戦闘帽＝ヘルメットは、九千ドンからある。一万、一万一千、そしてそれ以上と、作りのどこかが違うらしい。外観は同じように見えるが。記念にそれを買いたいがベトナム以外で被るには、ちょっと勇気が要るような気がして。ここから直接帰国するのならまだしも、ラオス、タイに向かうのであれば、手が出ない。また女性の多くが被っている、所謂ベトコンハットは三千八百ドンで売られている。国営なので決して掛け値はない。このが適正価格なのだろう。

百貨店を出て数軒行くとある、天井の高い、ちょっとこの辺では珍しい飲み物屋に入る。ビールもジュースもあるが、ヨーグルトを食べる。この国のそれは結構美味しい。コップに1/3程しか入っていないが食べでがある。それで七百ドンだから他の店（は大体千ドン）より安い。ここには外人（白人）も多く入ってくる。彼等には入り易い雰囲気がある。英語で書かれたメニューもあるし、それに客以外には勝手に入れないようになっているからだ。時々その入口にアオザイを着た店員が椅子に坐って客のチェックをしていることもある。

宿に戻る。

約四十分後、汗を流して昼食に出る。宿への通路にある店でごはんと野菜煮を食べる。千五百ドン。昼にはちょうどいい。アイスクリームを買って、再び宿に（三十分後）戻る。

午後二時過ぎ、ラオスのビザ・セクションへ向かう。二時三十分には早いができるだけ、ことは早く済ませたい。

同二十分に至る。まだオフィスは開いていない。

予定の同三十分も過ぎる。しかし人の来る気配はない。白人が一人、先客として居る。申請に来たのか、受け取りに来たのか判らないが、午後二時から待っているという。私が読んだ貼り紙があったので、待っているらしい。本来は午後は執務していないのだが。

四十五分を過ぎても来ない。しびれをきらせて、階下の通商部事務所へ行く。「二時三十分」と言った人は居て、こちらの願いをきいてくれ、大使館の方に電話してくれる。それはなかなか通じなかったが、やっと通じて話が進んでそれが済みそうになった時、係の女の人がやって来る。二階への階段を上がっている。五十分になっている。

こちらはとにかくビザの押されたパスポートが受け取れればいい。白人は申請に来たのだ。その用紙を受け取って、書き始める。

次にこちらの番だ。どうやら出来ている。十五ドル支払い、そして領収書と共にパスポートは返される。それを調べるとラオス語とフランス語で書かれている。ラオス語は解らない。フランス語も正確には解らないが、ラオス語より見たことがある。

〝五日間〟

と記され、そして〝八月十三日より前〟とある。たぶん八月十三日までに入国して、五日間有効ということだろう。マア問題ない筈だ。

それを手にすると、大教会を見に行く。今日の予定はそこの見物で一応終わる。

ベトナム航空前から NHA.CHUNG 通りを行って、同大教会前に着く。内へはしかし入れない。外から眺めるだけだ。

そして正面前の小道を通ってホアンキエム湖

ホアンキエム湖。「亀の塔」（左）と中央郵便局（右）

ホアンキエム湖越しに見える中央郵便局

辺に出る。まだ三時二十分、宿に戻るには早い。しばし湖辺に居る。湖を眺める。

湖水に浮かぶように小島があり、そこに「亀の塔」という建物が建っている。その右手向こうには、屋上中央に時計を戴いた、落ち着いた佇まいの中央郵便局が見える。

二十分程のち、チャンティエン通りに出て、土産物のチェックに宝石店めぐりする。また国営百貨店にも行く。

郵便局裏手に出て、そこにある路上のベトナムビールを飲ませる処で、一杯二千ドンのそれを飲む。ラオスのビザを受け取っていくらかホッとしている。ベトナム出国は八月六日、木曜に変わっている。あと一週間滞在することになっている。

午後四時二十分、宿に戻る。

すぐに身体を洗い、ポロシャツ、下着も洗う。

毎日洗わなければ汗を吸ったそれを翌日も着ることは気持ち悪い。夕食に出て行く時には他のTシャツを着てゆく。再び一人での食事が始まる。

ホーチミン廟見学

翌八月一日、土曜日。ホーチミン廟を見学するのが今日の主な予定だ。八時から開廟ということなので、七時四十五分には宿を出て行く。地図以外は何も持っていない。外出時にいつも携帯しているカメラは持たない。それは、持っての入廟を禁止されているからだ。持って行けばたぶん、外国人の為の審査所《うけつけ》で一時保管されてしまうだろう。

ディエンビエンフー通りを廟に向かって歩いて行く。

廟前の広い敷地の緑地にも入れない。そこへの入口の処に沈んだ緑色の軍服を着る男二人に呼び止められ、入って行けない。左の道へ歩を進めざるを得ない。そして次の CHUA.MOT.COT 通りを右手へ行く処にも警備の男が居て曲がれない。直進して LE《レ》.HONG《ホン》.PHONG《フォン》 通りまで出なければならない。

やっとその通りに来て、シクロやバイクの往来がある。右折する。

HUNG.VUONG 大通り、そこへの右への道も塞がれている。次の ONG.ICH.KHIEN 通りも右へは行けない。とにかく廟に近付くどの道にも兵士が居て、入れない。

ホーチミン博物館裏手の道路、NGOC.HA通りをやっと右折できる。すでにそこへの囲いの外側から、ベトナム人の見学者の列が長く続いているのが見える。皆二列縦隊になって、整然と歩いている。こちらはその列には付かずに、歩いて行く。

二分後、その門の入口に着き、チェックを受ける。英語で語り掛ける。こちらを見て外国人と知った彼は、門内すぐ左手にある受付に行くように言う。情報にある審査所だ。

先客に白人のカップルが居る。それが済んで女の係官の前へ行く。好意的で感じの良い係官なのでホッとする。

「どこの国の方ですか?」

「日本人です」

「パスポートは持っていますか?」

「はい」

それを渡す。ビザと滞在許可証を調べている。

「今、どこに滞在していますか?」

「ホテルです」

「どちらの?」

「チャンティエン通りにある……」

「ああ、三十五番地ですね」

多くの貧乏旅行者が来ているのだろう。そして同じことを、申し述べているのだろう。

「何号室ですか？」

「九号室です」

彼女はノートにそのすべてを書き込んでゆく。入廟させる為の必要な質問事項なのだ。

「カメラは持っていませんね？」

手ぶらのこちらを見て、確かめるように言う。

「いえ、何も」

それから入廟にあたっての規則を書いた紙を渡し、読むように言う（英語で書かれてあるのをくれる）。何項目にもわたってあるが……。静然と止まらずに、また係官の指示に従って見学するように、ということが書かれてある。

そしてオモテ面がベトナム語で印刷された別の紙――それはＢ５判の半分程の大きさ――を渡す。彼女の手による入廟許可の証明書だ。

「これを持ってゆけば入廟できます」

「この前の通路《みち》を行けばいいのですか？」

「いえ、ここはベトナム人用です。外国人は一旦外に出て、HUNG.VUONG大通りから行って下さい」

その言葉通りに動く。証明書さえあれば確かにその通り上に立つ兵士も通行を許可してくれる。

CHUA.MOT.COT通りとの交叉路で先行していた先程の白人カップルと合流し、そこから一人の白い軍服を着た兵士に先導されて、大通りを廟前まで歩き進む。

広い道路にその兵士と私たち三人しか歩いていない。何か不思議な感じだ。もしこんな処を多くの観衆に見つめられたら、さぞ気持ちいいだろうと思う。こんな風な大通りを一人で歩き、もしそこに私を見つめる多くの観衆が居たとしたら、ひどく偉くなったように錯覚するだろう。人は権力を持ったら、人に誇示したくなる気持ちも解るような気がする。従順な民人を、己れ一人に従わせられるなんて。しかしそこには、確実に支持されている、との実証がなければ、むしろその権力《ちから》は危険なものとなる。

一分で廟前に着き、直角に左に曲がって、その入口へと進む。そこで別の、やはり同じ白い軍服を着た男に先導役は替わる。赤いじゅうたんの敷いてある階段を昇り、廟内に入って行く。外の暑さがウソのようにヒンヤリとしている。入口の処にも兵士が向かい合うように立っているが、入ってからも角《かど》ごとに、不動の姿勢で立つ彼等が居る。

左手に進み、右手に折れ、そして突き当たりをUターンするようにして階段を昇る。そして昇り切った処から、ホーチミンの横たわる遺体が見つめられる。顔と手の部分に当たる照明が印象的だ。

順路はそれを左に見乍ら進む。遺体のある内側の各角にも、兵士が守るようにして立っている。四人がやはり不動の姿勢のままだ。ベトナム軍の中でも選ばれた者がここの警備に当たっているのだろう。

前を行く白人二人も無言のままだ。男の方は被っていた帽子を入廟と共に脱《と》っている。

立ち止まらずに横目で見つめるだけだから、遺体そのものを見ていたのは一分にも満たない。先導の兵士に従って出た処にある階段を降り、そして自然に廟の出口となっている扉から、外へと出て行く。先導役もここまでだが、出てもすぐに兵士が各所に立っていて、勝手に動き回ることはできない。

出口扉を出て公園内を真っ直ぐ進み、一旦囲いの外に出て、しかしそこに居る警備の男の指示に従って、再び公園内へと入って行く。

園内の各所に絵ハガキや本、等を売る屋台が出ているのはどうしたことか。また記念撮影をするカメラマンが居るというのも。観光客目当てに商売しているのだが、警備の人間の多さとこれはひどく不釣合のような気がする。

園内に入って順路に沿って進むと、ホーチミンが住んだ家屋の復元がある。それをやはりその前に居る白い軍服の兵士の指示によって見学する。ただ階段を昇って建物の裏を二階から見るというものだ。これが済むと、一応の定められた見物は終わりらしい。

「あとはホーチミン博物館へ」

と別れ際にその兵士は言う。

ベトナム人の見学者とは全く別のルートを歩いているらしく、ここまでには出会わない。そしてそこを出て小さな休憩所の処で、彼等の団体と一緒になる。

小休止して廟裏手を行き、一柱寺の横を通って、博物館の前に出る。しかし見学は済んでいるので入館しない。

今日のこれからの予定を消化する為に動き出す。

カンボジアが少し見える

その前にまず腹拵えと、博物館裏手の出口脇にある食事処でうどんを食べる。そこで働く少女に客引《さそ》われて。二千ドンという料金も良くて。

汗をたらし乍らそれを食する。いつだってこの国での食事はこうだ。冷房の効いているような処には入って食事しないから仕方ない。大型の扇風機があればいい方だ。

十分程で食べ終わり歩き出す。シクロの運ちゃんの声掛けを無視してレホンフォン通りを戻って行く。

この町での主な予定を終えたという気持ちの余裕も手伝って、チェックかたがたカンボジア大使館へ行く。勿論ビザが取れるとは思っていない。

しかし、TRAN.HUNG.DAO 通りとクアンチュン通りの交差する角に建つそこを訪れて領事に会ってみると、「一週間程で取れる」と言う。写真三枚で料金は二十ドルと。こちらは来週木曜

日に発つので、もう少し早く受け取れないか、と訊くと、

「二十ドル高くなるが、それでもよければ来週の火曜日には出来るだろう」

それを聞いて俄かに気持ちが揺らぐ。ビエンチャンからプノンペンに飛ぼうという気が起こってくる。その為には再び航空券のルートの変更をしなければならない。

そのことを伝えて、大使館をあとにする。クアンチュン通りをベトナム航空目指して行く。

急いだので八分で着く。まず階下のベトナム航空のカウンターに行き、変更を依頼する。ラオス航空の便は火曜にある。それにしなければプノンペンに行く便とうまく合わない。木曜発だと、ビエンチャン発プノンペン行きは金曜日のしか乗れない。月曜日発のは、ラオスの滞在期間の五日間が切れてしまうからだ。かと言って着いた翌日にビエンチャンを発つのでは、ラオスに入る意味がない。ハノイ発が火曜日でビエンチャン発が金曜日の便の両方の座席の確保が確認されなければビザの申請は意味がない。

しかしラオス航空のカウンターで、十一日ハノイ発、十四日ビエンチャン発の予約を入れてもらうがコンピューターはOKを出さず、係員は、

「午後にならないと判りません」

と言って航空券の変更をしてくれない。

カンボジア大使館の方に、「十一時半までには戻る」と言って来た手前、それを聞くと再び戻る。そして航空会社での状況《てんまつ》を伝える。

「午後にならなければ座席の取得の確認はできないようです」

「じゃ、仕方ありませんね」

「月曜日にまた来ますので、その時に申請するかも知れません」

「ＯＫ」

大使館を出ると、もう一度ベトナム航空オフィスの二階のラオス航空に引き返す。返事は同じだ。

「何時に判りますか?」

「午後二時です」

「じゃまたその頃来ます」

日本はじめ先進国ではこんなことはないのではないか。一応コンピューターが入っているのだから一週間先の予約だって打ち込める筈だ。席に空きが本当にないのだろうか。

一旦宿に戻る（午前十一時四十九分）。そして二時近くまで休養する。

二時少し前に、再びベトナム航空オフィスを訪ねる。先程の係の女の人は居る。返事は、「NOT AVAILABLE（手に入らない）」

ちょっと信じられない。一週間以上も前の座席が入らないなんて。しかし彼女はその言を繰り返す。ＲＱ（リクエスト）ということなのか。だがこちらにはどうすることもできない。

一応その返事を持ってカンボジア大使館に行くが、土曜日ということもあって、すでに領事部

LUONG.V.CAN 通りを行った先にある高架線路

は閉まっている。

もう特別やることはない。ホアンキエム湖畔を通り、北に延びる LUONG.V.CAN 通りの人で一杯の商店街を行き、そして TRUC.BACH 湖、西湖へ行く。まだ見物してない処だ。

高架の線路下を通り、PHAN.DINH.PHUNG《ファンディンフン》通りを行き、教会前、NGUYEN.BIEU 通りとの角に店を出すシュガーケイン屋（MIA.GA）でそれを飲んで休憩する。ホアンキエム湖辺を出てから三十分程経っている。ひどく暑い。十分程休んでいる。

西湖辺

TRUC.BACH 湖辺に建つ QUAN.THANH 寺にはその十分後に着く。門を入った処に居る料金徴収係のおじさんに千ドンを支払って入る。

Quan Thanh寺（真武観）の内庭の光景

内庭では子供達が空手の型を見せている。空手？　あるいは少林寺拳法かも知れない、黒の道着を着ている子も居るから。

寺の本殿の中は薄暗い。何やら判らぬ本尊が鎮座している。坊さんのようだが、仏陀を見慣れている者にはその俗世様の顔貌が異様だ。守りをするおばさんがその像の足指を、触《さわ》れ、と合図する。触れば御利益があるらしい。どこでも同じことをするものだ。

観音像のような絵が描いてある紐付きのお札《ふだ》をこちらのポロシャツのボタンに勝手に巻き付ける。陳腐なそれだが、勿論、買ってくれ、ということを言っているのだ。だが、そのことは知らないフリをする。

暫くすると彼女は自分の金を出して、像の足元に置く。そのお札代を払えということだ。そう示されては無視することもできず、ボタンに

ハノイ（含む，西湖辺）

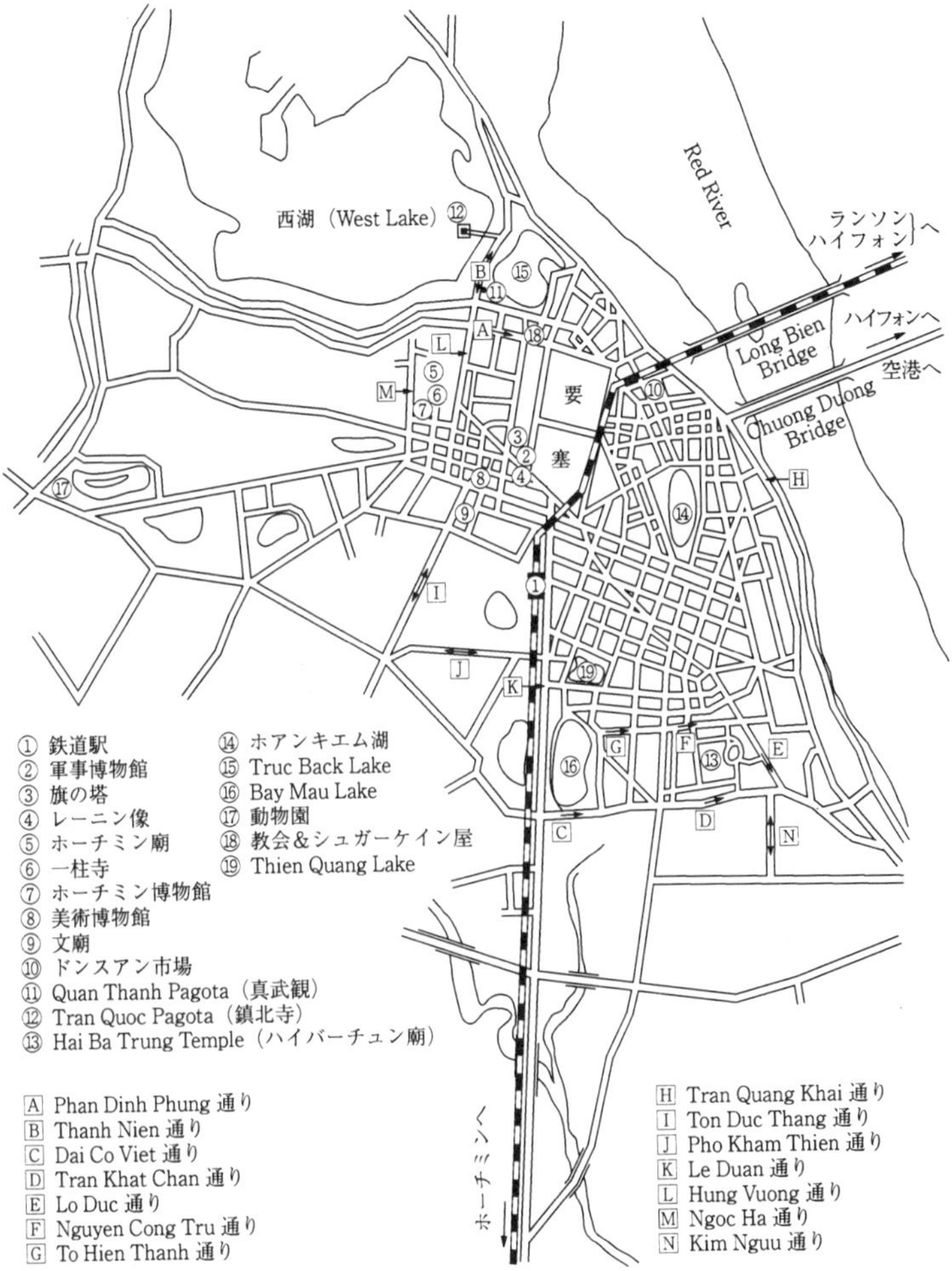
西湖（West Lake）⑫
Red River
ランソン
ハイフォン
へ
ハイフォンへ
空港へ
Long Bien Bridge
Chuong Duong Bridge
要
塞
ホーチミンへ
① 鉄道駅
② 軍事博物館
③ 旗の塔
④ レーニン像
⑤ ホーチミン廟
⑥ 一柱寺
⑦ ホーチミン博物館
⑧ 美術博物館
⑨ 文廟
⑩ ドンスアン市場
⑪ Quan Thanh Pagota（真武観）
⑫ Tran Quoc Pagota（鎮北寺）
⑬ Hai Ba Trung Temple（ハイバーチュン廟）
⑭ ホアンキエム湖
⑮ Truc Back Lake
⑯ Bay Mau Lake
⑰ 動物園
⑱ 教会＆シュガーケイン屋
⑲ Thien Quang Lake
A Phan Dinh Phung 通り
B Thanh Nien 通り
C Dai Co Viet 通り
D Tran Khat Chan 通り
E Lo Duc 通り
F Nguyen Cong Tru 通り
G To Hien Thanh 通り
H Tran Quang Khai 通り
I Ton Duc Thang 通り
J Pho Kham Thien 通り
K Le Duan 通り
L Hung Vuong 通り
M Ngoc Ha 通り
N Kim Nguu 通り

真武観の入口門とThanh Nien通り

巻かれたヒモをほどいて、そのプラスチックの札を元のあった処に戻す。そんなものを貰っても何の意味もない。少し居て建物を出る。

建物の額には「高□観」と書かれている。真ん中の字はちょっと読めない。日本で使う現代漢字にはないと思う。「滑」という字に似ているように思えるが。

門を出る。門上には「真武観」と書かれている。そのままの意味なのだろう。

門の前のTHANH.NIEN通りを横切って、西湖畔に行く。その湖辺を歩く。

湖に浮船の水上レストランが二つある。畔《ほと》りにはここにも写真屋が大勢居る。まだ庶民がカメラを持つところまでいっていないこの国では、写真屋が景色の良い処に居て、人を写し、それを現像して売っている。彼等のこれまでの作品が大きなガラスケースに入って、立て掛けられてある。

西湖上にある小島への道を行く。そこは「鎮北寺《Tran Quoc Pagota》」、あるいは「鎮國寺」というお寺だ。何故こんな処にこんな寺があるのか、ちょっと不思議だが、ちゃんと剃髪した坊さんが居る。

「方便門」を通って、左の建物に入って、そこを内庭のような処に出れば、左手にある回廊に仏壇がある。

その上にそれぞれ「源真水徳」[注1]、「鎮福門龍」[注2]、「閣紫壺蓬」[注3]と書かれた額が掲げられている。

廂のない外に出て、さらに小径を左に行けば、いくつもの塔が立つ空間に出る。不思議な造形をしている処だ。

元の建物に戻り、方便門からの道を逆に進み、突き当たりを右に折れて行くと、本殿のような天井の高い仏間に出る。そこにも三つの額が掲げられてある。左から、「輝増日佛」[注4]「寺國鎮」

鎮北寺（鎮國寺），内庭に建つ塔群

「轉常輪法」[注5]。

この国が漢字とは無縁ではない文化圏であったことが窺われる。

扉を湖側に出れば子供達が遊び回っている。湖水が島の地べたすぐそばまでヒタヒタと来ている。波がないので陸地に冠《かぶ》るということはない。

戻りの回廊の処に、「徳世公揚」[注6]の文字もある。どの文句もひどく東洋的、道徳的だ。現代のベトナム人は漢字を読めない。従って理解もできない。確かに寺はあっても無意味なものかも知れない。勿論ベトナム語にすべては訳され、説明されているのだろうが。

寺はやはり漢字で理解するもののように思えて仕方ない。寺にはアルファベットは合わない、というのは私の狭量な見解だろうか。

鎮北（國）寺に三十分程居て、来た道を戻る。少し遠くに来たような気がして、見慣れた道を進みたくて、同じ道を戻って行く。

ファンディンフン通りの教会前を過ぎ、たまたま声を掛けて来た食堂の男の誘いに乗って——空腹でもあったので——その店で早目の（まだ五時を十分過ぎた処だ）夕食を摂る。値段の交渉が三千ドンで決まったからだ。ライスの上に肉と春巻と野菜が乗っている。それにスープが付く。

二十五分後の五時三十五分、そこを出る。シュガーケイン屋がこの辺りにもある。来た時飲んだ処とは離れている。代金も六百ドンと百ドンこちらの方が安い。

ドンスアン市場前を通ったのは五時五十五分、すでに扉は閉められている。しかしその前の歩道、そして車道は人で溢れている。そこよりホアンキエム湖に向かう。

市場前を過ぎた道でも、人と商品とでゴッタ返している。いつものことだ。

六時三十八分、宿に戻る。今日もよく歩いたと思う。

シャワーを浴び一段落した八時三十分、夕食に出て行く。一人での食事がまた始まっている。

明日は休養日にしよう。日曜日ということもあるし、ホーチミン以来のＧパンの洗濯もしたい。

やはり一週間に一度は身体を労《いた》わるようにしたい。

今日は夕食というより、ビールを飲む。「万力ビール」、中国産の大ビンが四千ドン。たまにはこんな夜があってよい。


注1　「徳水真源《とくすいしんげん》」

『徳水』は〝功徳水〟＝八種の功徳を有する水＝のこと。

この寺が功徳を広める教えの源である、と抽象化している。


注2　「龍門福鎮《りゅうもんふくちん》」

『龍門』は〝登竜門〟の龍門で、普通は科挙の合格者など、出世に結びついた言葉として用いられるが、もっと広義には「君子賢聖の出現するところ、集うところ」という意味がある——科挙の合格者は君子と言ってもいいのかも。

　現実の龍門は〝龍門石窟〟で知られるように仏地なので、そっちとの連想があるのかも知れない。

『福鎮』という言葉そのものは不明だが、類似の語に「福地」があり、これは神仙の住む〝ユートピア〟という意。また「福地宝坊」というと、寺院を指すので、やはりお寺と関係ないわけではない。従って「龍門福鎮」はめでたくもありがたい語義を持ち、「賢聖の集う素晴らしい場所」というこの寺院に対する美称と思われる。

注3　「蓬壺紫閣《ほうこしかく》」
『蓬壺』は〝蓬莱〟のこと。神仙が住むという海中の三山の一つ。

注4　『紫閣』も神仙の住む宮殿を指す。つまり「別天地」とか「ユートピア」とかいう意。

「佛日増輝《ぶつにちぞうき》」ぶつにち　かがやきをます

『佛日』は日光のように、あまねく衆生を照らす仏の恵み。み仏の恵みはより広く衆生を救わんとして輝きを増す、という意。

注5　「法輪常轉《ほうりんじょうてん》」ほうりん　つねに　てんず

『法輪』とは轉輪王の持つ武器で、それが偉大な破壊力を持つことから、邪道外道を粉砕する仏の教えにたとえられる。法輪を轉ずる、とは、仏の教えを説き広めること。「法輪常に轉ず」とは、み仏の教えは常に止むことなくこの世に広まる、という意。

注6　「徳世公揚《とくせいこうよう》」

徳は世々代々、広く称揚される、という意。

金《カネ》の価値

翌日曜日。休養する。目覚めはいつも通りの八時頃だが、暫く起き出さない。何をする訳でもないからだ。

Gパンは扇風機の力もあって殆ど乾いている。しかしそれを穿いて出て行くにはまだ早い。起床し、トイレをし、身体を洗う。一日、三回四回と水を浴びている。外出の回数が多ければ、その回数も多くなる。帰って来るとその度に浴びるからだ。汗をかいているので、そうしないと気持ち悪い。黒のポロシャツも毎日洗う。白い塩が所々に吹き出ているからだ。

正午近くに昼食を兼ねて外へ出る。明日行く予定の銀行を確認する。再度《また》T/Cから現金へ換えなければならない。その度、手数料を取られている。損なことをしたものだ。一・五%、二百ドルで三ドルだ。今更言っても仕方ない。

THONG《トン》 NHAT《ニャット》ホテルのロビーもちょっと入ってみる。外気を遮断して冷房があり、気持ちいい。料金リストを見ると最低でも百二十ドルする。この国にあってそれだけの金があれば、どれだけ暮らしてゆけるだろう。たぶん二週間は暮らしてゆけるだろう。今、私は一日十ドル未満で過ごしている。地元の人間ならば何カ月分かの生活費に匹敵するのではないか。泊まり客の多くが白人なのは言うまでもない。日本人ではパック旅行か余程の金持ちでなければ利用しないホテルだ。

宿の裏のハイバーチュン通りに戻って、そこの路地を利用して開いている食事処で昼食を食べる。ライススープで千ドン、それに野菜のおかず二品、五百ドンずつで、二千ドンの食事をする。充分に満たされる。この町の物価を考えれば二千ドンが一食分なのは適切な額だと思う。外国人と見ると、それでもボル確率は高いが。

国営百貨店脇の路上で店を広げる〝氷あずき屋〟のおばさんの処で、コップ入りのそれを五百ドンで食べる。ひどく旨い——これからのち、毎日そこでそれを食べる。

午後二時前、宿に戻る。もう外出しない。いや夕食の為に七時過ぎに四十分程、歩いた以外は。日曜日。そして旅行の挟間に空いた日は、こんな時間の過ごし方でいい。体力もいくらか回復したみたいだ。明日からまた少し動き回らなければならない。一つ一つの予定を片付けてゆかなければ……。

出国を四日後に控えて、もう特別見物する処もない。

いや見つけて出掛けようとする。まず銀行へ行って、T/Cを現金にする。しかしホーチミンの時と違って、ここではスムーズにはゆかない。女の係員はかなりこちらのT/Cを検査している。だいぶ盗難のそれを受領《うけ》て被害に遭っているのか。

ホーチミンの窓口とは違ってここではベトナム人も頻繁に利用していて、彼等と交錯してなかなか進まない。他に白人も同じようにT/Cから現金に換えているので尚更だ。

しかし幸いにも手数料はホーチミンと同じで一・五％だから、二百ドルで三ドル引かれるだけで済むようだ。

T/Cをブラックリストに照合し、さらに本物かどうかを調べる為の、ライトの当たる機械に通過さす。ひどく念を入れている。

やっと百九十七ドルが出て来たのは、行内に入って二十分程経ってからだ。数え直し、確認をしてそこを出たのは九時十三分、三十分程経っている。

そしてカンボジア大使館へ行く。今日申請して、今週の水曜日に受け取れないか、の確認だ。先週土曜日に行った時には、二十ドルプラスすれば二〜三日で取得できるという話だったので。

しかし今日は、「ダメだ」と言う。この辺の事情というか、彼等のシステムが判らないので、理解に苦しむ。何を基準にしているのか。

一応諦めて、あとの時間を土産《みやげ》買いに費やす。土産ではないが、フィルムを――一本が二万三千ドン（約二ドル）だったので――三本買う。日本で買うより安いので求める。あと一本程使うかも知れないが、とりあえず三本買う。

そして郵便局近くの宝石店で指輪を購入する。またホアンキエム湖先から斜め西下りに続くHBHG通りに行き、土産用のお茶を五パック買う。友人や家族へのものにもお茶がいいと思う。

また同じ通りにある〝金〟を扱う店でそれなりに気に入った指輪を求める。三・七五グラムで四十五ドルだ。ちょっとベトナム物価では高い気もするが、日本円にすればむしろ大した額ではないので購入する。

この通りには金《それ》を扱う店は多いが、ホーチミンで見掛けた小綺麗な店舗を構える店はない。どこもうなぎの寝床式の何やらインチキ臭い店ばかりだが、金の重さを計る機械などもあって、比較的信用しても良さそうな処で買い求める。

下町

ホアンキエム湖畔には少年の新聞売りやアイスクリーム売り、おばさんのお茶、ジュース、ソーダ等の飲み物売り、また男の写真屋さん（カメラマン）、そして初老の男の体重測り屋さん、等々が居る。それぞれ木蔭で客の来るのを待っている。少年の新聞売りとアイスクリーム売りは自分の足で、あるいは自転車でと、各所に移動して客を見つけている。

三時に宿に戻る。

午後四時三十分。何か時間が勿体なくて動き出す。一時間程眠ったので、身体も幾分軽くなっている。

ハンバイ通りを南に下って行く。この通りにも幾軒かの宝石店がある。そのうちの一軒でちょっと気に入って、金の台の上にルビーの乗る指輪を見つける。訊くと、

「七十六ドル」

と言う。すぐには買えないが店の番地を覚えてあとにする。この道を行く目的はハイバーチュン廟を見学する為だ。

午後五時少し過ぎ、NGUYEN《グエン》.CONG《コン》.TRU《チュ》通りの角を左折する。そして地図にあるその廟の方向へと歩いて行くが初めての地、間違える。

途中の小市場に入ったのが間違いのもと。何やら棺を作る工場の処に出てしまう。棺の他には洋服ダンスを作る工場もある——木工製品を作る通りのようだ。

なかなか廟には出ない。人に訊くと違った方向に来ている。歩いて来た道を戻らなければならない。

そしてやっと廟には五時二十分に辿り着く。内庭では多くの子供達がサッカーをやって遊んでいる。

ハイバーチュン廟の内庭と入口（門柱）

五時を回っている為に廟へは入れない。陽も傾き始めている。十分程居てそこを出る。

廟前にある池を右に回って行く。

TRAN.KHAT.CHAN（以下ＴＫＣ）通りに出て、そこを右折して DAI.CO.VIET 通りに向かいたいと思うが、細い路地に入ってしまい判らなくなる。大体地図自体が細かな処まで書いていないので仕方ない。

どうやら、THO.LAO 通りを行き、LO.DUC 通りに出て右折してしまったらしい。KIM.NGUU 通りとの交叉点に来て、間違いに気付く。地図ではＴＫＣ通りもここに交叉している筈だが見当たらず、仕方なく今来た LO.DUC 通りを引き返す。午後六時近くになっていて、知らぬ道を行くのも気が重い。

十分程でグエンコンチュ通りに出て左折し、そしてどこまでも真っ直ぐ歩く。

途中来る時に折れた小市場がある。やはり間違っていたことが判る。廟への正確な道はもう少し先にあったのだ。

この辺りがハノイでも最も下町というか、BIA.HOI（土地の生ビール）を千三百ドンで飲める。泊まる宿の辺りでは同じそれが二千ドンもしているのだから。

フエ通りを突っ切ってレーニン公園へ向かう。BAY.MAU湖に自然に行き着く筈だ。

しかしやはり地図通りには道はなっていない。公園には続いておらず、突き当たりを右折して暫く行かなければ、公園出入口にはならない。

六時二十分にやっと目的のレーニン公園に入る。しかし日は暮れ始めている。長く居れない。

TRAN.NHAN.TONG 通りに面した正門から十三分後に出る。

Quang Trung 通りにある道路標識

『明日また来よう』

と思う。

同通りを挟んである THIEN.QUANG 湖辺を行き、QUANG.TRUNG 通りに入って帰路につく。

月曜日も終わる。


まだカンボジア行きをすっかり諦めないでいる。夜ベッドに入り乍ら、

『やはりできたらラオスから入りたい』

という思いが強くなる。そして明朝、またトライしてみようと。

火曜朝一番でカンボジア大使館に向かう。

八時十五分、領事は居る。すでに三回も四回も来ているので顔見知りだ。

「今日申請したら来週の月曜日にはビザが受け取れませんか?」

彼は少し考える風をして、しかし、

「NO、一週間かかるから来週の火曜日になります」

「二十ドル、特別に出せば早くなりませんか?」

「いえ、今週はひどく立て込んでいて無理です」

「どうしてもダメですか?」

彼は無言だ。そして机上にある書類に目を通し始める。私は何としても諦めきれない。だが彼

の意思は決まっているようだ。

少しすると、彼は部屋を出て行く。

〝どんなに待っていても無理だよ〟

とは言わずに出て行ったので、帰ることをせず、再び彼の戻って来るのを待つ。この辺が自分《わたし》の未練たらしい処だ。

十数分後、今日届けられた手紙類を持って戻って来る。

「やはりダメですか？　ここでいくら待っていても同じですか？」

「そうだね、君がここに最初に来た時に申請していれば、今週中には出ただろうけれど」

「そうですね。初めて来たのは先週の土曜日でしたから」

「……」

「解りました、諦めます。来週の月曜日までが待てる最大の期限ですから。火曜日までは待てないのです。ちなみに火曜日なら何時頃ですか？」

「午前十時」

「やはり無理です」

気持ちの整理をつけて、そこをあとにする。もう決まった、

『今週の木曜日に出ることにしよう』

レーニン公園

一旦宿に戻り、そして十分後（午前九時三十八分）に再び動き出す。昨日訪れたレーニン公園とハイバーチュン廟に再度行く為に。それにルビーの指輪も購入するつもりで。

THIEN.QUANG 湖に着いたのは二十五分後、暑さもあって湖辺で店を出すシュガーケイン屋（MIA.GA）の椅子に坐ってそれを飲む。

ここ数日雨が全く降っていない。大型トラックの散水車が町を走って、道路に湿り気を与えてゆく。その度、追い抜かれる自転車の者達が足を上げて、水しぶきから逃れている。

散水車は自転車の者などお構いなしだ。雨の降らない限り路面からの輻射熱はかなりなものだ。真昼間に歩くのは結構体力を消耗する。日本の真夏の陽光に似ている風もある。但しここには青空がある。

レーニン公園の正面入口から入る。二百ドンの入園料を払わされる。あとで知ることだが、ここには他にいくつもの出入口があって無料で入れる処もある（昨日入った処はそうだ）。また外柵の破られている箇所もある。

まだ午前十時を十八分過ぎたにすぎないが、太陽はかなりの強さをもって人々を射している。誰もが木蔭に居る。私のように歩く者の姿は少ない。

園内の BAY.MAU 湖を一周する。右回りに歩く。

LE.DUAN 通りに面した西側門前にある小島に橋を渡って入ったのは十時三十三分。そこへの歩道上には少年達が木蔭で直《じか》に横になっている。

小島には売店があり、その建物内で男達がベトナム将棋に興じている。閑散として他には人影はない。

小島を遊歩道に沿って一周する。誰も居ないと思っていたここにも木蔭の草場に男が一人二人と昼寝している。また湖に対面するベンチにはアベックも坐っている。この国でも当然、若いカップルの愛の語らいはある。

小島を出て、南側に向かう。少し歩くと日射しを受けて疲れる。南辺の木蔭でも休憩する。それが仕事なのだろう二十人程の男女が遊歩道にレンガを敷く作業をしている。

南から東辺へ進む。歩道上で天秤棒に吊らされた竹篭内にある果物を売るおばちゃんの処に腰を降ろす。まずお茶を、氷入りのそれを二百ドンで飲む。感じの良さそうなおばちゃんなので、篭中にある果物を注文する――もし感じが悪かったら、お茶だけでやめるつもりでいた。

白い果物は何かと思っていたら、メロンの一種だ。これはタネごと食べてもいける。甘くて美味しい。一個六百ドン。

次にナシも皮を剥いてもらう。自分でたぶん研《と》いで作ったのだろう、中型のナイフを器用に使って皮を剥く。そして1/4ずつに割り、芯を取ってくれる。しかしこれはパサパサで甘みはなく、美味しいものとはとても言えない。それでも四つをすべて食べる。

次に小形の白い果実を食べる。一つ百ドンという。

さらに枝に付く小さな木の実を——これはしかしこのまま食べるのか判らずにいると、おばちゃんはナイフで皮を少し切り、爪で裂いてくれる。三つ程の種が透明な果肉に包まれている。この透明な部分を食べるようだ。これは枝売りなので、一つはたぶん味見ということで無料にしてくれる。

あと一つ、篭中にあって食べてないものがある。それはマンゴー。知っているがちょっと手が出ない。嫌いというのではないが、マンゴーには思いがあるからだ。ザイールのリサラを思い出し、金を出して食べるものではない、という壊したくない思いがあるからだ。

しかしおばちゃんが、これも食べてみれば、という表情を作る。触ってみると良く熟している。断る理由もないので——そんな思いはこちらの内奥《うち》のもの——頂く。

皮を剝いてくれ、そして食べ易いように、果肉をタネを中心にいくつにも切ってくれる。やはり熟している分美味しい。これは八百ドンという。

本当は朝から下痢気味だが、下痢であってもこういう経験を逃がす気はない。ハノイでの果物をそれなりに食したことになるのだから。

マンゴーでベタついた手を、

「これで拭きなさい」

レーニン公園内，果物売りのおばちゃん

と言って、決してきれいではないおばちゃんの手ふき用の布切れを貸してくれる。優しいおばちゃんだ。記念に写真を撮らせてもらう。ベトコンハットを被ったこのおばちゃんの人生には私が知る由もない様々な歴史がある筈だ。でも今はひどく柔和な顔をしている。この町に住むことができるなら、こんなおばちゃんとずっと友達でいたいと思う。二十分程、そこに居る。

再び正門に戻る。我慢すればできたが一周したこともあって、トイレに行きたくなり、そこに居る男に尋ね、そこへと動く。

それは公園内にあっても、入口はTRAN.NHAN.TONG通りにあり、ちょっとした石壁を乗り越えなければならない。

ちょうど清掃中で、入口の料金徴収所に人は居ない。とりあえず囲いに入りドアを閉める。簡単なカギがついている。

十分程して出る。入口の処で女の子が待ち構えている。

「ナムチャム（五百）」

と言う。一応、

「ハイチャム（二百）」

と値切るが、きいてくれない。五百ドンで腹の具合が良くなれば安いものだ、というものだろう。五百ドン払って出る。

昨日、この公園に来たルートを戻る形でハイバーチュン廟へ行く。

途中、TO.HIEN.THANH 通りの食事処で、野菜二種に、ライス、スープの昼食を摂る。腹の中が落ち着いたので、そこに入れても大丈夫だろう。下痢は食あたり、水あたりもあるが、神経的な原因も多い。

飲み喰い、買い物

十二時三十分、食事処を出てグエンコンチュ通りに入り、今日は途中の小市場で折れることなく、正解の道を通って行く。廟には同三十八分に着く。

太陽が中天にある。木蔭で若者達がトランプをしている。昼間だというのに廟への木の板扉は立てられたままだ。廟の建物内には入れない。オープンする日（曜日）が限られているのだろう

か。無理に入る程の所でもないので、少しして
その小広場を出る。
グエンコンチュ通りに戻ると、昨日見掛けた
「BIA.HOI. 1300」の店へ行く。帰り道とは逆方
向だが、千三百ドンでコップ一杯のビールが飲
めれば嬉しい。
そしてその店は二分歩いた処にある。
いい、いい、
それなりに冷えたそれを飲む。満足感がある。
自分の旅行はこういった店に入ることも目的の
一つだ。庶民の中に埋没できれば、と。
たまたま店前を通り掛かった二百ドンで食べ
られる自転車のアイスクリーム屋から、それを
買う。ビールにアイス、私の胃は何でもＯＫだ。
たとえ下痢腹であろうとも。
フエ通りに戻り右折し、TRAN.XUAN.SOAN
通りと交叉して、ハンバイ通りと名前を変える
その道を真っ直ぐ進む。

グエンコンチュ通りにあるビアホールの看板

昨日チェックした宝石店に入る。ルビーを購入する。輪のサイズは自分の小指が目安だ。母の指はそれよりいくらか太い位だろう。あとは妹や姪や甥たちへの物を求めればいい。大きな買い物はこの国では一応済んだと思う。

国営百貨店脇に店を出す、〝氷あずき〟のいつもの露店でそれを食して帰宿する。午後二時三十分。

四時四十分、再び外出する。一時間程の昼寝を済ませている。

チャンティエン通りにある土産物店でべっ甲の髪止めを二つ、各々違う店で一つずつ求める。この国ではドンとドルが使える。いやドルでなければ買えない店（国営土産物店）、ドンでなければ買えない店の二つがある（勿論どちらでも買える店もあるが）。

この国の出発を明後日に控えて、大方のもの

チャンティエン通りにある国営土産物店内

を揃え始めている。買い物をし出すとかなり買い出す性癖《くせ》があるので、リュックに入りきれない惧《おそ》れもあって……。それなりにセーブしなければならない。

この町での見物も済んで、明日も残りの買い物をするだけだ。

夕食は通り一本裏の食事処でするようになっている。定まった処が見つかればひどく気楽だ。金の計算が立つから。

七時から八時の間には食事処《そこ》に行き、九時前には部屋に戻っている。その日一日の歩き具合によって、すぐに眠たくなる時もあれば、本を読める時もある。この宿があと少し安く泊まれれば申し分ないのだが……。

九時三十分、眠りに就く。いやその前にちょっとしたハプニングもある。夕方帰宿後、シャワーを浴びる為に（Gパン、ポロシャツ等の洗濯も兼ねる）部屋を出たが、鍵を開けるカギを室内に忘れてしまう。

シャワー後、開ける為に錠を掛けるハガネの部分を結局切断《き》って開ける以外なかった。その後そして何とか切り口を閉じて、元通りに近い形にすることができて、ホッとした。修復してくれたこの宿のおじさんには感謝だ。

しかしスペアキーのない、その錠を使っているというのだから、いかにもベトナムの宿だ。そういえば江口さんも同じことをしたと言っていた。カギ自体を紛失するよりはいいが、気を付けなければならない。

トラブル

〝トラベルはトラブルだ〟

とはよく言ったものだ。それが自分の責、あるいはそうでないとに拘らず、常につきまとっている。だから少なくとも自分の不注意からのトラブルはできる限りなくさなければならない。もしそれが起これば自分自身をひどく悲しまなければならないのだから。そして今日それを知る。

ハノイを発つ前日に、予定の変更を余儀なくされる。トラブルにみまわれる。それは確かに自分にその責は多くあったが。しかしもしこれが日本ならたぶん起こらなかっただろうに——だがこれは大きな甘えということだ。日本でないのは判っているのだし、日本をある意味で嫌っているからこそ、異国を旅しているのだから。

土産物に何を買うか、そして残金を何に宛《あ》てるかを考え乍ら、朝を迎えている。まだ少し購入したいものがある。しかしすべてが女の人へのものだ。考えてみれば男へのみやげというのは少ない。実際自分が他人から贈り物をされて嬉しいようなものはない。プレゼントされたものでも殆ど実用せず、飾っておく、あるいはどこかの箱に入れたままというのが多い。

女の人には指輪等の装飾具が一般的だ。そして今回も、「誰に」と定かなアテもなく買い求める。母へのは買ってある。あとは妹とか姪とかへのものになる。日本円にすれば安いのでつい手が出てしまう。

宿のすぐ二軒隣にある土産物屋で宝石入れを買う。この店の人間はひどく感じ悪いが、他の店に比べると安いので、つい入ってしまう。

中型のそれを二つ買う。一つ四千八百ドンだから、二つでも一ドルしない。こういう処がベトナムで買い物をするメリットだろう。ここに買い物だけの為に来ても面白いかも知れない。

次にベトナム航空近くの同じような土産物屋で貝のようなもので出来たネックレスを求める。これも一万三千ドンで一ドルと少しだ。手持ちのドンを減らしてゆく。残り一万ドン程だ。

そして九時三十分、ベトナム航空へ行き、予約の再々確認をする。顔見知りの女の子が居る。しかし何やらおかしい雰囲気を示す。そして案の定、

「予約は取り消されているので、明日の便には乗れません」

「なぜ？」

と問うが、これはもうどうしようもない。月曜日にラオス航空の便に変更しようと思ったのを、彼女は「変更した」と思い込み、こちらの予約をキャンセルしてしまったのだ。だがラオス航空の予約は取れずに終わっている。このことを当然彼女は知っていると思い——彼女もまたラオス航空のカウンター（それは二階にある）に一緒に行ってくれたのだから——まさかキャンセルしているとは思わない。実際私は、

「キャンセルして欲しい」

とは言っていないのだから。この辺が日本人との違いだと思う。日本の航空会社の係員なら、
必ず逆に確認してくれると思う。

〝あちらの予約は取れましたか？〟

〝ならば、こちらの便はキャンセルしてもいいですね〟

あるいは、

〝あちらは取れませんか、ならばこちらの便を生かしておきますね？〟

とか。どちらも取れていない状態をそのままにしておく筈はない。そんなこちらの気持ちに考えを及ぼさないというのは、確かに当然と言えば当然で、彼女を責めるのは見当違いだろう。だからこちらは最終的には引き下がらなければならない。

そして次のフライト、あるいは一週間後のフライトまで想定して、予定を練り直す。次のラオス航空の火曜日発のにも乗れないとなると、ひどいことになる。そこまで待つのなら、カンボジアのビザを申請しても良かったのだ――自分の知恵の足りなさを歎くばかりだ。

ラオス航空の係員の処にも行き確認するが、コンピューターは同じだから予約はされていない。

「午後になったら、予約が取れるかも知れない。それまで待って下さい」

と言う。こちらはそんな言葉を真に受けないが、ここを出る名分が必要だ。ベトナム航空の彼女もいくらか責を感じているのか、

「もしかしたら予約が取れるかも知れない」

と何か成算あり気な風で言う。こちらはいくらか演技っぽく、

「明日に乗れないと、ベトナムのビザが切れてしまう」

声色《こえ》を変えて言う。確かに自分の情無さに泣きたい位だ。

「午後にまた来て下さい。もしかしたら取れるかも知れません」

「何時ですか？」

「二時です」

私は肩をガックリ落として、宿への戻り道を行く。

しかし途中で道を折れて路上のうどん屋へ行く。千二百ドンでそれが食べられるのだから、足が向く。いくらかの空腹もある。下痢は収まっていないが食べることを欲している。

一期一会

二時には間がある。このまま宿に戻りたくはない。戻れば部屋で暗く過ごさなければならない。ホアンキエム湖にある玉山祠へ向かう。その中へ入るつもりはない。そこへ架かる橋の名を確認する為に。確か〝旭〟何とかという字であったが、その何とかが思い出せない。それを確かめる為にそこに向かう。

橋上でカップルに写真の説明をしているカメラマンを横目に見て、中央辺アーチの盛り上った

処の欄干下に書かれてある文字を見つめる。

記憶に残らない筈だ。日本の当用漢字、常用漢字にはないだろうと思われる文字だ。

『棲旭橋』

とある。一字目の「棲」という字はどのような意味か、それこそ字引きをひかなければ理解できない。一見、「棲」という字に似ているが、どことなく違う風にも思える。〈帰国後、専門の先生にお訊きしたところ、やはり「棲」という字の古体字だった。唐の太宗、他の碑文に同じような書体が見られるとのこと。この橋の名の意味は概ね、「朝日に宿る橋」という〉。

それを確認すると、近くの木蔭で天秤棒の店をひらくおばちゃんの処で休憩する。お茶を氷の入るコップに入れたもの、二百ドンだ。この飲み物を、ボル商売人《もの》は「五百ドン」と言う。実際昨日はそれで飲んでいる。しかしそういっ

ホアンキエム湖畔の木蔭で。天秤棒の店で低い小さな椅子に坐って，茶を飲む

た処へは二度と行かない。適正な額を言ってこそ、プライドが傷つかないというものだろう。通りすがりの者に悪印象をわざわざ与えることもないと思うが。

おばちゃんの娘という女の子が来る。女の子というより、十八、九の娘さんだ。一見ちょっと好みのタイプ。だが言葉が全く通じないので、コミュニケーションはとれない。他にも客が加わって、何やらベトナム語で話しているが、こちらには全く意味が判らない。もう少し居ても良かったが、お茶を飲み終えると、その低い小さな椅子から立ち上る。十時五十分になっている。宿へと戻る。

道すがら立木に寄り添っている男を何人も見る。皆立ちションをしているのだ。この国では人々は、どこででも立ちションをする。習慣となっているのだろう。戦争の歴史はそれをどこででもしていいものにした。公共のトイレも湖辺にあるが有料なので、あまり利用されない。いやいくらか風体のよい者はそこに入って用を済ませているが、シクロマン他の肉体労働者達は普通道端にしている。ヘタをすると女の人まで立ちションをする。これはちょっと不思議な光景だったが、確かに女の人がしていたのだ。股を広げて片方のズボンをたくし上げて、たぶん割れているのだろう股の処から放尿していた。それは勿論真下へと落下していたが。

午前十一時に部屋に戻り、午後一時四十五分まで過ごす。そして一番にベトナム航空オフィスへ。

九十%以上期待していない。それはこのような時、自分の望む方向に進んだことは殆どなかったからだ。

しかしこちらの姿を見たその彼女は無言で私から航空券を受け取ると、コンピューターから送り出された紙を表紙に貼り付け、ホチキス止めをする。

「え、取れたのですか？」

はっきりとは言わないが、そうのようだ。

「ああ、良かった。助かります」

笑顔を作り感謝する。

『こんなこともあっていい』

と思う。たまには救われることもいいと思う。これでラオス航空に変える必要《こと》はないし（ラオス航空の方はベトナム航空のそれより十三ドル高いと言っていた。そのつもりで十三ドル用意してあったが）、またこの町での滞在が延びることもなくなる。ホッとする。そして、

「これで問題ないですね？」

「はい」

「明日の朝の八時のバスに乗って行けば大丈夫ですね？」

訊かずもがなのことを訊く。そうに決まっている。

十分程でそこを出、そしてまた土産物を見て歩く。明日には発てることになったので、買うものは買っておかなければならない。手持ちの金ではいくらか足りなくなり、三ドル両替する。指

輪、ネックレス等を買う。

宿に戻る。二十五分休んで再び外へ出る。ある程度の出費は仕方ない。買ったものをうまく日本まで持ってゆけるかが問題だ。

再び土産物屋で装飾具を見て過ごす。あと少ししか時間も金もない。四時六分、帰宿する。

四時半、宿に六日分の宿代四十二ドルを支払う。これで明朝発てる。確実にビエンチャン行きの便に乗り込みたい。

ベトナムには結局十八泊したことになる。それなりに印象深い国となる。通いつけの食事処もでき、また路上における親しいおばちゃんとも会うことができた。それらすべてから切れるのは淋しいが、これは旅行者の宿命みたいなもの。もう一生会うことのない人たち。しかし決して忘れられない人々だろう。そんな出逢いがしたくて旅行しているのかも知れない。いい日々は長く心にしまっておきたい。

空港へ

目覚まし時計は正確に六時にこちらを起こした。まだホテル内は眠ったままで音もあまりない。但し、窓の隙き間から入り込む弱い明かりが、朝を迎えていることを知らせている。

起床後のやることを済ます。窓も閉め切ると室内はかなりの温度になっている。寝汗をだいぶかいている。

毎日起床後には水を浴びている。そうしないと気持ち悪い。

就寝中、何も掛けていない。何も身に付けていない。それでも真夜中であっても少しも寒くない。天井からの扇風機が回っていてもだ。たぶん室温は体温程もあるのだと思う。

六時三十分にはほぼ出発の用意を整え終えている。この町《ハノイ》に来るまではリュックは全体の$2/3$程しか入っていない。しかし今詰め込むと満杯に近い。もう大きな買い物は何も出来ない。タイで帰国前にいくらか揃えればいいだけだ。

宿の隣のパン屋で二つ甘パンを購入し、部屋にあるお茶で朝食とする。別に食べずとも良いが、時間が逆に余ってしまって手持ちぶさたで。バスの出るベトナム航空のオフィスへは歩いても五分で着く。七時二十分頃にそこに着けば良い。

トイレに行く。その掃除係の黒い帽子を被ったおばさんだけが起床していて、何やら仕事を始めている。三十七部屋ある、というからかなりの数だ。働く人も十人以上は居るように思う。その殆どは女性で、男は出入口に居る門番位だ。

この国でも圧倒的に女の方が働き者だ。その分発言権も強いようだ。路上で店を広げるのも八割から九割がおばちゃんだ。商売も上手のようだ。こういう女性達が居るからこの国は戦争にも勝ったのかも知れない。

女は決してめげないような気がする。ケンカをしているのをたまに見るが、口では男を負かしている。宿近くの電化製品を売る店の角に屯しているヤミ両替師達もここではその殆どが女だ。男は補助の形で居るといったに過ぎない。

そんな女性の中にも素敵な人はいくらでも居る。どんな国に於いても、心優しい人は居るものだ。

フロントの女の人が寝起きの顔で、その机の前に坐っているのに挨拶して、錠とカギを返して、外への階段を降りて行く（受付は二階にある）。そして露地を通って——この露地も何回往復しただろう——チャンティエン通りに出て、左へ進んで行く。

七時を過ぎているので人通りも多くなっている。国営百貨店はすでに開いている。そしてその前の歩道には天秤棒を置いて商売を始めるおばちゃん達が居る。

ホアンキエム湖がいつものように道路越しに右に見える。この湖があるとないとでは、随分ここに暮らす人々の心性にも影響があると思う。ホーチミンにはこのような湖はないので、常に殺伐としていたように思う。憩いの場、というのがホーチミンの中心にはなかったように思う——それはたぶん「クーロンホテル」前、サイゴン川の流れる河辺一帯であっただろうが。

このハノイにはホアンキエム湖の他にもいくつもあり、何かに疲れた人々がやってきて、その木蔭に寝そべっていたり、あるいはベンチにはカップルが、老人が、と時を送っている。シクロやバイクや車のクラクションの喧噪は変わらないが、視覚的な安寧がもてるというのは嬉しい。河川と違ってここで写真を撮っていても問題にならない。釣りをする姿も逆に頬笑ましい。アイスクリーム売りの少年も居るし……。

ベトナム航空オフィス前には七時二十三分に着く。バスは止まっているが、乗り込んでいる者はまだ誰も居ない。オフィスも閉まったままだ。ただそのバスに乗り込む者を目当てにして、毎朝ここで店を開くコーヒー屋が二、三店出ている。

一つの店のやり手のおばさんが目ざとくリュック姿のこちらを見ると、「コーヒー、コーヒー」と誘う。確か千ドンする筈だ。手持ちのドンは六百しかない。いまは誘いに乗る気もない。しかしまだ食べきれないでいる先程買ったフランスパンを齧っているとノドが渇いてくる。だが、その椅子には坐らない。

七時三十分を過ぎると小さく航空オフィスのドアが開く。バス切符を売るようだ。その内に入って一ドルを支払い、それを購入する。まだ誰も乗っていないバスの前方の席にリュックを置く。これで人が集まって八時になれば出発する筈だ。

三々五々と白人の旅行者がリュックを背にしてやって来る。日本人の二人連れも来る。彼等はそのやり手おばさんのコーヒー店の椅子に坐る。坐ると同時にこの国で撮って現像したらしい写真をバッグから取り出して見入る。私のような旅行者とは違う。どこかこの周辺諸国に仕事で駐在する者が、休暇を利用してこの国を旅行している、という風だ。それ程キレイな格好はしていないが、節約しての旅行者のようにも見えない。私に言わせればどこかスキのある人たちだ。マアいい、いろいろな旅行者が居て。

その二人の来る前に、六百ドンでその店でコーヒーを飲んでいる。本当は、「六百ドンじゃダメだ」とおばさんの方は言っていたが、その亭主だろう男が、逆に無理にこちらを長椅子に坐らせて、自分で小さなカップに砂糖を入れ、そして火に掛かるコーヒーの入るヤカンからそれを注ぎ込んでいたのだ。おばさんは承知していないので不満顔だったが。

亭主《おとこ》は弱いものだ。おばさんが承知していないので、小さくなって、こちらにそのカップを渡した。遠慮して淹れたので砂糖もコーヒーも少量だ。馬鹿をみたのはこちらだ。いくら六百だといってもタダで飲んでいる訳ではない。砂糖の追加を要求したって、おばさんは怒った顔をして聞いてくれない。亭主の方が間に挟まって少しだけ砂糖の入る器からこちらのカップに入れてくれる。最後になってハノイの印象がマイナスになってしまう。マア仕方ない。

バスは満員になっている。七時四十五分にはほぼ席は埋まって、立っている人も居る。日本人二人は当初乗ったが席がなく、地元の男に呼び止められ、もう少し高い額で空港へ行く車に乗り移る。一ドルも二ドルも三ドルも日本円換算にしたら大した額ではないのだから、その二人にとっては立って行くよりいいだろう。

二人とは別に東洋系の風貌をした中年の旅行者が乗り込んでいる。私も日本人には見えないが、その人も一見では何人か判らない風貌をしている。でもリュックを背負って、一人で動いているのだから日本人かも知れない。

七時五十五分、バスはエンジンを轟かせて動き出す。

すると一人の運転席近くの床に坐っていた白人が、

「待った、待った、まだ八時には五分早い」

と言って、運転手に出るのを止《や》めさす。確かに定刻は八時で、五分早い。運転手はでも、すでに満員だ、という風なことを言って動かそうとするが、白人は、

「待て、待て、まだ時間にはなっていない」

と繰り返す。五分前に発とうとするのもベトナム的だが、それを止めさすことができるのも白人ならではだと思う。これがベトナム人、いや同じ顔をもつ日本人では無理だったろう。たぶんそう言う者を無視して走り出したと思う。ベトナム人の習慣として客より運転手の方が絶対に強いのだから。たった五分でも、いつ来るか判らぬ客など待ってはいない。

この五分というのはひどく長く私にも感じられる。その白人はちょうど私の前の床に坐っている。しかし五分前から彼は中腰になって、フロントガラス越しに事務所の曲がり角辺を見つめている。

一分が長い。しかしこの一分の間には来ない。

二分目（七時五十七分台）が来る。リュックの白人がやって来る。

「あれか?」

運転手が問う。

「いや」

三分目（同五十八分台）になる。残り二分。

二人連れのリュックの白人がオフィス角前を歩いて来る。再び運転手が問う。

「そうだ、あれだ」

しかし、

「一人は違う。もう一人居る。まだ来る筈だ」

その二人連れのあと、二十秒程してやはり白人が二人来る。

「あれだ、あれだ」

と、運転手を待たせていた白人もやっとホッとしたような笑顔を浮かべる。

それにしても来た白人達はこちらが待っていることも知らず暢びりした足取りだ。また待たせておいた白人もそれを確認しただけで、

「待っているから走って来い！」

とは言わない。たぶん日本人なら、そうあとから来た者達を急《せ》かせただろう。また来た者達も一分前なら走って来たかも知れない。二人連れはどちらも話に夢中になっているという風だ。とにかく白人というのはこういった面では日本人とは違う。

八時ちょうどにバスはベトナム航空のオフィス前を発つ。

町中のいくつもの通りを折れて曲がり乍ら行く。人とシクロとバイクでギリギリの道を行く。

そしてやっとRED.RIVER岸のTRAN.QUANG.KHAI通りに出て、CHUONG.DUONG橋を渡

る。この橋は本当は歩いて渡りたかったが……。ハイフォンへの日帰り旅行に出ればたぶん通っただろう。今回はそこへは行けない。

橋はかなり長く、歩けば十五分はかかるだろう。車用の道と、バイク、シクロ、人間用の道は分けられている。左手向こうには鉄道橋＝LONG.BIEN.BRIDGE＝が架かっている。鉄道橋といってもこの国では、人間も通る。列車の便が頻繁ではないからそれも可能だ。

バスは田園風景の中に次第に入って行く。シクロ、バイク、自転車をクラクションを鳴らして抜き、そして乗用車、バンにはクラクションを鳴らされて抜かれてゆく。空港へはかなり遠い。開けた窓から風が入り込む。その風は、時として冷たく、そして時として暖かい。ベトナムの風は曖昧。

ベトナム出国

一時間ちょうどかかって空港に達する。九時である。

すぐに出発の為の建物に入る。入口でパスポートと航空券を提示して。

ここではまず税関審査から始まる。入国時に書いたそれの裏面に、今度は必要事項を記入してゆく。いい具合に係官は流れ作業でやってくれる。その用紙を渡し、荷物のリュックをX線に通し、それを向こう側で受け取れば終わりだ。

次にチェックイン。いくらかの不安はあるが搭乗予約リストにこちらの名もあり、搭乗券を渡される。これで一安心。

出国審査のイミグレーションはまだ開いていない。まだ九時を五分過ぎただけだ。フライトは十一時十五分だから二時間前として、あと十分程も待つのか。係員自体は居るが、仕事を開始しないといった風だ。

同十七分、やっと出国審査を始める。パスポートと入国時に渡された在留証を提出する。搭乗券を見て、

「ビエンチャン?」

「そう」

と答えて、一分程で済む。同じバスで来た者のなかでも早目に済んでいる。

イミグレを抜けると出発ロビー。小綺麗な"DUTY.FREE.SHOP"もある。ベトナムには似つかわしくない造りだ。タバコ、ウイスキー、バッグ等が並べられている。勿論、見るだけ、何も買わない。

搭乗開始まで一時間半以上もある。ロビーにある椅子に坐って待つ。すぐ視線上に駐機場が見える。数える程しか駐まっていない。

少しすると、

「日本人ですか?」

と声を掛けられる。見るとバスの中で、バスに向かって来る処を見掛けた中年の旅行者だ。

「はい」

会話が始まる。お互いのこと、ベトナムでの旅行のことを話し合う。

「ラオスに行くのですね？」

とその人、Kさんは言う。

「はい」

「じゃ同じですね。よかったら空港から市内まで一緒しませんか？」

「いいですよ」

私自身も初めての土地なので、同じような旅行者と一緒だと心強い。

Kさんはアメリカで通算すると三年も働いていて、そしてやはり世界各地を旅行している、という。見たところ自分より年長に見えるが。

「インドにも通算すると三年位居ました」

「どちらの町で主に過ごしたのですか？」

「ダラムサラとリシュケシです」

ベトナムには一カ月居るという。やはりフエまでバス等を利用して来て、そこからは列車で来たという（一等で四十四ドル）。確かに一人で動いても問題ないのだ。その時々の運があると思う。

Kさんと会ったお蔭で搭乗までの二時間を退屈せずに済む。ビエンチャンの宿の情報も持っていて、この点でも都合良い。

搭乗へのバスに乗ったのは十時五十五分。バスに乗らずとも歩ける距離に機は駐まっているが。すぐ機の下に着き、降り、搭乗する。私たちは一番最後の方に搭乗する。たぶん十八列か十九列の、通路を挟んで二×二の四人掛けだから、七十二人か七十六人乗りだ。バンコクからのと同じ型である。満席になって居る。

十一時四分始動し、同十分離陸する。ホーチミンとは違うが緑豊かな景色が眼下に広がってゆく。蛇行した川が一本見える。

そして十分後、靄を抜けて雲海上に出る。

機内サービスもホーチミンへの時と同じ。水平飛行に入るとすぐにビールかジュースの飲み物が配られる。次にそれ用の氷の入ったカップ。それが飲み終わった頃に軽食である。今回はぶどう他の果実の入ったパンケーキ、ぶどう一房、チョコレート、ポテトチップ一袋、カシューナッツ一袋、それとパイナップル、マンゴー、パパイヤ、ぶどう等の入ったフルーツの盛り合わせである。

空腹が腹六分目位にはなる。それが片付けられると、コーヒーか紅茶のサービスがある。それらすべてが済んだ頃、一時間の飛行を終えようとしている。

ラオス

ビエンチャン初日

十二時八分、ビエンチャンに着陸する。ひどく上手なランディングだ。

同十五分に機を降りる。ここからは歩いて空港建物へ行く。

機体を降りた処近くには多くの軍服を着た者が並んでいるというのに、白人達はカメラを出して彼等を、また降りた者は振り返って機体を撮っている。白人だからできることだ。

建物の入口でイミグレーションカードが渡される。それを建物内で書き込み、そして審査台の前に並ぶ。すでに多くの者が並んでいる。三カ所で手続きは行なわれているが、どの列にも十人程が並んでいる。入国時はいくらか不安があるが、ビザがあるので問題ない。

自分《こちら》の番が来る。処理が済むまでにはやはり一分程しかかかっていない。

次に荷物待ち、自分のリュックは機内に持ち込んでいるので関係ないが、Kさんのそれを待つ。

十分程で機から降ろされたそれは運ばれてくる。

カスタムはあるが、ラオス人のみ調べられているようで旅行者には何もない。白人も私たちもフリーパスで通過する、十二時四十三分である。機を降りてから三十分弱で空港内を抜けている。外に出ると顔見知りになった白人のカップルがトヨタの小型トラックの荷台に乗っている。交渉して町中まで一ドルという。私たちもそれに便乗させてもらう。当初運転手は拒んだが、白人二人の口添えもあって乗ることができる。

同四十七分発。

そして十分程でトラックは止まる——正確には、九分間走っただけだ——。四人ともちょっとここが中心とは信じられない。ベトナムから来た者にはあまりに人が、そして車が少な過ぎて。しかし運転手は、「ここが中心」と言う。確かにツーリスト・インフォメーションの前だ。私たちは彼にガイドブックの地図を見せ、ここがどこかを指示させて、そしてそれを見つけると納得して下車する。

Kさんは地図を持って歩き出す。確かにここが中心らしい。

少し歩くと左にラオス航空のオフィスがある。そして川辺の道に突き当たる。白人二人は彼等の地図で確認し乍ら来るので遅れている。

突き当たりを右に折れる。そして最初の角をまた右に折れると少し行った左側に、「SAMSEN《サムセン》 THAI《タイ》.HOTEL《ホテル》」がある。

情報では、シングル五ドルという。そしてラッキーにも二部屋空いている。私たちは〝五ドルならシングルにしよう〟と言っていたからだ（もしそれ以上なら、ツインをシェアするつもりで

ビエンチャン（中心）

㋐ Samsenthai Ⓗ　$ 5～
㋑ Lao Chaleune Ⓗ　$ 15～
㋒ Saysana Ⓗ　$ 15～
㋓ Anou Ⓗ　中級
㋔ Ekkalat Metropole Ⓗ　高級

① インフォメーション
② ラオス航空
③ 銀行
④ 郵便局
⑤ イミグレーション
⑥⑦ 両替屋
⑧ アメリカ大使館
⑨ That Dam
⑩⑪ 土産物屋
⑫ 噴水（ナンプ広場）

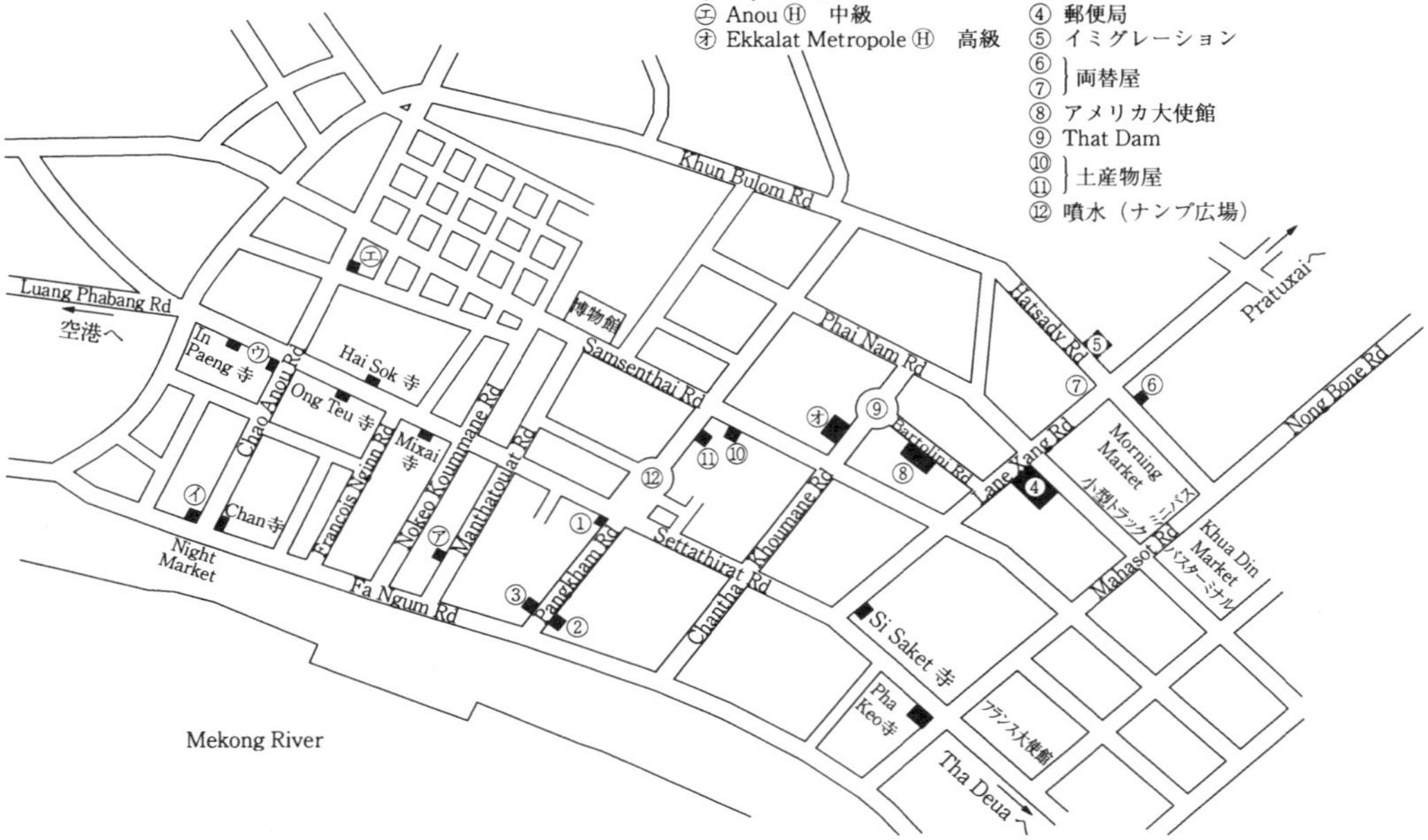

いた)。

遅れて来たカップルは二人で五ドルの部屋を希望したが無く、他の宿を探しに出て行った。

部屋は四階の窓もないひどく狭い処だが――それに加えて前夜泊まった客が使ったままの、ベッドメイクさえされていない部屋だが――五ドルということで諦める。もし他にある五ドルの部屋が空いたら変えてくれるよう頼んで、ビエンチャン最初の日を送る。

まだ一時を少し過ぎたところだ。銀行の開《あ》く午後三時まで休んで動き出す。銀行も、今少し前歩いて来たラオス航空の前にある。


ベトナムでもそうだったが、T/Cからの両替に対する銀行手数料の高さには驚く。一回につき一ドルを取る。だから十ドルを換えたら一割の手数料を取られることになる。勿体ない話だ。ここでの一ドルは二食分の価値がある。まさか五日しか居ないのに、そして宿代はドル払いだから、十ドル以上を換える必要はない。小出しに換えてゆく、という法はこの辺の国では当たらない。その点、インドは良かった。換えて出て来た額の何がしかの%《ぶん》しか取らなかったから。

とにかく十ドルで七千百五十KIP《キップ》(ラオスの貨幣単位)マイナス七百十五キップの、六千四百三十五キップしか手に入らない。その一ドル分を何か切り詰めてやってゆく以外ない――当然考えられるのは食べるものだが。

銀行でたまたまやはり両替に来ていたKさんと会い、一緒に出て食事を摂ることにする。

ラオスの通貨

5キップ

10キップ

20キップ

ラオスの通貨

50キップ

100キップ

500キップ

SETTHATHIRAT《セタティラート》通りを突っ切って〝NAM《ナン》 PHOU《プ》広場〟、小サークルになった小綺麗なレストランやショップのある脇道に入った、うどんを扱う店に入る。

一人居る客の食べているそれを見て、決める。Kさんとはいくらか旅行の仕方が違っていると感じ始めている。

それを食べたあと、こちらの意向に沿って内務省＝イミグレーションオフィスへ行く。この国に入った者は三日以内に外国人登録しなければならない、とガイドブックに書かれているからだ。

郵便局の横を通って、モーニング・マーケットも越して、次の HATSADY 通りを左に折れるとすぐ右側にある。しかしその受付の女の子は、「その必要はない」と言う。

ビザ期間内に出国すれば問題ないらしい。も

Lane Xang 通りより，モーニング・マーケットを

う一つ、ビザの延長はできないか、と問うと、

「あなたのはトランジット・ビザだからできません」

と。マア仕方ない。

これで入国後、しなければならないことは終わる。Kさんは「宿に戻る」というので、ここで別れる。こちらはモーニング・マーケットを少しチェックする。

しかしもう一つちょっとやってみたいことを思い出し、宿へと急ぎ戻る。

それはフロントの受付窓口横壁の処に、カンボジアのビザ取得の代行をする、という文句があり、先程それを問うたら、

「二日後受け取り、三十ドルで出来る」

と言われていて。フロントの、誰もが目にする処に貼ってある位だから、過去にも例があったのだろうと思い、戻って依頼してみようと思ったのだ。

しかし、彼は今度は、

「四十ドル」

と言う。僅かの間で十ドルも上がったことに、いい加減さを感じるが、外国人には珍しく、

「I'm Sorry」

と言ったので、可愛くなって四十ドルでも頼むことにする。

「明後日、土曜日に取れるのだね」

と何度も念を押すと、

「ＯＫ」

と言う。しかしちょっと話がうま過ぎるので、

「もし土曜日に出来なければ必要ないから金は返すように」

と、クギを刺しておく。土曜以外なら月曜でもカンボジアに行くことは不可能だ。その日に飛行機は出てしまうのだから。

一応パスポートと四十ドルを渡す。しかし本当に貧しい国というのはこういうものだ。まず金を先に渡さなければ決して動かない。この場合、申請書を貰って来て、そしてそれに記入してからでも遅くないと思うのだが、そういったことは一切しないで金だけを預かるという。この辺の感覚が変わって来ない限り、永遠に進んだ国になったとは言われないだろう。

一時間余休んで、四時三十分過ぎにまた動き出す。ただ無目的に歩く。一応モーニング・マーケットの方に向かっている。

郵便局も途中立ち寄る。しかし五時を過ぎているので閉庁されたあとだ。

モーニング・マーケットも多くの店が仕舞い始めている。

この国では宝石店でも土産物屋でもその額を言う時、自国貨のキップで言うより、タイバーツで言うことの方が多い。

こう考える。タイという国も大した国なんだ、と。一つの外国を従える地位にあるのだから。

六時近くに同マーケットを出て、別の安宿をチェックし乍ら帰路につく。初日にしてはよく動き回ったと思う。

宝くじ

昨夜は十時頃には眠りに入ったが、ハノイに比べて夜中はいくらか寒い。ハノイ同様に裸で寝ているが、夜中は何か掛けるものが必要となる。宿の汚い布団を仕方なく掛ける。それと蚊もいくらか居る。蚊帳はないので叩いて落とす以外ない。無意識のうちにそれをやっている。蚊取線香を焚いていた方がいいかも知れない。

特別早く起きる必要もないが、七時には目覚めて起き出す。そして八時少し前、動き出す。まず絵ハガキを出す。ラオスに入った報らせを兄の方に出す。当然家へも連絡は行くだろう。果たして何日位かかるか判らないが、二週間もあれば着くだろう。あるいはタイ経由だから、うまくすればもっと早いかも知れない。

絵ハガキは土産物屋が開く八時三十分になってやっと買える。それまで路上で店を広げるうどん屋でそれを食する。二百キップだ。これがあるいはこの町の相場だと思う。1/3ドル程。ベトナムに比べるとそれでも割高だが、タイに照応しているので仕方ない。

絵ハガキを一枚百キップで買い、それを持って郵便局で書く。日本まで百九十キップ、は思ったより安い。

出し終えると、もうしなければならないことはない。あとは本格的にこの町の見物をすればよい。しかし日本語のガイドブックはないので、その見処の位置は判るが、その内容由縁までは判然としない——手持ちのガイドブックのコピーは英語なので、あまり読む気もしない。

まずあまり解説の必要はないだろうモーニング・マーケットを訪れる。二階建てになっていて、一階は主に布地屋さん、民芸品のバッグ屋さん、そして日用品と電化製品の店が並ぶ。

その周りの建物外には、宝石リングを作る個人屋台がいくつもある。

二階は金行、そして銀を扱う店がズラッと並ぶ。その先には靴屋、他皮革のバッグを売る店、一般の洋品店がある。

金を扱う店の多さはすごい。バンコクのチャ

モーニング・マーケットよりMahosot通り越しに，バスターミナル方面を望む

イナタウンのミニ版といった風だ。ハノイで一所懸命探す必要はなかった。銀製品の店も多い。

マーケットに続くようにバスターミナルがある。モーターバイク改造の三輪車もある。勿論力車もまた。

さらにそれに続くかたちで土地的（伝統的）なマーケット、青空マーケットの KHUA.DIN.MARKET がある。

昨夜の激しい雨の残り水が、泥の地面をよりぬかるみにし、汚くしている。米、野菜、果物、肉、魚、香辛料等がバラック小屋や日除けだけの傘の下で売られている。

犬が多く見掛けられる。ハノイに比べるとひどく静かだが人々の生活臭は芬々と漂っている。

十時過ぎまでその周辺に居て LANE.XANG 大通りに出て、北の PRATUXAI という半円アーチ型の門（パリの凱旋門に似ているとガイド

青空マーケット，"Khua Din" の光景

PRATUXAI

ブックにはある）に行く。

十四分後、そこに着く。

道路の中央にデンと構えている処は確かに凱旋門に似ているが、印象という点では少し違うような気がする。こちらの方が真四角だし、屋上部には塔がある。人々はこの建造物を〝勝利の扉〟とも、〝栄光の門〟とも呼んでいる。

その四つの支柱の一カ所から上に昇れる。百キップ支払うと上がれる。コンクリートが剝き出しの階段をいくつも行くと第一層目に出る。

次にさらに内側の塔部に昇るべく、一旦天蓋《やね》のなくなった処に出る。かつてここで生活していた者があったらしく、トイレも炊事場も、そして水を貯めるタンクも残されている。

再び天蓋のある内に入り、隅の階段を昇って行く。階段が切れた処が小広間になっていて、その中心部に最上部へ昇る螺旋状の階段が延びている。

　それを昇り切ると、狭い空間だが四方の視野が展ける展望所に出る。

　眺めはひどくいい。北を見つめれば大地の向こうに山脈《やまなみ》の連なりが望め、西は青々とした樹木の繁りが見え、南は LANE.XANG の大通り越しにメコン河から、そしてタイの陸影が映る。東はやはり遠くにベトナムに続く山脈《やまなみ》が望める。

　こちらが降りるのと交代に一組のアベックが昇ってくる。こんな中心部にこのような処があっても、人の訪れは稀のようだ。東京タワーなら、いつも人で混み合っているというのに。

　下に降りて外周をめぐれば、支柱部の四隅それぞれにトランプの三つ葉の形をした水溜めがある。いや水溜めではなかったかも知れないが、今は自然の水が溜まっている。塔から落ちる雨水が自然にここに溜まるようだ。かなりの深さ

PRATUXAI，塔上よりの眺め。北方向を望む

のある一隅もある。

　十一時そこを出て、来た LANE.XANG 大通りを戻る。左側の歩道には宝くじの屋台が十も二十も並んでいる。ベトナムにもあったが、ここでは客も多い。やはり一攫千金を夢見る庶民の射倖心《すがた》はどこも同じだ。

　再びモーニング・マーケットを訪れる。ハンドメイドのショルダーバッグをチェックするが、二千キップより安いのは見つからない。いずれその値で買うことになるだろう。

　十二時前、帰宿する。

　フロントの男はこちらを見るとパスポートとビザの申請書を渡す。

「十四日になるようだ」

「十四日？　ならば必要ない」

　彼はしかし諦めきれないように、十四日まで待てば取れるという。ちょうど一週間後だ。そ

路上の宝くじ売りと，それを見つめる人々

れならわざわざ頼んだりはしない。たぶん二十ドルで取れるのだろう。

「ラオスのビザがないから、それまで待てない」

「ラオスのビザの延長もここで出来る」

これもいい加減なことだと思うが、一応料金を尋《き》いてみる。

「三十ドル」

「Too much（高いよ）!」

「……」

「必要ないから、四十ドルを返して欲しい」

彼は仕方ないという風にポケットから、昨日こちらが預けた二十ドル札二枚を出して返す。

『マア仕方ない』と諦めをつける。これで方針は決まった。たぶんダメだろうが、一応ベトナム航空オフィスに行って、ビエンチャン―バンコクの切符の払い戻しを頼んでみよう。それ如何によって行動は違ってくる。

信頼関係

十二時三十分、宿を出て昼食を隣接する食事処で摂ったあと、FA NGUM通りを越えて、メコン河辺に出る。そこに出ている路上の駄菓子屋で揚げパン（一つ、五十キップ）を二つ買って食する。こういった安手の食べ物を、よく食する。

そこからベトナム航空オフィスを目指して歩き出す。ベトナムで入手していた同社便の運行ス《フライト》ケジュール表に記載されているビエンチャンでのオフィス住所、SAMSENTHAI《サムセンタイ》通り・百四十一番地を探して歩く。

午後一時十五分、暑い日射しの中、やっと辿り着いたそこには何もない。〝もぬけのカラ〟といった塩梅。

『たぶん移転したのだろう』

と考えるが、一応近所の店の人に訊く。しかし言葉が通じず、お互いの言う意味が解らない。現実に事務所の態は成《な》していないのだから、航空会社の人間が居るとは思えない。

諦めて中心に戻る。その途中、先程食べた揚げパンがいけなかったのか、それとも水か、それとも昼食に食した野菜ライスがいけなかったのか、とにかく腹下しとなる。

我慢の限界に近付いた時、たまたま見つけた中華レストランの、そのトイレに裏口から入り、そこで十分程うなっている。飲食には気を付けねばならないが、その時を過ぎるといつも、それまでのように飲み喰いを開始する。自分でも下痢は恒常的なものとタカをくくっているフシがある。いつか寝込まなければいいと思うが。

トイレを出て、インフォメーション・オフィスへ行く。そこでベトナム航空の支店を訊くが、やはりすでになく、ラオス航空が予約発券業務を代行しているという。これでほぼ払い戻しは不可能になる。

インフォメーションからすぐの、PANGKHAM通りに面してあるラオス航空のオフィスへ行く。午後二時には少し早い。係員はすでに居るが、こちらが出向かなければ向こうからは声を掛けて来ない。午後二時仕事開始だから、それまでこちらは待っている。

二時になったところで、一つの窓口の前に行く。航空会社の社員には相応しくない、ちょっと痴呆のような化粧をした女を前にする。『失敗した』と思うが、今更別の窓口の前に行くこともできない。案の定、全く優しさのない声で、

「払い戻しは、買った処でなければできません」

このような国では一旦受け取った金はまず絶対に返されない。横のつながりというか何というか、たとえ同じ会社であっても、場所が違えばそのようなことはしない。

これが日本でなら、たとえ北海道で買った航空券であろうと、ＪＲの切符であろうと、有効なものであるならば、九州でも沖縄（にはＪＲはないが）でも払い戻しはできる。

このような感覚の人間がこちらに来るとだから、ひどく不思議な思いをする。信頼関係というのはごく身近な範囲でしか共有できないのだ。だから他人は他人、というかバラバラなのだ。

日本の場合、どこに住んでいてもこういうことが可能だから、共通の認識が生まれる。だからどこで始まろうと、それが一気に全国に広がってゆく。良きにつけ、悪しきにつけ、全体のこと

が一カ所に集中することが、ひどく容易なのだ。

喩《たと》えは悪いが、夏の高校野球に対する熱中もそういうことの一つの現れだろう。各県を代表しているというのではなく、共通の思いをどの県に居る者も持てるから、こういう催しが盛んになり、人気があるのだと思う。北海道と、九州、沖縄の人間の高校野球に対する、一カ所に集まってやることへの認識、価値観が違えば、彼等は参加などしないだろう。だが同じような思いを持ってやってくる。だからこそ北海道で買った切符を九州で払い戻しすることも可能なのだ。ずっと感覚（認識、価値観）は同じまま続いていると確信し得るからだ。

しかしここは日本ではない。もともと払い戻せる確率はゼロに近いとしか思っていない。その代わり、

「十一日の予約はされていない。その日に乗れないとビザが切れてしまう」

こちらにそのことを理由に払い戻してくれ、と言われない為に航空券のRQ《リクエスト》の処を、〝OK〟に上書きし、事務所のハンを押す。やることが姑息としか思えない。全くコンピューターにも照合しないで、OKとすることのいい加減さ。これが一国を代表する航空会社の社員のやることか。この場さえ凌げば、あと現実に空港で予約の入っていないこちらのその後の事態など、市内に居る彼（女から男に相手は変わっている）には関係ないのだから。

私は隣席で航空券を購入する人に対して付与されているコンピューターが弾き出す紙片を要求する。男は仕方ないといった表情でこちらの予約状況を打ち込む。それに対して出て来たのはや

はりRQのままだ。彼はその紙の方にも上から「OK」と書き潰す。何も違ってはいない。

バカな話だ。恥の上塗りだとは思わないのだろうか。外国——特にこのような発展途上国の場合——の旅行は、日本との違いを確認するものだ、といってもやはりかなりシンドイ。味方になる者が殆ど居ないのだから。往々にしてこのような国の善人は貧しい者に多いからだ。

しかしこれで得心する以外ない。

そこより歩いて数分の宿に戻る。もう夕食の時刻まで外出しない。まだあと三日間、この町に滞在する。時間はいくらでもある。

タイ的な国

夜寝る時、ハノイ同様裸でいる。それが災いしてか、風邪をひく。夜中いくらか、というよりハノイに比べるとひどく涼しい。何も身にまとってなければやはり風邪もひく。

またこの部屋、窓がないので朝になったのか全く判然としない。僅かに他の部屋の者がトイレを使う音で、あるいは朝を迎えたのか、と知る程度だ。取り立てて時刻を気にするような毎日を送っているのではないので、何時に起きても構わないが、やはり朝は日射しの中で起き出したい。

今朝（八月八日、土曜日）も薄暗がりの中で時計を見て、七時を回っていたのを確認して起き出す。この位の時刻になると、もう寝ているのが何となく勿体なくて。いやそれなりに一日の予

ビエンチャン

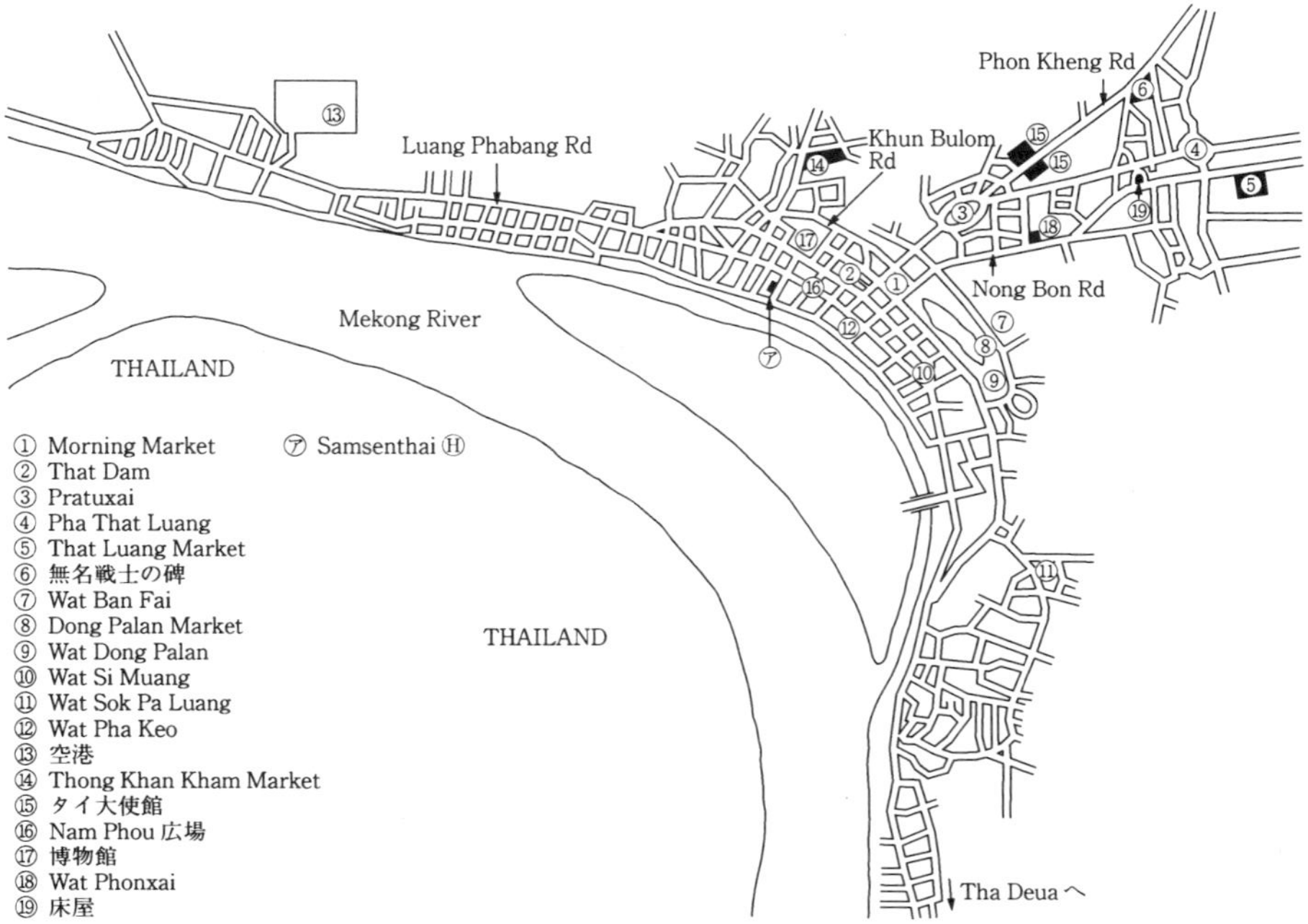
Phon Kheng Rd
Khun Bulom Rd
Luang Phabang Rd
Nong Bon Rd
Mekong River
THAILAND
THAILAND
Tha Deua へ
① Morning Market
② That Dam
③ Pratuxai
④ Pha That Luang
⑤ That Luang Market
⑥ 無名戦士の碑
⑦ Wat Ban Fai
⑧ Dong Palan Market
⑨ Wat Dong Palan
⑩ Wat Si Muang
⑪ Wat Sok Pa Luang
⑫ Wat Pha Keo
⑬ 空港
⑭ Thong Khan Kham Market
⑮ タイ大使館
⑯ Nam Phou 広場
⑰ 博物館
⑱ Wat Phonxai
⑲ 床屋
㋐ Samsenthai Ⓗ

定のある日はやはり、その日を有効に使う為にも朝から起き出していたい。

八時に出掛ける。今日の予定は中心より少し離れたマーケット。そしてその近くにある PHA《ファ》.THAT《タート》.LUANG《ルアン》という寺院（金色の仏塔を頂くという）に行くことだ。

宿を出て、すぐ近くにある路上のうどんを出す店で（昨日とは違う店）、それを食べる。二百キップなのでいいと思う。この国でも朝からうどんを食べている。パンにコーヒーというのはあまり見掛けない。同じ金を出すのなら、腹に溜まるうどんの方がいいに決まっている。

十分程で食べ終えて、モーニング・マーケットを経て NONG.BONE 通りを北に向かう。

十五分行くと、その通り上左手に PHONXAI 寺がある。小休止を兼ねて見物する。もうすでに暑い陽光が降り注いでいる。

PHONXAI 寺

十五分程居て、出る。四分で道は斜めに左に行くのと二股に分かれている。地図を見て左の方向へと進む。地図に間違いがなければ、こちらの道を行った方が目的地にはいくらか近い。九分行くと三叉路に出る。来た道と左から来る道との股の処に床屋がある。そこから出て来た若者にマーケットと寺の方向を確認する。寺は左斜め前方を指し、マーケットは直進方向を指差す。どちらも、二〜三百メートルの距離にあるらしい。

まず三叉路を直進する。五分でマーケットが近い雰囲気が漂ってくる。道の両側の商店もそれらしく、またトゥクトゥク（乗合三輪車）も多く止まっている。

マーケット自体は道の右側にある。THAT.LUANG.MARKET《タートルアンマーケット》という。ただ単に見物に来たのだが、購入しようと思っていた民芸品の布製のショルダーバッグがある。モーニング・マーケットにもあったが、安ければここでもいい。値を訊くと、三千キップという店もあれば、二千五百という処もある。こういう店は問題にしない。モーニング・マーケットでは二千キップが相場だから、ここでもその値から言って来る店と交渉する。

その前にマーケット内を少し歩く。屋根のある処にある店は布地や日用雑貨、時計、貴金属を扱う店で、野菜、果物、肉、魚、米穀類を売る人たちは屋外に居て、各自の日除けの傘や布切れの下に居る。

またうどんやコーヒーを飲ます円形カウンターをしつらえた食事処も一カ所に固まってある。まだうどんを食べて一時間半程しか経っていないが、コーヒーも飲んでみたく、ちょうどカウン

That Luang Market。日除け傘の下の，野菜市場

ター上でミルクの入ったそれを飲んでいるおじさんを見つけて、その隣に坐って、

「これ」

と指差し、「いくら?」と値段を訊く。

「百五十キップ」

と知ると注文する。もし〝二百〟だったら飲まなかっただろう。

それが運ばれてくると、やはりおじさんがコーヒーを浸《っ》けて食べているパンを指差し、

「どこ?」

と訊く。するとすぐ脇の露店を指差す。成程パンを並べる店がいくつもある。そこへ行って揚げパンを求める。

いつも夕食後、駄菓子屋で求める球形の揚げパン（内に甘い具が入っている）と、丸い揚げパンを求める。三個で百キップ。駄菓子屋は一つ五十キップだから、やはりこちらの方が安い。

本当は四つで百キップ位だったらもっと良かったのだが。

ミルクコーヒーを飲み、揚げパンを食べる。こういったマーケットで安いものを飲食している時が幸せだ。

そして見ると、少し離れた同じ円上のカウンターで少女が各種色付きの寒天とメロンの小切れが入った甘い物を食べている。

『あれも食べよう』

と思う。ミルクコーヒーを飲み終えると、椅子を少し移動してそちらに行く。

「百五十キップ」

と言う。来た日にモーニング・マーケットで同じものを食べたが、二百キップ取られている。やはりボッているのだと思う。

暑く、そして食事のうどん類にはひどく辛い香辛料を入れる国ではこの冷たく甘い、飲み物食べ物はとても口に心地良い。

この国ではベトナムと違って、楊枝にはちゃんと先の削られたものが出される。そして口を拭《ふ》く紙もトイレットペーパーだが、日本のそれのように、ひどくソフトなものを使っている。また、「水」と言って出される飲み物も、ただの水ではなく、お茶の色が付いていて、それは食堂で出されれば無料である場合も多い。これらはどれもタイと同じだ。ここでもこの国がベトナムとは違く、むしろタイに近い国であることが知らされる。

力車も前に客を乗せて走るベトナム（ハノイ）式ではなく、インド、パキスタン式の、自転車の後に客車を付けたものだ。トゥクトゥクの三輪車はタイのそれと似ているし、すべてに渡ってタイの影響を強く受けている。国の文字もタイのそれに似ているように思える。

このフルーツと寒天を入れた甘い食べ物もタイにあるし、TAKE-AWAYとしてビニール袋に入れるのも同様だ。この国の人々にとってタイは親戚のような国なのだろう。

買い物

食べ終えると建物内の店をチェックする。ショルダーバッグでいいものがあれば買うつもりだ。そして道路側に近い一軒でそれを見つけ値を訊くと、最初から、「二千」と言う。こちらが、「千五百」と言うと、すぐ、

「千八百」

と下げる。言葉が通じないので、すべて紙にボールペンで数字を書いての交渉だ。

千八百となって、買ってもいいと考える。現実には今は金はないが、こういう店ではもっと交渉を進めてみるのもよい。

二つ三つ買って、いくらか引かせようと思う。とりあえず千五百キップしか今持っていないこ

とを伝え、「両替してからまた来る」と言って店を出る。

マーケット内の、細い道を一つ隔てた向こう側の店でもチェックする。二、三軒聞くが、二千五百から始める店が殆どだ。そんな中でまだ十代の女の子が店番をする処で、

「二千」

と言う。こちらは、

「金がないからもっと安くしてくれないか？」

十代と言っても二十に近い十代で、彼女自身で売買の値は決められるらしい。こちらの「千五百」には、全く相手にしない風をする。

暫く二千をゆずらないが、やはり値引きの最低の線の千八百にはしてくれる。ここからがこちらにとっての本当の交渉だ。

「二つ買うから、三千五百にして」

しかし、全くダメという表情。二千でも売れるものを千八百にしたのだから、もう下げれないという。

こちらは二軒、千八百の店を見つけたので買ってしまおうと思い、ドルを両替してくれる処はないかと、問う。彼女はある方向を指差すが、こちらには判らない。するとちょうど一人の若者が現れる。英語を話す彼は彼女から、事《こと》の次第を聞くと、

「俺の友達が換えてくれるかも知れない」

「いくらか？」

と問うと、「七百キップ」。

私は、「問題にならない」と言って、十ドル札を引っ込める。すると、

「いくらならいいのか？」

と再び問う。無理は承知で、

「七百四十」

「そんな無理だ」

「じゃ、七百三十」

彼はヤミ・マーケットの今日の相場を知らないので、

「一応友達に聞いてみる」

と言って十ドル札を持ってどこかへと消える。まさかそれを持って逃げるとは思わない。店の女の子と知り合いとも思えたから（本当はこれは甘い考えなのだが）。

一分もせずに彼は戻って来て、

「今の相場は七百二十という、それ以上では換えられない」

十ドル札は返して寄越す。私はそれを受け取ると女の子に、

「両替したら、またここに来るから」

一旦交渉を終える。考えてみれば「七百二十」でも、〝良し〟としなければならない。モーニ

ング・マーケットの両替商も、「七百二十」と言っていたのだから。ここで七百二十で換えられれば、換えてそのバッグを買ってしまった方が、再びここまで足を運ぶ時間と労力が省ける。

　そう思って両替師を探すが、モーニング・マーケットのようにはウロついてはいない。それらしい、女に声を掛けて十ドル札を渡すが、七千キップしか寄越さない。

　暫く探すが諦める。声を掛ける方が立場的に弱いので、七百二十で換えられないのも仕方ない。とりあえず両替は諦める。

　マーケットを出ると本来の見物箇所のPHA.THAT.LUANG に行く。マーケットから四～五分の処にある。それはかなり高い金色に輝く尖塔をもって聳えている。

　入口の処で二百キップを支払う。塔へは右側に回った口からしか昇れない。四カ所あるうち

Pha That Luang 二層目から入口門（広場）方向の眺め

Pha That Luang 前に建つセタティラート王の像

頂頭に星型の飾りのある“無名戦士の碑”

の一所《ひとところ》からだけしか昇れない。

しかしこれも二層目までしか昇れない。階段はそれ以上へはもうどこにも付いていない。二層目の回廊を一周して降りる。高さはあまりないので、昨日の PRATUXAI からのようには、眺めは良くない。

三十分程居て外に出る。そのすぐ先の敷地内の、柵に囲まれた中に SETTHATHIRAT《セタティラート》 王の像がある。

敷地外に出、右手へ歩いて行く。白亜の塔が輝いて見える。頂頭《ちょうとう》には星型の飾りがある。無名戦士の碑だ。その敷地内へは入れない。

前の PHON.KHENG 通りを通って、帰路につく。

PRATUXAI の手前にはタイ大使館の敷地が道の両側にある。このラオスではアメリカ大使館よりもタイ大使館の方がもっと立派だ。ラオスに対する関係がこんな処にも現れている。

モーニング・マーケット外にある両替店で十五ドルを現金で換える。T/C では七百十キップにしかならないと聞いて、現金にする。これなら一ドルにつき、七百二十キップになる。一万八百キップを手にして、一旦宿に戻る。

四十分程小休止して、再び動き出す。午後一時半に近い。最も暑い時刻だ。できることなら日を遮るもののある下で、暢びりと本でも読んでいたいところ。しかし行かねばならない処がある。そして買わねばならぬものがある。明日でもよいができるなら、今日中に済ませてしまいたい。

明日には明日の予定もある。

　目的地への道すがらにある寺（Wat）のいくつかを見物してゆく。

　宿から二分で、Wat Mixai に着き、五分後出る。そこから一分後、FRANCOIS NGINN 通りの先にある Wat Ong Teu に入る。

　八分後、そこを出て、セタティラート通りを隔ててある Wat Hai《ハイ》 Sok《ソーク》 に入る。建物内にある座する大、小の仏像を見る。左肩から胸に掛かる金色の袈裟は眩いが、日本人なので教会で見るキリスト像より近しさはある。

　やはり同寺には八分居て、そこをあとにする。

　CHAO ANOU 通りに出て、そこを右折し目的地目指して歩いて行く。がしかし……。

　日蔭でない処を長く歩くと案の定、体調がおかしくなる。

Hai Sok 寺院内。大小の仏像

頭が（日射熱によって）おかしくなるのではなくて、腹の具合がおかしくなる。そして歩けなくなる。

目的地ももうすぐそこの、ハイソーク寺から六分歩いた処にある日蔭で休憩する。こんな昼日中を歩いているのは私だけだ。

ショルダーバッグを見つけたマーケットに向かっているのではない。方向の違う THONG.KHAN.KHAM.MARKET 所謂 EVENING.MARKET《イブニング・マーケット》 に向かっているのだ。このマーケットも今日見物する予定のところなので、こちらに来てから、向こうに行く。先に買い物してしまっては荷物を持っての移動となる。それを避けたということもあるし、このイブニング・マーケットでも、もし千八百位で同じように気に入ったのが見つかれば、もう向こうに行く必要もない、という考えがあって。

三分間の休憩をし、そして再び歩き出して三分後の午後二時に、やっとそこに至る。

同四十七分まで居る。ショルダーバッグにこれといったものはない。いやタート・ルアン・マーケットの方が何となく雰囲気が明るく、従って品物も良さそうに見えたので。

一旦 KHUN.BULOM 通りまで戻り、そこを左折してモーニング・マーケット辺まで出、それから PRATUXAI を目指し、そこを通過する。

PRATUXAI から十六分後、 PHA.THAT.LUANG の金色の塔を左手に見て、同マーケットに向かう。

暑い。しかし歩く。午後三時半を回っているが、まだ日射しはきつい。

同マーケットに着いたのはイブニング・マーケットを出てちょうど一時間後。

早速午前中に行った女の子の店に先に行き、交渉する。気に入ったものを二つで三千五百というが首肯しない。どうしてもダメだという。もうここまで来て買わない訳にはゆかない。贈る姪達の顔を思い出して、どうせ三つは必要なので、

「三つで、五千三百でどうか?」

彼女は計算機を出してはじく。千八百×三で五千四百と出る。三つ売って、百キップ値引きすることになる。しかし彼女はこれには頷く。

やっと交渉は成立する。同じ色、形のものを選ぶ。三人が取り合わない為にも同じようなもの(全く同じではないが)を選ぶ。そして五千三百キップ支払う。勿論彼女に損はない。笑顔でその金を受け取る。

次に男の店へ行く。少し歩けばその店だ。やはり欲しい色、柄物を選ぶ。そして、二つで〝三千五百〟と紙に書く。ここではすぐにそれで「OK」してくれる。すでに買って持っている前の店の品物《バッグ》の入った赤いビニール袋が彼の目に入っている。それが無言のプレッシャーを与えているらしい。

〝いやなら、そっちの店へ行く〟

と私が言うかも知れないと。しかしあちらの店には男用のバッグは無かったのだが、このこと

は彼は知らない。

三千五百でＯＫしてくれたことを幸いに、三つで五千二百、と書く。三つ買うのだからそれでもいいのではとの思いがある。しかし彼は、たぶん奥さんであろう、店の他の処に居る女の人に声を掛けて話す。そして三つでは〃五千三百〃と書く。それでは二つの方がいい、というようなことを私は言う。それをまた女の人に伝える。二つより三つ買ってもらった方がいいのだから、結局三つで五千二百ということで成立する。

一つの予定をやり終えた充足感と共に帰路につく。長く歩いて来た甲斐もあったというものだ。同じ道を戻って行く。

午後四時十分、もうマーケット内のどこへも行かない。早く宿に帰ってシャワーを浴びたい。そして休みたい。

やはり一時間近くかかって午後五時二分に宿に着く。何か他人が見たら、笑止《おかし》な旅行だが、私の旅行とはいつもこういうものだ。大して意味もないことをしている、ただ時間を過ごしている、といったものだ。でもこれが間違いなく自分の旅行なのである。

狭い部屋に戻り、語り掛ける者の居ない処で、一日の終わりを迎える。一人の旅は、人を無口にし、そして考える時間を多く与える。やはり人間は時にはこういう時間を持たなければならないと思う。語り掛ける相手は自分自身という、そんな不可避的な時間を。

ラオス三日目も終わろうとしている。

寺めぐり

風邪の為か、朝起きるとひどく身体がダルい。あともうこの町での予定は一つだけだ。それもうまく運べば半日で済む。それを終わらせたら、部屋で休養しようと考える。それまではやはり動かなければならない。

起床後の洗面等に立つと、前の部屋の白人が出発する風で出てくる。部屋を変わることが出来るかも知れない。やはり窓のある方がいい。

階下でその白人が彼の友人と朝食を摂っているのを見る。そして彼等がこれから発つのを確認すると、フロントで部屋を変わることを伝える。しかしまだ八時。

「部屋内の掃除が済んでから」

と言うことで、すぐには変われない。どうせ大した掃除もしないのだが、ここで相手に腹を枉《ま》げられても困る。引き下る。

「何時なら?」

「十時過ぎてから」

と言うのを確認すると、見物に出る。

見残している寺を二つばかり見る。PHA《ファ》 KEO《ケオ》 寺と SISAKET《シサケット》 寺だ。どちらもセタティラート通りに面しているが、ファケオ寺の方の入口は右に折れた MAHASOT 通りにある。これまでの市内の寺は、見学自由の無料の処が多かったが、この寺には入口に料金徴収所がある。

二百キップのところを百キップに無理矢理して入る。ＩＤカードの威力がある処とない処がある――しかし入ってみると、確かに料金を取るだけの内容のものがあった。

主《メイン》の建物がすぐ前にあり、階段を昇って、堂内に入る。靴は脱がなければならない。そして堂内での写真撮影は禁止との看板がある。

過去の貴重な仏体や、それに付随する数々の品々が展示されている。やはり仏像が多い。薄暗い中に管理人のおじさんが坐っている。入口の女の人と共に国の施設で働く彼等は公務員なのだろう。

五分後、堂外に出て、回廊を一回りする。い

PHA KEO 寺，回廊の仏坐像

くつもの仏坐像が等間隔に置かれている。多くが今から四百年前のもののようだ。仏の教えが伝わり広がっていったのだ。

　このラオスではベトナムに比べると僧の地位は高いように思える。これもタイに近いせいか。ベトナムでは、そのオレンジ色の衣を着た坊さんは正《まさ》しく乞食だったが、ここではそれなりの地位を与えられ、乞食というより人々の中に入った生活をしている。同じもらいうけるのでもお布施という感じである。それだけ寺が大切にされているということだ。子供や少年の僧の表情がとても明るいのも特徴的だ。

　入口とは逆方向の堂の表側外、内庭には小綺麗に手の入れられた花壇がある。その中に少年と少女が花を捧げる現代的な像が、寺には不似合いに置かれている。

　建物の石段の周りには竜が口をあけて堂を守

PHA KEO 寺，堂外，内庭の光景

っている。しかしその口中の、舌の残っている竜《それ》は、僅かにこの花壇側に面したものだけだ。あとの三方に面して守る竜たちの殆どの口中には何もない。その舌となっていた鉄板は抜かれ取られている。石段の両側にある竜の数は多い。この寺に限らず、竜が寺堂を守る例は多い。他には獅子であったり、これは日本と同じだ。

二十分居て、次のシサケット寺に移る。セタティラート通りを挟んですぐ左側にある。右にはフランス大使館が、ひっそりと木立ちの中にある。

そういえば今日は日曜、普段の日に比べると成程、人の通りも車の姿も少ない。ベトナムに比べると通常でも人の姿が少ないというのに、さらに少なくなるのだから、

〝これが一国の首都？〟

と思うことにもなる。だが喧噪《うる》さいのに比べれば、こちらの方が落ち着けて良いが。

シサケット寺も入口で二百キップを取る。ここでもＩＤカードを出して、

「学生？」

と問う相手に対して、

「そうです」

と答え、ちょっと考える風をするのに、

「いいでしょ？」

と勝手に入り込む。相手も〝仕方ない〟という表情をして黙認する。

やはり本堂には靴を脱いで入る。入口の看板は"MUSEUM"となっているから、一応博物館なのだろう、先程のファケオ寺と同じように。しかしここには大きな坐る仏像がある。白人からすれば仏像は神秘的かも知れないが、日本人には見慣れたものだ。

建物を出て、囲いの回廊を一周する。ここにも多くの仏像が置かれている。皆同じ姿勢だ。胡坐を組んで、右手は足もとに伸ばし、左手だけ脚の上に掌を上にして置いている。これが一つの型なのかもしれない。

十五分程で出る。このままモーニング・マーケットに行き、今日の主な行動に移ろうとも考えるが、十時に近く、一旦宿に戻ることにする。うまくゆけば部屋を変わることができる。

途中路上のうどん屋でそれを食して戻る。

宿には十時十分に着く。先程頼んでいたフロントの男は掃除が済んだことを告げ、新たな部屋のカギを渡してくれる。宿代もついでに二日分の十ドルを支払う。

部屋は廊下を挟んで前に変わるだけなので、荷物の移動は簡単だ。確かに窓があって気持ち良い。部屋に戻る度、室内灯《ライト》をつけていたのとは大きな違いだ。

タイを望む

二十分後、再び歩き出す。タイへの舟着場、THA.DEUAという処をチェックする為に。これが残された行動だ。

モーニング・マーケットに着き、寒天とフルーツを入れた甘味を百キップ（この値で食べられる露店を見つけた）で食べ、そして隣のバスターミナルへ行く。ラオス文字が読めないので、どのバスがそこに向かうのか判らない。

バス会社の人間が休憩する食堂で彼等に訊き、やっとそれらしい車の止まる処へ移動する。五番の乗場だが、五番の表示は屋根（日射しよけ程度のもの）の下の時刻の書いてあるプレートにあるだけで、遠くからは視認できない。しかしとにかくここが、THA.DEUA 行きのバスが来る処らしい。

少しするとやって来る。十一時十五分になっている。マイクロバスだ。JAPAN-LAO-CO-OPERATION と書いてある NISSAN のそれだ。

運転手に問う。

モーニング・マーケット前　バスターミナル

「何時に出るのか?」

言葉は通じないので、時計を指《さ》しての会話だ。しかし彼の言うラオス語もこちらには判らない。彼は時刻表の掛かる処にこちらを連れて行く。どうやら次は十一時四十五分のようだ。

このマイクロバスは四十五分間隔で、THA.DEUAとの間を往復している。前の便は十一時に出ている。十一時四十五分の次は十二時三十分だ。始発は六時三十分で、夕は午後五時で終わる。

十一時四十五分まで車内に乗り込んで待つ。

期待はしていなかったが、マイクロバスは定刻に発って行く。一番前、運転席の隣に座を占めている。乗客は知らぬ間に一杯になっている。

暖かい陽光を浴びて、これまでの疲れもあり——いや今日はひどく身体がダルい——、車中眠ってしまう。

十二時二十四分、運転手の合図により、THA.DEUAの舟着場に着いたことを知る。

日曜日なのでタイとの間を行く舟はない。一隻も往還していない。だからそれ目当ての食堂もヒマなものだ。

川辺に突き出すような形に作られた食堂の、その板木の上のテーブルと、それに合う椅子の上に坐る。何軒もある同じような店の、商売をしていない処に入って、タイ側を見つめる。

確か九年前(一九八三年)、逆《むこう》のノンカイからこちら側を見つめた。一本の川の為に渡ることはできない。そして今回もまた、この川を渡って向こうへ行くことはできない。

THA DEUA からメコン河越しに，タイ側を望む

同上の舟着場。国旗を掲げる渡し舟

歩く人も居ない死んだような舟着場辺に長く居ることもできない。それでも乗って来たマイクロバスはすでに戻ったあとで、次のそれを待つ以外《ほか》ない。

午後一時三十四分、それを路上で止め、ビエンチャンへ戻る。帰りの車中でも眠ってしまう。日射しは眠りにちょうど良い。

午後二時二分、モーニング・マーケットに着く。百キップの寒天フルーツを食べ、両替屋で少し両替して帰路につく。もうやることは何もない。身体を休めたい。

三時少し前には宿に戻っている。そして夕食の為の六時過ぎまで部屋に居る。何をする訳でもない。ただベッドに寝そべっているだけ。

出発前日を完全休養日に充てるつもりでいる。といってどこにも外出しないのではない。やはり人間の身体はその時々によって食物を欲する。一日大体三回、朝昼晩と、そのうちの一回は割愛しても然程問題ないが、二回とか全く食べずに居るというのは普通は難しい。

従って今朝も起床後、いくらかの書き物を済ますと、腹を拵えに出掛ける。

行く処はいつも通りだ。噴水のあるサークル（ナンプ広場）を真っ直ぐ北へ進めば右側に一軒、そしてさらに進んでサムセンタイ通りを越えた右側にも、やはり歩道上の軒庇の下で、うどん屋さんがオープンしている。どちらも二百キップで食べられる。たまにはコーヒーにフランスパンを食べたいとも思うが、安く食べられる処を見つけられずに居る。

十分で食べ終え、そしてモーニング・マーケットへ。あと二ドル両替しなければ間に合わなさそうなので、いつもの両替屋でする。

こういう店があるというのはいい。銀行よりも手軽で、そして率もむしろ良いのだから。ドル札でのお釣りもちゃんと寄越す（五ドル札で二ドル分両替して三ドル、一ドル札で戻ってくる）。夕刻も六時頃まではオープンしているようだ。

ここに来たのはこの両替ともう一つ、マーケットの屋台の広がる処にある甘味屋さんに行く為だ。例のフルーツに寒天の入った甘味を食する為に。五種類も六種類も入ってハチミツに牛乳がかかって百キップだから、これはもう食べなければ損というものだ。

メロンにトウモロコシ、マンゴー、そして紅、緑、白、各色の寒天。百キップだからわざわざ食べに来る気にもなる。まず両替後に食べて、そしてバスターミナル辺で空港方面行きのバスを確認したあと、また同じ店でそれを食べる。同じ物を出す店は他にもいくつかあるが、この店以外はたぶん百では供さないだろう。ましてこちらが外国人だと判れば尚更に。この町に着いた日に食べた店もあるが、決して二度とは入らない。

その甘味を今度は二つ食べて、そして帰宿する。十一時を回ったところだ。

ガイドブックを読んで休養する。ベッドに入って何もしない。天井から回る扇風機の風が心地良い。窓から入る日射しもあまり気にならない。自然にウトウトして眠りに落ちる。盛夏の真昼に、外に出る気は起こらない。

三時過ぎに目が醒める。まだそうやっていても良かったが、貧乏症なのだろう、なぜか勿体ないような気がして。ガイドブックを見て、あと少し、近くにある処で見残している寺がある。それを見学しようとする。そして着換えて動き出す。三時四十三分になっている。

宿を左に出て最初の通り、セタティラート通りを右折して進む。昨日訪れたシサケット寺とファケオ寺の前を通ってさらに進む。

午後四時一分、その通りがサムセンタイ通りと合流する処に、SI.MUANG 寺がある。まず一カ所見物する。ここは別に料金を取って見せる寺ではない。

子供や、果物の入った露台を押す男達が数人居る。寺の周りの店では花を売る処が多い。花は目に優しい。

セタティラート通りとサムセンタイ通りが合流し、THA DEUA 通りと名を変えてゆく、その角に小公園があって、SISAVANG.VONG 王の銅像がかなり大き目に建っている。THA DEUA 通りを睥睨するように。

ここから次に DONG《ドン》.PALAN《パラン》 寺を目指す。間違いなく行けば十分もあれば着く筈だ。

THA DEUA 通りを進む。六分歩いてある最初の大きな四叉路を左折する。

そして三分後、突き当たりのT字路に行き着く。ここで考える。左に行くのか、右に行くのか。地図では真っ直ぐの道があるようになっているが……。

右に進む。そして左に折れる道がすぐにあるが、とてもそれがドンパラン寺へ向かう道とは思えず（ひどく小さな径だったので）そのまま進む。

やや暫く行ってもそれらしき左へ曲がる道はない。どれも小径といったものばかりだ。そして不安になって路端にある商店の者に訊くが、要領を得ない。こちらの発音が悪いこともあるが、彼等自身、寺の所在を知らないとも思える。全く違った方向を指差してもいるのだから。

T字路から二十分後、左に大きく曲がる道がある。勿論直進道もある。車がどちらの方向にも多く行き交っている。左へ行く。

そして五分後、左手に寺に続くであろう門を見つける。この門の辺りにはオレンジの僧衣をまとった少年達が沢山居る。そのうちの一人に訊く。

「ここはドンパラン寺？」

「……」

全く意味が通じない。

「ドンパラン」

と言っても反応を示さない処を見ると、違うかも知れない。しかしそれ以外には考えられないと思っている。

暫く彼等と無意味な遣り取りをしている。諦めて門の脇にある商店へ行く。同じことを訊く。すると一人の男が、

SOK PA LUANG 寺の入口門と少年僧達

「ここは SOK.PA.LUANG 寺だ」

と教えてくれる。地図を見ると確かにその寺はある。そして今歩いて来た道をなぞってみると、この寺に行き着いている。かなり先まで歩いて来てしまったのだ。ドンパラン寺へ曲がる道はあったのだが、折れずに来てしまったようだ。

折角来たのでこの寺も少し見物する。本当ならここまで来たなら、この周りにある寺々も見学して回るべきなのだが時間がない。

十五分後の午後五時十一分、来た道を引き返す。今度は足取りは軽い。今歩いて来た道を戻れば良いのだから。

三叉路を右に行き、そしてあのT字路に行き着く。五時二十六分。

また少し戻って最初の左への道に入って行く。当初曲がろうか迷った道だ。

すぐにある駄菓子屋で道を訊く。するとその店に沿って左にある小径を指差す——あとで判ったことだが、この道でなくても良い。ただこの道を通った方が近道になっている。

左に行ってすぐに寺がある。てっきりドンパランと思って入るが、内に居る男は、

「ポンソワン寺」

地図をよく見るとドンパラン寺は道の左側になければならない。この寺は小径の右側にある。

「ドンパランはもっとあっちだ」

と言う男の言葉に従って、そこを出て道を進む。知らない土地を歩くというのはこういうことの連続だ。

少し行くと車の通るアスファルト道に出、そこを右に行く。これがどうやら地図にあるドンパランへ続く道。

五時四十分、その寺にやっと着く。やっと着いたといっても別に何を見る訳でもない。ただ本堂を見て、そして周りを歩けば終わりだ。五分で出て、隣接するマーケットを見る。ゆっくりしたいが時間がない。

次の BAN.FAI 寺へ。ここはマーケットの斜め左前、道を挟んである。特別何かある訳ではない。ただ境内に入ったという事実のみが必要なのだ。寺の縁起も由緒も何も知らないのだから。

九分間居て、六時三分、そこを出る。

モーニング・マーケットはそこから思ったよりも近く、七分で至る。そしてもう閉じられて誰

も居ない同マーケットを見つめ乍ら帰路につく。ビエンチャン最後の見物も済む。

力車マン

ビエンチャン出発の日（八月十一日、火曜日）。

搭乗する便は午後二時三十分発。それまでの予定は何もない。せめて午前中一杯は何かが出来るが、もう遠出する気もない。

それに空港までの足が不安なので、気が落ち着かない。公共のバスで行こうと考えているが、空港付近を通るバスは一日五便しかなく、フライトに間に合わせる為には午前十一時のバス《それ》を利用しなければならない。次は午後一時三十分なのでちょっと不安だ。

実際の航空券の予約の確認のそれがＲＱ《リクエスト》のままで、ここでの再確認もコンピューターには入力できず、手書きのＯＫだからどうしても安心できない。この便に乗れないと、ラオスのビザが切れてしまう。乗れないのはこちらの責ではないが、問題は起こしたくないから、少なくとも二時間前には空港に着いていて、早目にチェックインをしておきたい。

朝、食事をしに外に出る。朝食自体はいつもの歩道の、軒先に店を広げるうどん屋で済ませるが、本来の目的はその後のフルーツ寒天入り、ハチミツ、牛乳かけの甘味だ。これをモーニング・マーケットで食べたい為に外に出る。これはこの国の食べ物の中で一番印象に残るものとなる。正確な名称は判らずじまいだが、暑い時には一層美味しく感じられる。

いつものようにアメリカ大使館のある脇道（BARTOLINI 通り）を通って帰宿する。まだ九時前。

モーニング・マーケットを出る時、シクロの男＝力車マン＝が声を掛けてくる。こちらと同じ齢格好だが、憎めない顔をしている。といって好感がもてるというのでもない。何と言えばいいのか、彼は稼ぎたくて声を掛けて来たのだが、全く無視もしたくない風貌をしている。それで空港までの料金を訊いてみる。それも面白いと思って。

「エアポートまでいくら？」

「エアポート」

と、彼は言っているが、こちらの発音とはどこか違う。たぶん意味を解していないのだ。しかし、話に乗って来た客を離すまいとして、知らぬ乍らも、

「五百キップ」

と言って来る。町中であれば五百キップで行くのが相場なのだろう。いや異人に対してはその値を常に最初に言ってくるのか。

しかし五百キップは安過ぎると思う。相手は勘違いしているのだ。確認の為に昨日公共のバスの空港方面行きを探している時、英語を解する男にそのバスの乗場を訊いた時、彼にラオス語で〝空港〟を意味する文字を書いてもらっている。

その紙片を見せる。一瞬にして運ちゃんの表情は変わる。

「おう、エアポート」

先程のエアポートとは違う発音をして、困った顔をする。

「そう、エアポート、五百キップだね？」

「いや旦那《バトロン》、エアポートは遠い、三千キップだよ」

こちらはそれを聞くと、問題にならない、といった表情で、

「ＯＫ」

と言って歩き出す。すると、

「二千キップ」

とすぐに下げる。二千キップでも高い。バスなら二百キップもあれば行けるだろう。

「ＮＯ」

ラオス貨がないこともあって、ドルならいくらか？　と訊いてみる。

「三ドル」

三ドルなら二千百キップ以上だから、当然おかしい。

「ＮＯ」

するとすぐに、

「二ドル」

こちらの頭には二ドル以上はない。これが出せる限度額だ。しかし相手の様子見に、

「一ドル」

とも言ってみる。

「旦那、空港は遠いんです。一ドルは無理ですよ」

彼の方が今度は問題にならないといった風をする。しかし、かと言ってこの客を諦める風はない。二ドルでもかなりの率のいい客に違いない。そしてこちらの頭にも、彼がホテルから空港まで連れて行ってくれるなら、公共バスに乗って言葉の通じない中を、空港前で降ろしてくれ、という労力が厭《いと》われることを思うと――また日本円に換算して二ドル＝二百六十円程でリュックを背負って歩く手間が省けるのなら……、という考えが起こって――利用してもいいのではないかとも。変な処でひどくケチな割にはこういう処では楽な方に流されるという、あまり良くない傾向がこのところの旅行には見られる。

彼はこちらが、今空港へ行くのだと思って、二ドルで料金が決まると、さあ乗って、という動作をする。

「いや、今ではないんだ。十一時になったら必要なんだ」

と時計を見せて、そして十一時を示す。彼は納得しかねぬ風だが、意味は通じたらしく、それ以上すすめない。

私自身まだ迷っている。バスで行ってもいいという気がある。それ故に彼を真には頼りにして

いない。

その場を離れて歩いて行く。アメリカ大使館前を通ってTHAT.DAMを右に見て、「エカレイト・ホテル」の前を通って、サムセンタイ通りに出た時、そこにそのシクロの運ちゃんが先回りして待っているのを知る。

『本気だな』

と思う。そしてその熱意にのってもいい、とも。

「旦那、空港に送って行くからね」

「分かった。だから十一時になったら乗るよ」

本来ならここで料金の値下げの交渉をするが、しかしまだ決めかねている。もしかしたらバスで行くことになるのではないかと。こんな約束、彼にその時刻前にお客がつけば、当然破られるのだから。まだ二時間以上も先のことだ。


アメリカ大使館近くにあるTHAT.DAM

「乗れば？　ホテルまで送って行く」

当然、有料だと思うから断る。

「ANOU.HOTELかい？」

「いや」

そんな高級なホテルに泊まっている訳がない。しかし彼が迎えに来るのなら教えてもいいと思い、泊まっているホテル名を言う。彼は当然知っている。

「じゃ、十一時になったら来るように」

とまた時計を見せて確認して別れる。

賭けてみようかと思う。何を？　いやこの男がちゃんと約束を守って来るかどうかを。他のことを置いてその時刻に迎えに来るかどうかを。

帰宿後、シャワーを浴び、そして十時三十分、チェックアウトし、ロビーの椅子に居る。

公共のバスは十一時にモーニング・マーケットのバススタンドを発つから、十時五十分にはホテルを出て通過する道路《ルート》のバス停に向かわなければならない。約束の時刻より十分早くこちらがホテルを出てしまうが、運ちゃんがより客を得ることに熱心なら、それ位前にはホテルの前で待機しているだろう。

「OK」サインの意

十時四十分が過ぎる。まだ待てる。いや、待たなければ彼にあまりにも申し訳ない。とにかく五十分までは待とう。

そして四十五分、ホテル入口のドア越しに、彼がそのシクロと共に来て止まるのが見える。

『やっぱり来たか。利用しなければならないだろう』

彼はドアを開けて入って来る。見るからにシクロの運ちゃんが入って来たので、ホテルの男が胡散気に話し掛ける。運ちゃんはたぶん、客との約束で来た、と言っているのだろう。二人の会話にこちらが入ってゆく。ロビーは広くないが薄暗いので運ちゃんからはこちらが椅子に坐っているのはすぐに確認できない。

彼は私を見ると、もう説明することはなくなった、という笑顔をつくり、そして握手を求めてくる。彼としては、

『自分を待っていてくれた』

と思ったからだろう。実際そうだが、〃来なくても別の道はあったのだ〃ということまでは判らない。それはそれでいい。とにかく彼とホテルを出る。そして試しに、

「一ドルと五百キップ」

と値切ってみる。彼は一瞬ドキッとしたようだが、それはないよ、という顔をして、

「二ドル」

と言う。ここまでやって来たのだ、当初の約束通りにするべきだ、との思いの方が強い。但し、

「一ドルと七百キップ」

ということで納得させる。実際七百キップが一ドルということで通っているので問題ない。七百キップ余っている。ラオス貨を残しても仕方ない。

シクロはホテルから川べりの FA.NGUM 通りに出て右折し、暫く走り、途中から右に折れて、そして LUANG. PHABANG 通りを左折して空港を目指す。

インドでの力車の時もそうだった。前でペダルを回す彼等を見て、たぶん自分がこの国に生まれていたら、この力車マンになっていただろうと思う。ボロに近いシャツを着て、継ぎの当たった短パンを穿いて、素足にズック靴、そして頭にはここでは薄汚れた帽子を被って。

しかしとても魅力ある仕事に思える。その汗をかきかき仕事しているという姿が、とてもこちらを惹きつける。後ろに乗る私には流れ過ぎる景色と共に、頬に当たる風が心地良い。

ラオスの風は優しく静か。

思ったより早い十八分で空港に着く。

『これで二ドルは高いな』

と内心思い乍らその額を渡す。彼は受け取ると早速、国内線用の出発ロビー（そこに彼は力車を走り着けた）に入って売店でタバコを買う。そういえばモーニング・マーケットで話した時、〝ガンジャ〟の話をしていたっけ。そして空港までの道のりでは、後ろを振り向き乍ら、女の話をしていた。

「ラオスの女は四百バーツと高いが、タイの女は百バーツ」

と。確かに肉体労働者の彼等にとって楽しみはその二つと、そして食べること位だろう。

国内線の建物の中には大勢の人たちが居るが、隣の国際線の方には係員と売店の者の数人しか居ない。到着便も出発便も十一時過ぎにはない。今日は九時発のハノイ行きの他は、私の利用する午後三時三十分のバンコク行きしかない。到着便も午前と、そして夕刻のものだけだ。閑散とした国際線ロビーのプラスチックの椅子に坐って時を過ごす。

一時間経ち、十二時を過ぎた頃からいくらか人も増え始める。そしてスケジュール・ボードにない到着便がある。どうやらハノイからの便がいくらか遅れて到いたようだ。そしてそれが引き続きバンコク行きになるらしい。

ビエンチャン（町中）のラオス航空のオフィスではチェックインは午後一時と言っていたが、十二時三十分にはその右手奥まったチェックイン・カウンターらしくないカウンターで、それが始まる。

いや私が最初のチェックイン者だから、そこに係員らしき人間が立ったので、勝手にそこへ行ってみたら手続きをしてくれたというに過ぎない。

搭乗券を無事受け取る。どうやらバンコクに飛べそうだ。

そしてロビーを横切ってイミグレーションへ。ビザは五日間だがそのぎりぎりまで居た。計算の仕方（入国日も一日と数えるなら）によっては一日過ぎていると言われそうだが（今日は六日目に当たっている）、女の係官は計算する風をして、ＯＫ、といった表情をつくり、ビザ・スタンプの上に、

〝このビザは使用された〟

という文字（英語）が書かれた印と出国印を押してパスポートを返した。

次に荷物チェックがあるが、まだ係員は来ていない。それを知らないからそこを通って出発ロビーに行ってしまう。そして右脇にあるトイレに入って貴重品の整理をする。やはり誰も居ないとは言え、腹ベルトの中を整理する時は、確実に一人である処でなければならない。

トイレから出ると男が寄って来て、こっちに来るように言う。先程居なかった荷物チェックの係員が来たのだ。そしてその前に出国税五ドルを支払うように言われる。それを済まし、リュックをＸ線のコンベアに流し、それを終えると、再び出発ロビーに入る。まだ誰も居ない。

搭乗開始は午後二時十二分――ロビーに入って一時間四十五分程経っている。

この頃にはもうロビーには多くの人たちが居る。日本語も数カ所から聞こえる。しかし乗客の

ビエンチャン空港。バンコク行きラオス航空機

多くは白人の旅行者だ。タイかラオス人も搭乗するが、六割方は白人のように思う。ラオス航空の機だが操縦桿を握るのは白人のようだ。

通路を挟んで両側に三人掛けの席が並ぶ。二十列としても百二十人乗りだ。ベトナム航空に比べれば大きい機種。

そして実際、空席もいくつかある。町中のラオス航空の男が予約の確認をする時、コンピューターに「ＯＫ」サインが出なくても、

「大丈夫乗れるよ」

と言ったのは、こういう空席が出るフライトだということを知っていたからだろう。

元アイスランド航空（前席の背袋にある緊急避難時の脱出口を書いたリーフレットが〝アイスランド航空〟となっている）のボーイング機は午後二時二十九分、ビエンチャンを離陸する。

タイ（二回目）

自分も変わって来た

フライトは一時間程だから、まだ水平飛行に入る前にスチュワーデスとスチュワード（彼はひどく素敵な純白人だ。スチュワーデスはラオス人）が通路を通っておしぼりのサービスをし、そして水平飛行に入るとすぐに、飲み物が配られ、次にサンドイッチ、パンケーキ（三種）の軽食が配られる。ベトナム航空より内容はいい。

タイ入国のイミグレーションカードとカスタムカードも配られ、そして午後三時二十分、無事バンコク、ドンムアン空港に着陸した。

ホーチミンへベトナム航空機で飛ぶ時は、出発ロビーから一旦バスに乗って搭乗機下まで行ったが、このラオス航空機は空港建物から延びる降客受入れ施設にジョイントされていて、降機するとそのままターミナルビルに入ることができる。但し、イミグレーション・カウンターのある処までは五分程歩かなければならない程離れてはいるが。

イミグレは列に並んでから二分で済む。次のカスタムも機内で書いていたので、〝税関申告なし〟の通路を行き、そこに居る係官にその紙を渡せば、もう入国手続きはすべて済んで、出迎え人の待つホールへと出られる。

銀行の出張所で両替して、市バス乗場へと行く。機が着陸してから三十分後の三時五十分には国道上のバス停に立っている。五十九番のバスを待つ。


それはいい具合に十分も待つこともなく来る。あとはこのバスが途中で終点を迎えることなく民主記念塔まで行くことを願う。タイ語が読めれば、たぶんそのことの如何は判るだろう。

バンコクの夕刻にかかってしまう。乗ったのが四時少し前というのに、中心部に入る頃には一時間が経っていて、もう車は動かない。渋滞に巻き込まれる。

『五時には民主記念塔について、宿を探し、そして出来たらちょっとでもいいから、旅行代理店をチェックしよう』

と思っていたが、その胸算用は変更しなければならない。

幸いにも途中で終点を迎えることなく、バスは民主記念塔まで行ったが、それは空港を発ってから二時間以上も経っていた。それでもまだ六時少し過ぎ、前回よりいい。外はまだ明るい。

真っ直ぐ、以前泊まっていたゲストハウスに向かう。

五分後、その受付に居る。以前と同様 DEAN《ディーン》という名の男が居て、こちらを覚えているが、その宿泊代までは記憶していず、

「六十バーツ」

と言う。

「いや、五十バーツでこの前も泊まっていたのだから、それにしてくれ」

彼は不満そうだが、ＯＫしてくれる。そして部屋の鍵を渡す。

「一階だから」

と言う。前回同様二階の部屋を頼むが、

「一杯だから」

「なら、明日には換えて欲しい」

しかしこれに対して生半可な返事しかない。とにかく今日は仕方ない。荷を置くことが先決だ。

少し離れた別棟《ハウス》へ行く。一階の二号室は入口の処にある部屋だ。

『これはダメだ』

と思う。モロ外から様子が判ってしまう。遅くまでは起きていられない。いくら曇りガラスだと言っても、内の人間の動きは判るような気がする。それに一階では、一階の客のも二階の客のも、その出入る足音が響くだろうし、屋外《そと》の音も真面《まとも》に伝わってくる。

リュックを置くと、その口を解くこともなく、また受付へ行く。

「やはり、二階の部屋と変えて欲しい」

「六十の処を五十にしているのだから無理だ」

そう言われては仕方ない。新たな宿を探す以外ない。しかし〝一階の部屋〟という点を除けば、この宿はひどく気に入っている。部屋がキレイというのではなく、トイレ、シャワーが使い易いのだ。それは各階に四つずつあって、どれもが塞がっているということはなく、いつでもシャワー等が使えるからだ。

受付を出ると宿探しに出る。二日分はすでに支払っているので、変わることは出来ないが、三日目からはいい処があれば変わろうと思う。

カオサン通りに面してあるいくつものゲストハウスに当たるが、やはり五十の処はない。最低で六十。この五年程（一九八七年三月から）の間に、やはりかなり物価も上がったということだ。ドミトリィならたぶん四十位でもあると思うが、今はその気はない（自分もこの五年という間に随分と変わったものだ）。

『六十なら同じだから、使い慣れた今の宿の方がいい』

という気になる。しかしできることなら変わりたい。

旅行代理店のチェックも同時にする。時刻は七時にも近いがまだ開いている店がいくつかある。カンボジアのビザ代は、千五百バーツという処と二千バーツという処がある。あるいは千八百、千九百という処も。しかし当然一番安い千五百バーツの処を一応記憶しておく。さらに回ってみようと思う。

ビザ取得まで四日、という比較的こちらの希望にあった店があり、明日また来る、ということを約束して、そこを出ようとする。

するとその店の階上にあるゲストハウスから日本語が聞こえてくる。やはり日本人と話もしたい。そしてもしカンボジア方面の情報でも持っていれば聞きたい、と思って階段を昇って行く。昇ったすぐの狭いロビーの椅子に坐って話す二人の日本人に声を掛ける。

「旅行ですか？」

と問い掛けて、話に加わらせてもらう。ちょっと話の腰を折られて、まだよく分からない人という印象を持たれたようで、少し怪訝な顔をされるが、ひとりが話に応じてくれて、会話することができる。もう一人のひとは寡黙であまりこちらとの会話はない。

二人の旅行の話を聞き、それなりに二人の会話の中にも入ってゆけるようになる。二人とも学生さんで、それぞれ長い旅行をしている。なぜか嬉しくなる。こういう若い人が確実に増えていることが。

夜九時過ぎまでそこで話している。バンコクの滞在が違った方に流れてゆくような予感がしている。それは勿論一人でなければ、当然の流れ方としての。

バンコクを少し歩く

翌八月十二日は王妃の誕生日ということで、休日。従って日本大使館も開いていないし、また早くと、願っていたビザの手続きもできない。ビエンチャンからのフライトをやはり誤ったと思う。一日早い月曜日なら、早朝七時の便だから、朝八時にはバンコクに着いて、少なくともその日の午後には、大使館にも行けたし、旅行代理店をも確定して、あるいはビザの申請にまで運べていたかも知れない。そうすると今週中にカンボジア入りが出来ていたかも知れない。

不運な時はどこまでもこういうものだ。

朝それでも歩き出す。いやその前にやはり昨夜外がうるさくてあまりよく眠れなかったことをディーンに言い、部屋換え要求をする。すると、仕方ないという風に意外にアッサリと彼はそれを聞き入れてくれる。

二階の部屋のカギをくれる。荷物をまとめて部屋換えし、やっと落ち着くことができる。二階の部屋なら何もいうことはない。部屋の広さ、作りは一階と何も変わらないが、プライバシーはひどく守られるように思える。少なくとも外からの侵入の危惧は一階に比べたらはるかに少ない。

部屋を変われたことにホッとして、九時近くまで部屋に居る。そして、歩き出す。

近くの郵便局前辺にある食事処で、目玉焼きにライスの朝食を摂る（十バーツ）。十分程で食べ終え、行動を始める。

民主記念塔を経て、LAN.LUANG 通りへ行くつもりが、右手にCHALERM THAI 劇場のある大ロータリーで二つも手前の RATCHADAMNERN-NOK（以下 R-NOK）通りに行ってしまう。RATCHADAMNERN-KLANG（以下 R-KLANG）通りからみれば殆ど直角近くに曲がっているのに道幅が広いので、そうには感じられずLAN.LUANG通りのつもりでいる。

片側三車線の、そしてさらに緑地帯があって二車線があるという大通りだ（つまり片側五車線）。そこの道を暫く行くと、何やらの制服を着た人の群れと行き会う。手にはタイ国旗と青地に白い何やらのマークを描いたそれを（それは王妃を表す旗だと後で知らされる）持っている人たちだ。

途中から車の通行もストップされている。さらに進むと、道は突き当たりになっている。この通りの先にはラマ五世の銅像が建っており、その後方には国会議事堂がある（ここに来て、道の間違いに初めて気付く）。

王妃の誕生日ということで、何やらのセレモニーがそこで行なわれたあとだったのか、それともこれから行なわれるのか、判然とはしないがこちらの行く方向とは違うR-KLANG通りの方へと皆、動いて行く。

銅像前のSRI《スリ》.AYUTTHAYA《アユタヤ》通りで、人混みの中で小休止する。王妃の誕生日でこの人出だから、国王の誕生日にはどれ程のことが行なわれるのだろうか。日本の皇室以上に、国王一家の存在はこの国にとって大きいようだ――先《さき》のクーデター騒ぎも、結局は国王の登場で、それに終止符が打たれたことをみても解る。

スリ・アユタヤ通りを右に折れて行く。地図で確認して、この道を突き当たりまで行って、そこを右折して行こうと思う。まず目指すはインド航空オフィスのあるアマリン・プラザだ。あまり歩く者も居ない歩道を歩いて行く。

突き当たる途中右手に SUAN《スアン》.PAKKARD《パッカード》.PALACE《パレス》がある。もともとはこのパレスの存在を知らなかったが、たまたま前を歩いていた旅行者風の白人が入ったので、その文字板を見て入ることにしたのだ。何やら観光箇所のようなので。

入ってすぐ左手先に受付のような処がある。白人が他にも二人居て、そこで話し合っている。

庭園風の造りの中に高床式の建物が二つ建っている。一つのそれに靴を脱いで上がってみる。

仏像や昔のタイの貴族であろうか、そういう人の所有であった調度品が展示されている。

中庭を望む部屋には細長いテーブルが置かれ、その周りには座椅子があり、ちょうど掘りコタツに足を入れる式の造りになっている。ここで食事や会議をしたようだ。

スアン・パッカード、彼がタイで収集した数々のものを一般公開しているのだ。二十分で出る。

RATCHA-PRAROP 通りを右折する。歩き進むと大きなショッピングセンターが見えてくる。

右側にある「インドラ・センター」に入る。皮革製品が多い。カバン屋が連なるようにある。この国にはありとあらゆるものが溢れている。

PHETCHBURI《ペチャブリ》 通りを突き切ってすぐの橋を越え、右側に「ISETAN」デパートを見てさらに行き、PHLOEN.CHIT 通りを左折すると、右側に目指すアマリン・プラザがある。

少し進むと歩道橋のエレベーターがある。それに乗って橋を越え向こう側に渡り、下りることなくそのまま同プラザの二階へと入って行く。一階にはマクドナルドがある。

本当は場所の確認だけのつもりだったが、折角来たので予約の再確認をしてゆく。まだ搭乗日までは二週間以上もあるが、それはできる。但し、

「リーコンファームはされましたが、前日に電話でフライト時間の確認をして下さい」

と。便自体が夜中の午前零時十分発なので、早くなったり遅くなったりする可能性があるからのようだ。

「分かりました」

と答えて、その十六階にあるオフィスを出る。このビルもそうだが、小綺麗で大型のビルがこの辺りには多い。そのどれもに日本のデパートが入っている。前記の「伊勢丹」の他、「そごう」「東急」「大丸」がある（「MARUI」もあるが、これは日本の「丸井」とは関係ないらしい）。他にもまだいくつもあるようだ。

二階に戻って、エスカレーターで階下に降りようとその処へ行くと、「本」という漢字が目に入り、そして「東京堂書店」とある。日本の本屋だ。当然日本の読み物もあるだろうと思いちょっと覗いてみる。三階に昇って、左へ少し行くとある。

従業員はタイ人だが、客の多くは日本人だ。新聞は見れるが、他の週刊誌類はすべて立ち読みできないようにビニール袋で包装されている。

読売と日経新聞がある。前者は五十五バーツ、後者は六十五バーツとやはり日本で買うより割高だ。しかしこれは当日売れなければ殆ど商品価値のないものだから仕方ないだろう。そう考え

るとむしろその値は安い位か。

他に単行本、文庫本もそれなりのスペース売場の中にある。やはりタイや東南アジア関係の本は日本で見慣れないものまで置かれている。時間があればゆっくり読みたい本も多い。あと三週間もすれば、また必然的に日本語の活字の中で、嫌《いや》でも暮らさなければならないと思うと、買う気も起こらず、しばし日本を離れていようと思ってそこを出る。

一階のマクドナルドに入って、ソフトクリームを食べる。昨年の今頃、カナダを旅行していた時もマクドナルドでそれをよく食べた。これが店の中で一番安く、そして美味しいものだから。ここでも約$\frac{1}{3}$ドル、八バーツで食べられる。一人でなく向かい合わせに誰かが居れば言うことはないが、と今回も思ってそれを口に運んでいる。

次は日本大使館の確認。いや五年前は大使館で手紙が受け取れたが、今は大使館の別室が違ったビルの中にあり、そちら（領事部）へ行く。

ガイドブックにあるASOKE.TOWER《アソケタワー》に赴くが、さらに移転していて、休日の今日、そこで手持ち無沙汰気に屯する四〜五人のガードマンに訊いて、新たな場所へと行く。

そこは今通っている同じSUKHUMVIT《スクムビット》21（＝SOI ASOKE）通り上にあったSERMIT.TOWER《サーミットタワー》の九階と言う。PHLOEN.CHIT→スクムビット通りからなら、その通りに曲がって少し行くと左側にある建物だ。アソケ・タワーからなら戻る風に行く。

その前に懐かしいニュー・ペチャブリ通りとの角に面した、以前の手紙受け取り場所の大使館にも行ってみる。ビザ申請者の激増とその他の業務の増加で、新たにそれ専門の別室をつくったようだ。以前は玄関ホールの処に手紙のボックスがあって、各自が勝手にチェックできたのだが……。

鉄扉の処に居るガードマンは同じことを言って、一歩も当然内には入れてくれない。今この建物は大使はじめの人的交流の場でしかないようだ。

日本人たち

サーミット・タワーを見て、次は SILOM《シロム》 通りに向かう。タイ航空の本社がある。それにT/Cの発行銀行である「さくら銀行」も確認しておきたい。確かこの通りに五年前には三井銀行があったように記憶しているが。

PHILOEN.CHIT 通りから WITTHAYU 通りに左折して入り、そして右側のルンピニー公園の内を通って、シロム通りへと出る。

同公園内には休日ということもあって大勢の家族連れ、若者たちのグループが見られる。無料でこれ程広く、緑の多い公園を東京（都心）では見掛けない。緑地にも入れて、飲食している人たちも多い。ここでも私は楽し気な彼等を横目で見つめて通り過ぎる。

タイ航空オフィスはシロム通りに入って、十五分近く歩かねばならない。途中、「さくら銀行」

が右側にあるのを確認する。

カンボジア行きのフライトのチェックだが、カウンターの女の人の話ではタイ航空が運航しているのではなく、「バンコク・エアウェイという会社」と言う。

フライトは毎日午前に二便あって、さらに水、金、日曜日には三便目が午後にも飛んでいると言う。結構頻繁にあるようだ。

料金は、

「正確なことは判らないが、往復で八千バーツ程ではないか」

と。片道に直すと四千バーツ。ならば旅行代理店の言う三千六百五十バーツも高くないと思う。

久しぶりにバンコクの町を歩いた、という実感をもって帰路につく。シロム通りから赤の十五番のバスに乗って行く。民主記念塔を通るバスだ。まだ夕方のラッシュには時間がいくらか早く、三十分程でそこに至る。

早速昨日話を聞いた「POLY.G.H《ポリー・ゲストハウス》」下にある旅行社でビザと航空券の手配を依頼する。千五百バーツ、プラス三千六百五十バーツの計五千百五十バーツ分の両替を近くの銀行の出張所でする。二万円のT/Cと五千円の現金でまかなう。少し足りないのは手持ちのバーツを充てる。

一応来週の月曜日にはビザが取れるので、火曜日発の便で飛ぶことにする。これはしかしあくまで事がスムーズに運んだら、という仮定の上でのことだが。

そう決めるといくらか気が楽になる。これまでのハノイでの優柔不断さとは打って変わって、早目に事を処理している。特に今日が休日というアンラッキーなことも手伝って、早目に運ばなければならないという気が強くあって。

それを終えて階上に上がり、昨日同様、二人の日本人、OさんとKさんとの時間をもつ。もう来週まで特別することもなく、一人で過ごすよりは話し相手が居た方がいい。それに多くの人と知り合うのが自分の旅行でもあるからだ。話せる人が居たなら、多く話してみたいと思う。

夕食を少し歩いたPHRA.SUMEN通りにある日本レストランで摂る。天ぷらを食べる。ごはんとスープが出て七十六バーツ、約三ドルで四百円弱だ。日本円にしたらひどく安いが、ここでは三食分以上にも当たる。しかしこういう機会でもなければ、決して日本レストランには入らないから、経験としていいと思う。様々な新しい経験をしてみたい。

夕食後、R-KLANG通りに出て、王宮前の公園の夜景を見る。木々にライトを飾ってのそれは、暗がりの中に人工の樹氷を浮き立たせているようにも見える。

ゲストハウスの屋上からは王妃の誕生日ということであろう、花火の上がるのも見える。二人の日本人に会って、一人では味わえない時を送る。九時三十分に帰宿する。

翌十三日、やっと本格的な行動に出る。といっても大したことではない。昨日チェックしておいたサーミット・タワー九階にある日本大使館・領事部に行って手紙を回収し、そして同じようにルンピニー公園を通って——今日は昨日とは打って変わって、人影も殆どない——シロム通りに出て、「さくら銀行」で両替する。カンボジア入りへの準備として、ドルの現金を得る為に、まず日本円のT/Cをバーツに両替して、さらにそれをドルに両替する。

二万円が百五十ドルと八十八バーツにしかならないが、ベトナム、ラオスのことを思うとやはりドルの現金は必要な気がする。

正午には帰宿する。そして一時間後、日本人の居る「ポリー・ゲストハウス」へ。昨夜、

「明日は午後一時頃また来ます」

と言って別れていたので。できたら一緒に昼食でも食べようと思って。

Kさんとは会えるが、Oさんとは会えない。部屋にこもってプライベートな用件を済ましている。

Kさんとカオサン通り辺をウロつく。用事のある郵便局前の露店で昼食を摂る。ライスとおかず二品で十五バーツは満足がゆく。しかし水を頼むと、一バーツプラスというのはちょっとシブイのではないか。

午後三時前、Kさんとも別れ、宿にこもる。休養する。

六時三十分、再び彼等の居るゲストハウスへ向かう。

二人は宿前の路上の屋台でコーラを飲んでいる。二人はこの町で知り合ったらしいのに、ひどく気が合うようだ。私から見れば全く違う個性の二人なのだが、何かが魅きつけ合っているらし

い。似ていない者同士だからいいということもある。年齢的にはだいぶ違うが二人を見ていると、あのエジプト、アスワンで会ったYさんとSさんの二人を思い出す。

今夜は私たち三人にさらに日本人のカップルも加わって、五人で屋上での一時を過ごす。

さらにお決まりのアイスクリームをカオサン通りにある食堂へ食べに行く。八種類あるそれをたぶんこの町を出るまでにはすべて味わうと思う。二人と会っていると必ず夕食後にはそれを食べに行くのだから。

二人はよく食べ、よく飲み、そしてよく吸った。しかしそれが若さというものだろう。齢を重ねてみて判ることだが、若い時に変に老成してしまうというのは、結果として得られないものが多いように思う。若さのおもむくままに行動するのが多くの思い出を残すことになると思う。この特権は有限のものだから、やれる時はやっておくべきだろう。今しかできないことを今やっているというのは素敵なことのように思える。

日本人のカップルは明朝早くにバンコクを発つということで（女の人は帰国し、男の人はチェンマイへ行くという）、アイスクリーム屋での別れで短い出会いの時間は切れたが、彼等もそれなりに人生をエンジョイしている人たちのようだ。今ニューヨークに住んでいて、男の人Kさんは大学で日本語の教師をしているという。多くの日本人が外国で活躍することはひどくいいことと思う。若い時にやればやる程、素敵なことのように思える。

工場前の露店

カンボジアでの行動を考えると、さらにドルの現金を所持していた方が良いと思う。今日も「さくら銀行」に行って、円からドルを得る。二百五十ドルを得ようと思い、六万円を換える。手持ちの円はあと一万しかないが、使う為に持って来ているのだからいいと思う。

昨日も訪れているのでスムーズに窓口でも事は運ぶ。二百五十ドルと千五百五バーツを得てそこを出る。千五百バーツ余は手持ちのバーツと合わせると充分過ぎる程だが、いずれ帰国前に土産物を買うこともあり、多目に両替しておく。しかし一日でまた日本円が強くなっている。嬉しいことだが、ひどく勿体ないことをしたと思えて。二日前に比べたら一万円で十七バーツ程も違うのだから、二万だったら一ドル以上の差が出てくる。しかし仕方ない、金は回りものだから。

両替を終えるとバンコクの観光を一つこなす。これまで三回この国に来ているが、まだあまりこの町を見物していない。一回目の時は訳も分からないまま過ぎたといった風で、比較的高い宿にも泊まっていた。それに知人も居たのでずっとその人と一緒だったし。その時はこの国を出て、インドに入ったが、インドからが本当の旅だったように思う。

二度目は国内を回ったが、バンコクは相変わらず、あまり見ずにいた。

三度目は五年前バングラデシュへ行く時に来たが、それはただそこへの往復の航空券を購入する為に過ごしただけというものだった。

そして今回もその気があまりない。しかしカンボジアへ発つまでの時間が一週間も空《あ》いて、少しは見て回ろうと。

それでチャオプラヤ川を航《ゆ》く「エクスプレス・ボート」に乗る。どうせなら始発地から終着地まで行こうと思い、KRUNGTHEP《クルンテープ》橋近くの WAT.RATCHA.SIGKHON 乗場を目指す。

地図を頼りにシロム通りより十五か七十六番のバスなら、そこへの CHAROEN.KRUNG 大通りを通るように記されているので、たまたま来た七十六番に乗る。

しかしこれが大違いで、シロム通りからSURASAK 通りに左折して SATHORN.TAI 通りに出ると右折し、そして TAKSIN《タクシン》 橋を渡ってしまう。その橋手前を左に折れて行くものとばかり思っていたが甘く、どうやら地図への記載の誤りか、あるいは地図を作ったあとにルートが変更されたのか知れぬが、とにかく考えていた CHAROEN.KRUNG 大通り & NEW.ROAD《ニューロード》 へは進まない。しかし、いずれクルンテープ橋近くにはその川向こうから近付くだろう、と乗り続ける。

案の定、タクシン橋を渡って KRUNG.THONBURI 通りを暫く高速で走り、TAKSIN《タクシン》 通りにぶつかると左折する。

そして南下する。こちらは MAHAI.SAWAN 通りとの交叉路で下車すれば、それ程悪い道のりではない。

安心の為に車掌に地図を見せて、そこを示し、

「ここに着いたら知らせて下さい」

と言っておく。

それは次のバスストップだった。

同通りを突っ切って止まったバス停で下車する。そして少し戻って右折し、黒い鉄柱の重なる橋へと進む。

橋は長く、渡るのに十分程かかる。歩く方向への車は流れているが、逆方向へは渋滞している。この町の信号はひどく長いから、一回つかまるとなかなか青にならず進めない。車の列は長くなる。

但し感心することがある。それは中心部での、メインストリートにおける路上駐車がないということだ。路側端の道まで確実に使えるというのは日本の——特に東京の——主要道路の現状を知っている者にはすごいことだ。何しろ東京の道路の側端はほぼ違法駐車の車で埋まっているから、その道を走れるなんて考えられないことだから。側端だけに限らず二重駐車もされているとなると、もう道は本来の幅とは違った利用スペースしかなくなる。

バンコクでの路上駐車はその SOI《ソイ》という脇道にある。しかしそれでも大通りでは全車線が使えて走れるのだから気分いいものだ。バスは従って駐車されている車に邪魔されることなく側端を走っていかれる。このことは日本も見習うことではないか。

クルンテープ橋を越えて、すぐ左手に WAT.LARD.BUA.KHAO 通りがある。近道のように思

クルンテープ橋から，チャオプラヤ川と，市内中央方面への眺め

い、そちらに入る。

少し行くと左手の工場の門扉の前に道を挟んで露店の食事処がある。時刻は十一時三十分過ぎ、工場の扉から薄青色の作業着の制服を着た女の従業員が出て来て、その露店でライスに一品おかずを掛けて食べている。こちらもそれにつられて、同じものを頼む。十バーツ札を出してお釣りをもらっているので、それより安い。

実際二バーツ釣りが来る。嬉しくなる。バンコクに来て、やっと十バーツ未満で一食食べられる処を見つける（十二年前当時は中心部でも、肉野菜ライスが五バーツで食べられたものだが）。

屋台は連なっていて、同じようなメシ屋、ラーメン屋、そしてフルーツ屋（甘い寒天を売る）がある。

食事後、寒天にミルク入りのその小どんぶりを食べる。三バーツ、また嬉しくなる。嬉しく

なって他の人の食べている、もち米にあずき汁を入れ、ミルクを掛けた何とも言えぬ（あるいは「ミルクしるこ」と言って言えないこともない）ものを食べる。三バーツ。こういう店がカオサンの宿の近くにもあればいいと思う。

　十四バーツで満腹になってそこを出る。また来たいと思うが、宿からはちょっと離れ過ぎている。バス十五番を利用すれば一本で来れるが、時間と往復のバス代を考えればやはり来れない。何かのついででなければ……。

エクスプレス・ボート

　エクスプレス・ボート乗場の WAT.RATCHA.SINGKHON は CHAROEN.KRUNG 大通り《（ニューロード）》に出てから暫く歩かなければならない。

　歩道に面してある商店の人に何回も訊き乍ら

「EXPRESS.BOAT の舟着場」WAT.RATCHA.SINGKHON

やっと辿り着く。通りからローマ字では目立つようには示されていないので、知らなければ、そこへの曲がり角を通り過ごしてしまう。十二時五分にはしかしその舟着場に居る。

出発は十二時二十分、大きなエンジンの唸《うな》りをあげて離岸する。

地図にあるようにほぼ進む。近い距離だと、一分も走らぬうちに着く。しかし車と違って舟着場に寄せるのが大変だ。だがこれはバスのようなもので運ちゃん（そう正しく運ちゃんで舟頭ではない）は慣れたものだ。

乗降口は舟尾にあるので、一旦通り過ぎ、バックさせるという動作を繰り返す。ボートといってもハンドルは大型バスのそれと同じで、方向変換そして舟着場へ舟尾を付ける動作もまるで車庫入れや縦列駐車の要領よろしくハンドルを回す。

バックに入れて結構高速で動かすこともある。一応スケジュール通り走っているので、乗り降りにかかる時間は余程その客が多くない限り、三十秒以内だ。

殆どの舟着場が寺のある処なので、オレンジ色の僧衣を着た彼等の乗り降りが多い。もともとこれらの渡し舟は彼等の為にあったものだ。

一分か二分、長くても三分も走れば次の舟着場に着く。一応始発地の WAT.RATCHA.SINGKHON（以下①）から停舟地とその時刻を記しておく。

①12:20──→WAT.WORACHANYAWAT（以下②）12:21──→SAWAT.CHAT③12:24──→SATHORN④12:27──→ORIENTAL⑤12:29──→WAT.MUANG.KAE⑥12:31──→SI.PHRAYA⑦12:32──→

HARBOUR.OFFICE⑧12:34→RATCHAWONG⑨12:37→SAPHAN.PHO⑩12:40→RACHIN⑪12:42→TIEN⑫12:45→CHANG⑬12:48→MAHARAJ⑭12:50→PHRAN.NOK⑮12:52→RAILWAY.STATION⑯12:54→PHRA.PIN.KLAO⑰12:56→PHRA.ARTHIT⑱12:57→WAT.SAM.PHAYA⑲12:59→WISUT.KASAT⑳13:00→THEWET㉑13:02→SANG.HEE㉒13:06→THEP.NAREE㉓13:07→PHAYAP㉔13:09→WAT.CHAN.SAMOSON㉕13:12→KIEK.KAI㉖13:15→BANG.PHO㉗13:18→WAT.BANG.PHO㉘13:21→WAT.TUK㉙13:30→WAT.KHIAN㉚13:32→、そして終点のNONTHABURI《ノンタブリー》㉛13:39に着く。約一時間二十分の舟旅だ。

　白人の観光客も中心の④、⑤の舟着場から乗り始め、多くがしかし王宮辺の⑭辺りで下舟す

THEWET（No㉑）の舟着場

EXPRESS.BOAT の終着点、NONTHABURI を望む

る。

またいくらか残っていた彼等も、カオサン通りに近い⑰⑱で殆ど下舟してしまう。あとにはタイ人が残るのみだ。私のように旅行者で終点まで行ったのは、一人の白人だけだ。中心部を航行している時には満員で、立っている人も多いが、終点まで行く者は三十人程（定員は百名前後と思う）に減っている。

ノンタブリーについての情報はない。ただ舟着場前の道を真っ直ぐ歩き、マーケットまで行く。歩道はここでも屋台で一杯。歩くのもやっとという感じ。ここの歩道ではドリアンやマンゴスチン、ランブータン、パイナップル、スイカ、パパイヤ、ライム、みかん、竜眼等々の果物や揚げパン、それに各種のアクセサリー、時計等が売られている。

舟着場を出て少し行った左側にセブンイレブ

ンがある。そこに入って一ト息つく。アイスクリームかジュースを買って飲食すれば、外の猥雑さからいくらか逃れられる。

ノンタブリーにちょうど一時間居て、再びボートに乗って戻る。

午後二時三十九分発。

→㉚14:43→㉙14:44→、そして来る時には寄らなかったWAT.KHEME (Ⅰ)に止まる。14:46→次も寄らなかったPIBUL.1 (Ⅱ)へ寄る、14:48。

このように舟によってか、あるいは時間帯によってか判然としないが、立ち寄ったり素通りしたりする舟着場がある。それは予め車掌——市内バスと同じくブリキの円筒状のそれを持ってやって来る。また車掌とは違って検札係が居る。往路では二回やって来たし、復路でも下舟するまでに一度来た——に尋《き》いておくべきだろう、もし途中で下舟するのであれば。

㉘14:52→㉗14:54→㉖14:56→㉕14:59→。

次も往路には止まらなかったCHOLAPATAN (Ⅲ)という舟着場に寄る。

同地着、発15:01→㉔15:02→㉓15:04→㉒15:05→㉑15:09→⑳15:11→⑲15:12→⑱15:15→⑰15:16→⑯15:18→⑮15:20→⑭15:23→⑬15:25→⑫15:28→。

この⑫＝TIENの舟着場を過ぎて、今度は右に見えるWAT.ARUN《ワット・アルン》をまた写真に収める。

⑪15:31→⑩15:34→⑨15:37→⑧15:40→⑦15:42→⑥15:44→。

EXPRESS.BOAT より WAT.ARUN を（舟着場No.⑪とNo.⑫の間で望める）

この⑥＝WAT.MUANG.KAE.で下舟する。

料金は全区間乗るのと同じ八バーツ。たぶん三区間にまたがっているからだろう。

NEW.ROAD に出て左折し、中央郵便局前を通り SI.PHRAYA 通りを右折する。

MAHBOON《マーボン》.KRONG《クルング》.CENTRE《センター》に向かう。

ちょっと皮のバッグでも見てみようか、と。

カンボジアへは荷物は全部持ってゆかず、必要最少限のものだけを小さ目のバッグに詰めて持ってゆこうと。その為のバッグをチェックする。

一応布製のバッグはカオサン通りの土産物屋でチェック済みだが、できたら皮製品の方がいい。

三十ドル（七百五十バーツ）程度であれば、と思うが。

舟着場から四十分かかって着く。

そこにある店屋ではどれもその倍の値がする。

確かに牛皮ではそれ位するだろう。日本に比べればまだ安いが。

四階にあるスーパーマーケットでタイ茶をチェックする。帰国前の土産として買うつもりの下調べだ。比較的安くていいものを見つける。土産にはお茶が一番いいと思う。

今日もいくらか疲れ気味で帰宿する。午後七時近くになっている。無駄足を結構踏んでいる。

記憶に残らない旅行

午後八時過ぎ、「ポリー・ゲストハウス」へ行く。Oさん、Kさんはこのバンコク滞在をひどくエンジョイしている。私のような者は二人にとって、あるいは迷惑かも知れないが勝手に訪問している。彼等のバンコクでの生活を見ることも、こちらにとって一つのいい勉強《けいけん》と思えるので。決して一人でなら味わえない時間を共有させてもらっている。

アイスクリームを食べ、BUDDY《ブッディ》.G.H のレストランに十二時過ぎまで居る。二人はビールの酔いとで、かなりいい塩梅になっている。身体を壊さない程度で、やってくれればと思うが、それは余計なお世話というものだろう。

まだ飲み続ける二人を残して、門限の十二時を回ったことを理由に別れを告げて宿に戻る。私とて、明日特別やることはないのだから、いくらでも寝ていることはできる。正しく日本とは違う時間を味わい続けている。

実際、何もやらない時間というのは気楽だが、しかしいくらか辛い。やはり何かをしていなければ、と思ってしまう。いや現実の今はカンボジアのビザがうまく取れるかどうかということで落ち着かないのだ。頼んだ旅行社はあまり信頼のおける処ではないようなので。もう少し大きな代理店でやれば良かったと、今になって少し悔む。この旅行は本当にそんな失敗の繰り返しだ。アフリカを歩いている時はもっともっと上手に動いていたように思う。

翌日カオサン通りの、まだ当たっていない旅行社に行ってみる。するとやはりビザ代は同じ千五百バーツだが、プノンペンまでの航空代が三百五十バーツも安く手配できる処があることを知って、ちょっとショックを受ける。今更どうしようもないが、本当にヘタな旅行をしているとつくづく思う。

一応それでもカンボジアへ行くための準備として布製のディバッグを購入する。必要最少限のものだけを持ってカンボジアへ行く。一週間程だし、いずれまたこのバンコクに戻って来るのだから。

朝食後にその買い物をして宿に戻ると、午前中は休養している。

そして午後二時近くに動き出す。どこでも良いが、久しぶりにチャイナタウンへ行こうと、民主記念塔を DINSO 通りに曲がって行く。特別そんなつもりもなかったが、暫く行くと左手に SUTHAT 寺があったので入って見物する。

本堂内に大きな像がある。その仏像を背後《うしろ》からも見ることができる。この国の観光で寺は大きなウエイトを占めるが、やはりその中に入ると落ち着くのを感じる。外の喧噪とは違う、穏やかな顔がある。訪れている観光客も数人だったのが、余計落ち着かせたのかも知れない。三十分程居る。

CHAROEN.KRUNG通りを左折して、小運河に架かる小橋を渡り、CHAKRAWAT通りを右折して NAKORN.KASEM 辺をウロつく。所謂〝泥棒市場〟辺だが、特別他のバンコクのマーケットと変わることもないように思う。

YAOWARAJ《ヤワラー》通りを東に行く。

少し行くと、もう歩道も屋台と人とで歩けない程の混雑。さらに行くと先程のCHAROEN.KRUNG通りとの間にある小道がそれ以上の屋台と人との賑わい。その小道へ入って行く。空腹ではないが、屋台のあずき屋で「しるこ」のようなものを食べる。そしてアイスクリームを二つ。こういう雰囲気の処で飲食するのが好きだ。

この小道のような混濁を、〝泥棒市場〟というのだと思う。人と屋台でゴッタ返しているのに車が入って来る。ちゃんと警官が居て、それなりに車が来ると人々を整理する。本当は屋台など出してはいけない道なのだろう。

ヤワラー通りをさらに行くと、自然に NEW.ROAD と合流している。その左側の道の奥に寺がある。その前の道に白人が幾人も居るので、観光ポイントなのだということが知られる。英語で、

「GOLD.BUDDHA」との表示がある。

ここもガイドブックにある寺で、「TRAIMIT」と言う。入ってみると確かに入場料を十バーツ払う隣のお堂の中に、その輝くように金色に光る仏像がある。

ここには白人に限らず多くの観光客が訪れている。そして靴を脱いだその前の板の間で、各々祈ったり写真を撮ったりしている。ここは先程《さき》の SUTHAT 寺のお堂に比べると狭く、一度に多くの者がその真ん中に居ることはできない（前回のタイ旅行時、この寺を見学しているがすっかりそのことを忘れている。記憶に残らない旅行というのは無駄なことなのだろう）。

二十分後、お堂を出ると、入った時と違う門から敷地外に出る。その通りはホアランポン駅の近くの道で、よくカオサン通りへ行く為に五十三番のバスを待っていた処だ。

それを知るともう地図を見なくとも歩ける。以前の旅行時に利用した宿（楽宮旅社）を見たくなり、そこへ行く。何も以前と変わらぬ宿前の風を見る。そして階下の食堂もまた。

日本人の姿は見えない。しかし最も早くこの宿に泊まった日本人は一体誰なのか。またなぜこれ程までに有名になったのだろう。たぶん二十年はまだ経っていないだろう。

現在の日本人旅行者の〝溜まり場〟と言われる「JULY《ジュライ》ホテル」の前にも行ってみる。駐車場の入口のような処から、受付に入って行くようだ。勿論ホテル前の路上にも日本人らしき人の姿はない。

やはりドミトリィでないと、いくら同じ宿に居てもなかなか声を掛けるキッカケは摑めないように思う。このバンコクにもそのようなドミトリィを作ればいいと思うが――あるにはあるが、どうもナイロビやカルカッタ風にはならないようだ。

歩いて再び民主記念塔を目指す。「ジュライホテル」から MAITRICHT 通り、LUANG 通りを経て、SUTHAT 寺辺に戻って来る。

同寺前の小公園で屋台のアイスクリーム屋から、それを買って食べる。この各種具入りのアイスクリームはこの町の食べ物の中でも一番安い（五バーツ）と思う――但しカオサン通り辺ではあまり見掛けないのが残念だが。

八月十五日、土曜日。

日本では四十七回目の敗戦記念日の特集がテレビ、新聞で組まれていることだろう。もう戦争を知っている者も、人口の三割を割っているのではないか。

そしてここバンコクでは特別何も行なわれはしない。日本の記念日は日本だけのもので、それはあたかも三日前の八月十二日のこの国の王妃の誕生日が、日本では全く何の報道もされず、普段の日と同じように流れてゆくように。

宿には五時五十一分に戻る。そして七時過ぎまで部屋に居る。

七時十二分、夕食にと宿を出る。日本人の居る「ポリー・ゲストハウス」へ今日も行き、Oさん K さんと会って過ごす。

今日は K さんのタイ人の彼女が実家のプーケットから戻って来ていて、その彼女も加わって四人で遅くまで「ブッディ・レストラン」に居る。同じ時間を過ごすなら、思い出に残る過ごし方をした方がいい。バンコクの夜はこのところ長くなっている。今日は十一時過ぎに帰宿する。

川に突き出た家

日曜日。知人に便りを書く。一応念の為、宿近くの郵便局を覗くと開いている。無事届くことを祈って、局員に手渡す。この国からは一週間以内には届いているようだ。

今日も特別やることはない。午前中は宿周辺（TROK MAYOM 通り辺）のゲストハウスをチェックして回る。やはり今はシングルでは六十バーツが最低のようだ。五十バーツであるのは余程建物が古いか、部屋が狭いか、汚いかといったものだ。

十時には戻って、また正午過ぎまで休養に充てる。正直な話、カンボジアが終わらない限り落ち着かない。こういうことを考えたなら、やはりハノイでビザを取って、ビエンチャン経由で入るべきだったと思う。精神的にだいぶ違う。

午後、宿を出ると、急に雨が降り出す。このバンコクでは殆ど雨に見舞われていないが、やはり降る時はザァーと来る。

四十分程で上がる。その一番激しい時、ちょうど食堂があったので昼食を摂り乍ら雨をやり過ごす。従って三十分程、そこの椅子に坐っている。

今日はTANAO通りを行く。R-KLANG通りを突っ切って進む。City PillarのLAK.MUANGをまず目指す。あまり遠くへは行かない。

小川に架かる小橋を渡り、少し行くとWAT.MAHANWAPHARAMがある。さらに行くとBUN.SIRI通りと交叉する。そこを右折する。そして小運河に出て左折して行く。

少し行って橋を渡る。左側が国防省のビル、そしてその前の道を先に進むと右側にLAK.MUANGがある。「市の柱(City Pillar)」という。確かに一つの亭の屋根上に柱が伸びている。しかしバンコクにはいくつも寺院があり、それの一つと思うと見過ごしてしまいそうな建物だ。

敷地内は多くの市民で賑わっている。木琴と太鼓の音に寄せられて行くと、狭いステージで四人の女の踊り手によってタイ舞踊が舞われている。派手な衣装と派手な化粧で、しかし優雅に舞っている。見慣れぬものだから、ちょっと異様にも映るが、手の動き、足の動きのそのゆったりした様だけを見ていれば、日本の能や舞いにも似ている。衣装と顔さえ違えれば、あるいはソックリかも知れない。

寺院前の路上では小さな篭に入れた――捕えられた――スズメを売る者が多い。確かにこの寺周辺の緑地には多くのスズメが何がしかのエサを啄んでいる。小さな篭に四羽も五羽も入れられたそれは、いずれ殺され食べられる運命にある。

スズメの他にもドジョウやカメ等もポリバケツの中に入って売られている。

その隣の歩道で店を出す、うどん屋の低い椅子に坐って、球型の小ツミレにうどんと少しのスープ入りを食べる。七バーツ。こういうものが美味しい。

LAK.MUANG からWAT.PHO（涅槃寺）に向かう。WAT.PHRA.KEO と王宮の高い塀を右横に見て、南に歩く。王宮の塀が切れ、THYE.WANG 通りを挟んでPHO 寺はある。

境内では寺に相応しくなく、いや相応しいのか、マッサージをする場所がある。SANAM.CHAI 通り側に面した付近で、何軒ものそれがある。どこも三十分で八十バーツ、一時間で百四十バーツで仕事している。お客は結構つめていて、白人も多く横臥して、男のマッサージ師によって身体をほぐされている。ここのは当然いかがわしいものではない。

いくつもある建物の一つでは日曜学校が開かれていて、回廊では黒板によって仕切られた簡易な教室が作られ、オレンジの僧衣を来た坊さん（まだ若い）によって子供達に、授業がほどこされている。それを聴く子供達（主に小学生）の表情は真剣だ。

この寺の観光ポイントは、横臥する仏陀。確かに金色に光るそれは優雅に横たわっている。この町の主な寺院にまつられている仏は殆どが金で輝いている。

WAT.SUTHAT に近い BAMRUNG.MUANG 通りに面した仏像屋には大小様々なそれが売られ、また路上で金の色付けもされている。小さなアクセサリー類のメッキなら LAK.MUANG に至る国防省前の道に多くそのメッキ屋台が出店している。薬品と自動車用のバッテリーを置いて、作業を行なっている。

WAT.PHO を三時八分に出、MAHARAJ 通りを行く。チャオプラヤ川を見たくなって、そちらへ左に折れる。市場のような、あるいはそれが住む家も兼ねているだろう車止まりの先には細い通路があって、薄暗い空間が続いている。

日曜ということでか、多くの店がそのスペースを、篠竹で囲って誰も居ない。

さらに進む。もう床下は川である。川辺に面したスペースは人の住む家屋だ。川面の上に張った板のその上にビニール、あるいはダンボールを敷いて、家屋の床としている。テレビがあり、冷蔵庫があり、扇風機が回っている。

市場(?)内には日用雑貨を売る店もあり、確かにこの内で生活する者の居ることを示している。

再び俄か雨が降り出し、日干しにしていた開いた魚を何枚も乗せた網戸を、慌てて各棟の男が脇廂からそれを内に降ろし、仕舞い込む。どこに置くのかというと、居間となっているスペースの天井にいくらかの間隔をあけて乗せてゆく。五枚も六枚も七枚も、と。臭気はある。いやむしろ強い。しかしそれはたまに来る者だから気になるのだろう。彼等はここを住まいとしているので……。

様々な人たち

少し外に出たくなり MAHARAJ 通りに戻る。ちょうど THYE.WANG 通りが尽きた処に居る。

白人が川辺に歩いて行く。考えられるのは一つ。ここに渡し舟の舟着場（TIEN）があるということ。予定外だがそちらへ行く。行くと真向かい、やや左手にワット・アルンが望《み》える。時刻は三時三十分、まだ時はある。一バーツを支払って、その渡し舟に乗り込む。この寺見物は本当に予定外だが。

二分で対岸に着く。初老の操舵士はエクスプレス・ボートの若い男と違って、ひどくゆっくりとした動作で渡し舟を動かす。僅かな距離、何を焦ることもない。

下舟して陸《おか》に上がるとすぐ左手に寺に続く門がある。敷地内に入り、さらにその塔へ行く為に入場料を支払う入口がある。

十バーツをオレンジの僧衣を着た坊さんの立つ前の箱に入れて、そこを通過する。

薄暗い建物——勿論仏像が

アルン寺の急な階段

アルン寺からチャオプラヤ川方面を望む

鎮座している——を通って、アルンの象徴の石塔の傍らに立つ。しかし雨がまた降り出し、皆建物内に戻っている。

十分程で上がり、まだ雨水の溜まる石段を昇る。基底部から数段で石塔のベースに上がり、そこから七、八段昇って一層目の高所へと行く。比較的緩やかな傾斜の階段を十数段行くと、四基の小塔のあるステージになる。

ここからもチャオプラヤ川、そしてその対岸を見渡せる。しかしこのアルン寺のメインはここから上への階段だ。その傾斜度は七十度以上あるかも知れない。そして一段ごとの間隔が長い。誰もが手すりに把《つか》まらなければ危なくて昇れない、そういった階段だ。ここも十数段ある。

昇り切ると回廊様になっていて、四辺を一周できる。見晴らしはさらに良くなる。写真を数枚撮って、二層目に下りる。

四つの小塔内にある仏陀の、①誕生＝赤児の姿、②悟りをひらく処＝坐している、③教えを説く＝弟子達を前にして説教している、そして④入寂＝弟子達の前に横たわっている、その一生が川から向かって右側の小塔から右回りに展開されている。従って入口から見て真後ろの小塔に、入寂している仏陀がある。

多くの観光客が訪れている。日本人の団体さんもまた。

料金支払い場から外に出た辺りには各種の食べ物の屋台がある。どこでも同じ光景だ。

五バーツのアイスを食べ、そして再び舟着場へと行く。

程無くやって来た渡し舟に、やはり一バーツをその手前の料金所で支払って乗り込む。渡し舟が無ければばかなり行くのに大変だと思うが、僅か二分で再び TIEN に着く。あとは暢びり歩いて帰路につけばいい。

THAMASAT《タマサート》 大学前辺の路上は屋台、露店等ですごい人混みだ。その車道をバスが対面通行するのだから、車道もまた動けずに埋まっていることが多い。

TIEN 方向から来ると大学前で突き当たって、道なりに右に九十度曲がって進む。その前の路上には小さな仏像（?）を並べる出店が並ぶ。

SANAM.LUANG に当たって左に折れて行く。その大広場を斜めに突っ切って宿のある方向へと進む。周りの木々の日蔭の歩道には、皿うどんを売る天秤棒のおばさん達が居る。PHRA.

PINKLAO橋から続く、前の大通り（CHAO.FA.Rd）をバスや車がひっきりなしに通る。

今日も夕食後に「ポリー・ゲストハウス」へ行き、Oさんと会う。Kさんはタイ人の彼女と一緒で、以前程は彼と一緒に居ない。

Oさんとアイスクリームを食べに行こうと前の道に出ると、Kさんとその彼女が、そして他に日本人の女の人二人が居る。少し話して一旦四人と別れ、アイスクリームを買ってゲストハウスに戻る。

その受付前の椅子に坐っていると、日本人の女の人のうちの一人がやって来る。彼女はその娘さんと東南アジア旅行にやって来ているという。外見《そとみ》では夜だったのでその容貌はよく判らなかったが、明るい処で見ても、そのような年齢の子供さん（大学生と高校生）が居るようには見えない。まだ若々しい。

子供と一緒にこのような国を自由に回っているなんて、ひどく羨ましく思われる。自分の理想でもあるように思えて。

彼女は彼女なりに、ここまで来るのにはそれ相当の苦労はあったようだが、それを苦労と思わずにやって来たらしい。実際そんな人間的強さが彼女にはあるようにその会話からは窺われた。

Oさんと三人、多くの話をする。午前零時を過ぎても続いているが宿の門限もあって、同四十分頃には彼等と別れて宿へと戻る。

様々な日本人が居るから面白い。そしてそのような日本人と会えるから、こういう旅行をやめることができないでいる。そういう人と会いたい為に性懲りもなく、こんな旅行に出ているとも言える。

空港への道のり

翌月曜日、いくらか不安を持って旅行代理店に午前十一時に行くと、カンボジアのビザはできている。一安心する。もう確実に行けるようだ。航空券の方はしかし、

「午後四時」

ということで、この場では受け取れない。出来たら払い戻ししたかったが、自分のミス（もっと多くの代理店を小マメにチェックしなかったという）を認めて、そのような行動は起こさない。

一旦宿へと戻る。実はその代理店を訪れる前に、民主記念塔辺から中央駅ホアランポンへのバスをチェックしている。駅からカオサン方面へは五十三番のバスが行くが、逆は乗っていないので、試しに乗ってみる。空港へ行くのにバスでは正確な所要時間を捉《つか》めないので、できたら鉄道を利用しようと考え、チェックしてみたのだ。

五十三番のバスはほぼ逆のコースを通って駅方向に向かうが、チャイナタウンの「ジュライホテル」がある〝七月二十二日広場〟を回って、しかし一気には駅方面へは走らない。

民主記念塔近くのバス停の光景

ここまでですでに四十分以上も経過していて、
『とても無理だ』
と考え、その広場を離れ、駅から遠ざかったバス停（PHLUP.PHLA.CHAI 通り）で下車する。

一応そこから歩いて駅へ行き、時刻表を貰う。それによると普通列車で朝、空港のあるドンムアンに向かう列車は七時五分と同十五分発の二つしかなく、空港着は八時前後で時刻的にはプノンペン行きフライトの九時四十五分、そのチェックイン時刻の二時間前、七時四十五分にはちょうどいいが、そのどちらかの列車に乗る為にはやはりバスに六時頃には乗っていなければならない。列車を利用しても宿を七時四十五分より約二時間も前に出ていなければならないのであれば、やはり民主記念塔の処から五十九番のバスで、一本で空港に向かった方が良い。

そう考えて一応列車の線は消して戻って来ている。

午後は WAT.SAKET を見学し、そして五十九番のバスで行くと決めたことで、そのバスの始発場所 SANAM.LUANG の外周歩道上にある、市バスの出張屋台に行って、発時刻を確認する。それによると、始発便は四時五十五分に出る、という。その後はほぼ五分から十分間隔で発っている。いくらかホッとする。宿を六時少し前に出れば、六時少し過ぎのバスに乗り込める。このことを知ると、もうやることはない。

午後四時、代理店に行って航空券を無事受け取る。

夜、Kさんカップルに誘われて、Oさんと共にインド映画を見に行く。

七時十五分から始まって、一時間半後の八時五十分を過ぎても終わらず、そのちょうど十分間の中休みの時、明朝の出発も早いので皆と別れて、一足先に映画館を出る。

バス停で待っているとOさんもやって来る。二人で二番のバスに乗って民主記念塔に戻って来る。彼にカンボジアに行っている間の一週間程、不要な荷物を預ってもらうことになる。本当はこんなことは気安く頼めないのだが。一応、

「もしバンコクを出るようでしたら、私のそれは気にせずに、ゲストハウスのフロントに預けて出発して下さい」

と言ってあるが、心理的に行動をしばることは事実だろう。早く帰って来なければならないと思う。

みつ豆屋台でそれを食べ、少し話して別れる。一週間後にまた会えるだろう。

バンコク発

八月十八日、火曜日。

久しぶりに目覚し時計の音によって起こされる。これをセットしておかなければ、あるいは寝過ごしていただろう。まだ五時二十分は夜が明けておらず、宿の内も〝しーん〟としたままだから。

二十分で出発の仕度を整え、五時四十八分に宿を出る。

民主記念塔辺のバス停で待つ。まだ明るくなっていない。しかし大通りを走る車の数は多い。そしてまたバス停で待つ人も。

この町の交通事情は最悪に近い。交通量が飽和状態なのだ。朝夕のラッシュ時の、その渋滞には凄《すさ》まじいものがある。これだけの人口（六百万から七百万前後）があって公共の交通機関がバスだけというのは、如何にもお粗末なのではないか。政治が明後日《あさって》の方を向いている、と言われても仕方ない。

人の輸送をバスを含む自動車のみに頼っているというのは、先進諸国ではないことだろう。都市交通問題はどの国でも深刻なものだが、先進国では地下に電車を走らせたり、あるいは高架鉄道を敷設したりして、疾《と》っくに地上（道路）とは別の方途《みち》を創出し、道路の混雑緩和をはかっている。

この国でも早目にそのような抜本的施策を講じなければ、ますます交通渋滞は激しくなるばかりだ。現実にそれを避ける為に、自衛策として人々はこのような、まだ夜明け前という時刻に動き出しているのだから。しかし車の方の流れも多く、悪循環を引き起こしている。

五十九番のバスは五分程待って、やって来る。まだ六時に三分前である。あとは二時間で空港に着けば良い。

車は多いといっても、まだ夕方のラッシュ時に比べると比較にならぬ程流れる。それにこのバスの運ちゃんはひどく疾《と》ばす。バス停も数カ所はその状況から止まらずに通過している。


七時十三分、空港前に着く。一時間十六分で至っている。ほぼこちらの思惑通りに運んでいる。チェックインの七時四十五分まで三十分程ある。

空腹なのでドンムアン駅脇のマーケットのような食事処に行く。ライスにおかず二品を指差して注文する。十三バーツ。いくらか腹も満たされる。

六バーツの肉マンも路上で買って、空港への跨線・跨道橋を渡って行く。

七時四十三分には同建物内に入る。そしてカンボジア航空のチェックイン・カウンターを探してそこへ行く。

誰もまだ並んでいないが係員は居て、すぐに手続きは終わる。搭乗券を貰って、パスポート・コントロールのスペースへと入って行く。

出国手続きは簡単に済む。そしてカスタムチェックは、実質何もない。

ロビーに出る。この五〜六年の間に随分綺麗になったと思う。一等国の出発ロビーのようだ。広々とスペースは取られ、免税店もファッショナブルで数も多い。むしろ成田のそこより充実しているのではないか。

ボーティングチェックは九時五分から、と言われていたが、何もやることがないので——免税品の値段のチェックも一応終えている。ここではドルで支払うよりバーツで支払う方がいくらか効率がいいことを知る——八時四十五分には、持ち込み荷物とボディチェックの検査処を通って、搭乗ゲートの三十三番の待合室に入っている。すでに四、五人の先客が居る。

定刻は九時四十五分だが、その時刻を数分過ぎて搭乗が開始される。建物から直接機内に入れるように誘導路がある。

席は三番のA。チェックインが一番だったので。この席はファーストクラス（それは二列ある）のすぐ後ろにある。

ボーイング七三七は真ん中の通路を挟んで左右に三席ずつある。満席にはなっていない。

始動は九時五十五分。そして離陸は十時十分。

水平飛行に入るとすぐに紙のお手拭きが配られ、次にカンボジアの入国カード、カスタムカードが配られる。それに書き込んでいる時に食事が配られる。飛行時間僅か五十分なので、水平飛行に入ると一気にやることをこなしてゆく。

スチュワード一人にスチュワーデス二人、そしてファーストクラス専用の白人の小太りのおばさんのスチュワーデスが一人。

機内食が配られると私の前の席との間にカーテンが引かれ、ファーストクラスが隠される。当然サービスが違うのだろう。前の席には子供が坐っている。どうやらカンボジアの政府関係者の息子らしい。

食事は短いフライトの割には軽食ではなく、フライドライスにエビのトマト煮。オレンジジュースが配られ、食事が終わった頃にコーヒーか紅茶のサービスがある。

メインはそのエビとライスだが、小さな盆の上にはあとフルーツの盛り合わせが、小皿に乗ってある。ベトナム航空のどれよりもいいような気がする。但し、アルコール（ビール）のサービスはない。

カンボジア

違う風

十一時ちょうど、プノンペン、ポチェントン空港に着陸する。

その少し前、機が降下してゆく中、プノンペンの町がよく見えた。池（湖）があり、川が流れ、町並が続く。高層ビルは殆どない。

機は空港建物のすぐ近くに停止する。ポリスが数多く居る。

席が前の方なので、ファーストクラスの次に降機する。前に降りた者と同じ方向に進もうとすると、ポリスに注意される。違う方向を指差される。子供を含めたファーストクラスの者達は、やはりそのような入国手続きを必要としない連中のようだ。

入国審査も二番目に行なう。いや新たに開《あ》いた二つ目の窓口の最初に行なう。

ビザが確認され、スムーズに入国する。

すぐにカスタムチェックがあるが――いやその横、イミグレを出たすぐの処に不思議にも「EXCHANGE」がある。両替しようと思うが、やはり止《や》める。すべての手続きを終えたあとでも、銀行はある筈だから——係官はこちらの荷物を見て、何もせず機内で書いた二枚のうちの一枚のカスタムカードにサインをして返してくれる。

扉の外に出ると出迎えの人か、それともただのヒマ人か、結構の数のカンボジア人が居る。まず、両替を、と探すがない。人に訊くと、「外にある」と言う。不思議に思って見ると、建物外、車止めに駐まるワゴン車がそれで、その中で業務している。レートは一ドル＝千四百五十リエル。いかにも悪い。正確な情報はないが、千六百から千八百はゆくと思っている。

建物内に戻って、インフォメーションがあるか訊く。するとすぐ前にある売店のような処がそうだと言う。

内に居る女の子に訊くと、「インフォメーション」と言う。何の看板も出していないが、そのうちの一人が英語を話す。

「地図があるか？」と問うと、「ある」と言うので見せてもらう。あまり詳しくない。しかし貰えるのなら貰おうと思うが、案の定有料（三ドル）と言う。やめる。

次に安宿を訊く。「二十ドル以上」と言う。とても泊まれない。

「もっと安い処を知らないか？」

と問うと、

「十七ドル」

マア仕方ない。「十ドル位の処」と言っても、「ない」と言う。ここではもう無理だろうと思い、とにかく町中に出ようとする。

「公共のバスはあるか?」

「ない」

「何もないの?」

「ない」

「あなた達はどうやってここに来るの?」

「車」

「どの車?」

「プライベートの」

これも無理だと思う。

「じゃ、どうすればいいのか?」

「タクシーを利用して」

「いくら?」

「二十ドル」

「それは高い」

「じゃ、モーターバイク」

「いくら?」

「五ドル位」

これも高いと思うが、こんな遣り取りをしていると、自然に男達がこちらの周りを取り囲んでいる。女の子と一人の男が話す。

「この人がバイクの運ちゃんだから、交渉してみたら」

男は英語を話さないが、ただ金の数だけは言う。

「いくらだい？」

「五ドル」

「ノー」

「三ドル」

「ノー」

男は考える風をして——彼はまだ二十歳前後の青年だ——、

「二ドル」

と言う。二ドルなら仕方ないかと思うが、

「一ドル」

と言ってみると、今度は相手が、

「ノー」

ここで交渉していて無駄な時間は取りたくない。早く宿を確保したいと思う。それに彼はその十七ドルのホテルを知っているという。一ドルの差で時間を喰うより、ここは諦めて他の処で帳尻りを合わせようと思う。

空港外に出て、男にもう一度言う。

「二ドル」

彼は考える風をするが、やはり、

「ノー」

もういいと思う。

「OK、二ドル」

彼はバイクを持って来ると、こちらを乗せて走り出す。

プノンペンに走り出す。何やらホーチミンともハノイとも、そしてビエンチャンとも違う風が漂う。一つとして同じ町はないのだから当然だけれど。

「UN」と書かれた車群

道は、車の流れはあるがそれ程の混雑でもない。七～八㎞空港から離れていると言うので、まだ郊外かも知れない。〝UN〟と、白地のボディに黒く大書した車が数多い。このことがこれまでの二国とこの国が明らかに違うことを示している。

十五分程走ると一気に町中に入ったようで、力車やバイクが多くなる。ここはマーケットに続く道で、露店も道に数多く出ている。

そして三分後、

「ここだ」

と言って運ちゃんはバイクを止める。一階が食堂になっている。そして確かに、「CAPITOL. HOTEL」とのアルファベットの看板もある。

隣との境の狭い階段を二階に上がる。しかし上がった処のドアは閉まっている。実は着いて二ドルを払う段になって、一ドル札二枚ないと言うことにして——本当はあるのだが——五ドル札を出して三ドル釣りを貰おうとしたが、彼も持っていないということで、ならば先に宿代を払って、その釣りで二ドル支払おうとしている。

アルファベットで、"OFFICE"とは書いていないので、ここがオフィスかどうか判らない。そこで階下で待つ彼を呼ぶと、彼もまた不思議そうな顔をする。何のことはない係の男が少し席をはずしていただけだ。一分もせずにやって来て、宿泊手続きをする。

十七ドル、と予想していたが、壁に掛かる料金表には八ドルからある。八ドル、十ドル、十四ドル。こちらはいくらか得をしたように思い、まず受付の男に十ドルを両替してもらい、そして一ドル札二枚を運ちゃんに笑顔で渡す。彼もまた、やっと受け取れた、というホッとした表情を示す——相場はその1/3でもいいらしい。しかし終わったあとに言っても仕方ない。

八ドルの部屋に入り荷を置き、フロントに戻って男に訊く。まず陸路でタイに抜けられるか、と問うと、正確なことは判らないらしいが、「無理だろう」と言う。これまでにもトライした「ヨーロピアン」が居たが、「越えられた者も居たし、戻されて来た者も居た」と言う。

「ビザを見せて?」

それを見せると、

「これではダメだ」

と言って、私のそれに記されている入国地点、そして出国地点を示す場所の欄を指差す。どちらにも、というより一つの地名しか書かれていない。

〝POCHENTONG《ポチエントン》(=空港)〟

と。カンボジア語(クメール語)とフランス語で書かれているそれを、いくらか判るフランス語の方で見ると、確かにそのように理解できる。もし以前のように帰国日の決まっていない旅行なら、たぶんそれでも何らかの方法をさぐって陸路国境越えを試みただろう。が今は逆に確実にタイに戻ることの方を選ぶということになっている。復路も飛行機を利用することを決める。もはや今の私の旅行にそのような裕《ゆと》りはない。

次に一応訊いてみる。

「今この宿に日本人は泊まっていますか?」

「居るよ、二人。男一人と女一人」

「彼等は今どこに居ますか?」

「たぶん、下の食堂に居る」

もし話せるような人だったら、情報を得よう。「アンコール・ワットにも行って来た二人だよ」

と彼は言っていたから。

下に降りると食堂に日本人らしきカップルが居る。あまり突然に話し掛けるということはこれまでにないのだが、今は仕方ない。やはりSIEM.REAP《シアムリープ》の情報が欲しい。特に宿に関するそれは。

「日本の方ですか?」

その言葉に二人は驚いた表情を示すが、私が今日ここに着いて、これからアンコール・ワットに向かうことを伝え、

「今フロントの男の人にお二人がそちらから帰って来たと聞いたので、ちょっとお話を伺えればと思って」

と言って、許可を得て、そのテーブルの席に加わらせてもらう。

タイでは無理だろう。ベトナムでも無理かも知れない。しかしこの国ではいくらかアフリカ的になれる。日本人がバンコクやホーチミンに比べてまだ珍しいからだ。

二人(AさんとNさん)はひどく親切で、好意的に多くの情報をもたらしてくれる。

一時間半程話していると、そこに、二人が数日前にそこで会ったという男の人が、やはりシア

ムリープから戻ってくる。向こうに三泊して戻って来た処という。より新しい情報がまた違った観点《ひと》から得られる。

彼はしかしまず、ここでの宿を獲得したく、階上に上がってフロントに問うが、「シングルはすでに塞がっている」と言って降りてくる。ダブルでは高く（十四ドル）て無理ということで、「今夜はフロントに簡易ベッドを出してもらって寝る」と言う。そう結論が出て、再び四人での会話となる。

私以外の三人は顔見知りで、そしてアンコール・ワットにも行っているので、多くの共通の話題がある。こちらはまだ着いたばかりで聞くことのみだ。

結構多くの日本人がすでにこの国に入っているようだ。やはり入れれば、魅力ある国に違いない。一人一人それぞれの旅行がある。それがまた楽しい。

プノンペン見物

シアムリープでの宿や遺跡群の回り方等を三人から聞く。こういう時の時間の経つのは早い。三時近くまで話している。そしてそれぞれの予定もあるのでそこで話を切り上げる。

私は明後日のそこ行きの航空券の購入をしにオフィスへ出掛ける。

しかし前日にならなければ売らないと言う。予約台帳に名前だけ記しておく。

当初の予定では陸路タイへ抜けるつもりだったが、正確な情報が得られず、今は時間に余裕もないこともあって、再び飛行機でバンコクに戻ることになる。その航空券は購入できる。S.K.Air は百二十五ドルである。CAMBODIA Air は百五十ドルと言う。S.K.Air はカンボジアの航空会社で CAMBODIA Air はタイとカンボジアの合弁会社らしい。だから二十五ドル高いようだ。こちらは安い方がいいので、当然帰路は S.K にする。

オフィスを出ると少しプノンペンの町を見物して歩く。PHNOM 寺と鉄道駅、セントラル・マーケット等を。四時過ぎに宿に戻る。
四時四十分、両替をする為に再び宿を出る。

宿より182通りを左に歩くと五分程で出る ACHAR.HEMCHEAY 大通り。その大通りと217通りとの角にある両替屋でそれをする。

プノンペン駅

セントラル・マーケットとその周辺

一米ドルが千六百八十リエル。それ以上を求めたが、その率が今の相場のようなので、納得して両替する。

二十米ドルが、三万三千六百リエルになる。これで、当面の行動はまかなえるはずだ。宿代はドル払いだから、カンボジア貨は必要ない。

夕食時また四人が一緒になる。旅行中は全くの他人がすぐに親しくなれる。

プノンペン二日目、市内見物をする。今早朝、昨日話をしたAさん、Nさんはホーチミンに向けて発ったようだ。無事旅行を進められればいいと思う。

朝食を東西に走る136（NEAYOK.SOUK）通りと、154（DAMDIN）通り間、南北に走る51（PASTTEUR）通り上に店を出す屋台で摂る。深皿に入れられた〝おかゆ〟（四百リエル）

136st～154st間，51st上の路上の「おかゆ屋」

でそれを済ます。

オールド・マーケット前を通り、メコン書店を横に見て、中央郵便局へ行く。

一国の首都の中央郵便局にしてはひどくみすぼらしい構えだ。そして日本への絵ハガキを出す時、ちょっと揉める。言葉は通じなくてもひどく簡単なことなのに。

日本まで百五十リエル（らしい）。局員は八十リエルの切手を貼り、七十リエル分の機械のスタンプを押して返してくれる。こちらは三枚出しているので、四百五十リエルと思うが、相手の女の人は、「六百」と言う。

計算間違えだろうと思って、四百五十、と相手が出した計算機にその数字を示す。相手はしかし納得しない。しないどころかこちらがイチャモンをつけているかのように他の局員に告げる。

プノンペン（中心）

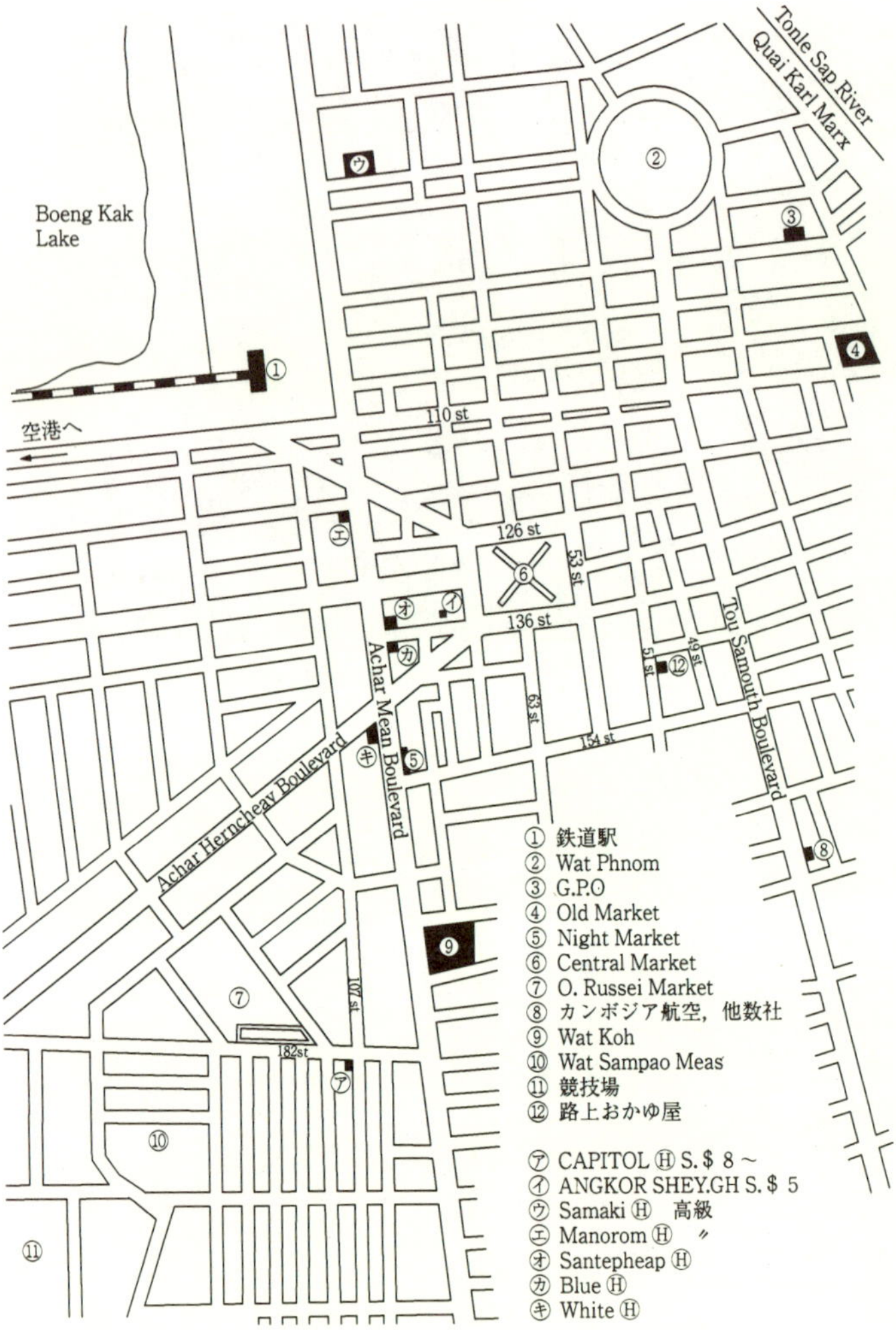
Tonle Sap River
Quai Karl Marx
Boeng Kak Lake
空港へ
110 st
126 st
53 st
136 st
49 st
51 st
63 st
154 st
Tou Samouth Boulevard
Achar Mean Boulevard
Achar Herncheay Boulevard
107 st
182st
① 鉄道駅
② Wat Phnom
③ G.P.O
④ Old Market
⑤ Night Market
⑥ Central Market
⑦ O. Russei Market
⑧ カンボジア航空，他数社
⑨ Wat Koh
⑩ Wat Sampao Meas
⑪ 競技場
⑫ 路上おかゆ屋
㋐ CAPITOL Ⓗ S. $ 8 ～
㋑ ANGKOR SHEY.GH S. $ 5
㋒ Samaki Ⓗ 高級
㋓ Manorom Ⓗ 〃
㋔ Santepheap Ⓗ
㋕ Blue Ⓗ
㋖ White Ⓗ

こちらは紙に「80＋70＝150, 150×3＝450」と書いて示すが全く信用しない。全然こちらの言うことを聞こうとする耳を持たない。

　彼女が言いつけた別の女の局員が相手する。こちらは再び同じような計算式を書いて示す。その人は納得し、四百五十リエルを受け取る。初めの局員はそれでも不満そうな態度を見せる。

　仕方ないと思う。故意か本当に知らずのことなのか判らないが、とにかくこういうトラブルもこういう国では起こり得る。

　少し気持ちを悪くして、僅かなスペースしかない局舎《そこ》をあとにする。

　川辺を北へ進み、破壊されたままにあるCHRUOY.CHANGVAR 橋に行く——この橋はプノンペン市と対岸を結ぶトンレサップ川に架かる唯一の橋で、一九六三年日本の経済技術協力で完成したが（通称「日本橋」と呼ばれてい

破壊されたままの CHRUOY.CHANGVAR 橋を下から望む

CHRUOY.CHANGVAR 橋　先端

同橋上からの川べりの眺め

た)、内戦の影響を受けて、七二年に中央部が破壊された。

その先端は、まさに先端からの落下防止の為の何もなされていない。高所恐怖症のこちらは、長くは下を見てられない。

下から橋へ昇る螺旋階段上には糞が足の踏み場もない程に落とされている。すべてが人糞ではないが、あまりの多さに気持ち悪くなる。

戻りはその階段を利用せず、スロープ状の橋の車道を降りて行く。

降り切った先にサークルがあって、そこを左折して中央辺へと戻って行く。ACHAR《アチャ》.MEAN《ミーン》大通りだ。

十五分程歩くと右に鉄道駅がある。今日は内に入ってちょっとスケジュールをチェックする。

バッタンバンまでの列車があるが、毎日ではなく水、金、日のみで朝六時二十分発。バッタ

プノンペン駅，朝９時38分頃のホームの光景

プノンペン駅と，その前に立つ屋台のコーヒー店

ンバン着が夜七時三十分という。運賃は千百リエル。もしこれが利用できたら、車に比べるとかなり安いということが言える。

駅前路上屋台でアイスコーヒーを飲む。とにかく冷たいものがひどく恋しい。やはり八月のこの町は暑い。

言葉が通じぬので、すぐに外国人と知れるが、この国の人たちは概して好意的だ。表情も温和な人が多い。こういった人たちが住む国《ところ》で悲惨事が起こったとはちょっと信じられない。それ故戦争というか、非常時は人間を狂わすということの悲しい証左がここにもある。このことは悔まれて仕方ない。

十五分間、その屋台の椅子に坐って時を過ごす。「おかゆ屋」を出て、一時間半程を歩き続けた疲れを癒す。そしてその代金の二百五十リエルを払って、そこを発つ。

セントラル・マーケットを経由して、TOU.SAMOUTH 大通りにある航空会社オフィスへ行く。昨日予約し、今日航空券を購入できる筈だ。しかし発券の責任者であるカウンター内の女は、

「明日のシアムリープ行きの航空券を購入したい」

と言うと
「予約はしてあるか?」

と問う。

「イエス」

彼女はその台帳でこちらの名を発見すると、

「ONE WAY（片道）?」

と確認する（昨日それで予約していた）。

「イエス」

何やら面白くない風（不快気な表情）をする。そして、

「片道の人は第二便目に乗ってもらいます」

「そんなバカな、こちらは昨日午前発の便を予約したのです」

「しかし午前の便は、アンコールツアーの日帰りの客を乗せますので」

「そんなことこちらには関係ない。昨日ちゃんと予約してあるのだから」

私は昨日予約を受けてくれた隣に坐る女の人に同意を求める。彼女等は彼女等の言語で何やら

話していたが、責任者は仕方なさそうに、航空券にこちらの名を書き込んでゆく。そうしてもらわなければ困るのだ。

数分後に、代金の四十六米ドルと交換に貰ったそれにはヘタな字で〝7:30〟と書かれてある。「一時間前の六時三十分にはチェックインするように」

それを手にしていくらかホッとする。こういう国はこういうものを手に入れるのにも苦労する。一旦宿に戻る。

狐と狸

歩道上には〝350〟とか〝400〟とか書いた紙を出してコーラやファンタや、あるいはその他の飲み物の空きビンに入れたガソリンを売る小さな店――とも言えないようなものだが――があ

路上（ACHAR MEAN 大通り）のガソリン売り

る。バイクの多い国ならではの光景だ。ベトナムでも多く見られた。

日本人のKさん（Aさん達と食堂で話していた時あとから来た人）と、CHOEUNG.EKへ行く。O.RUSSEI《オルセー》.MARKET《マーケット》辺でバイクを捉《つか》まえる。値の交渉はKさんがする。

相手はいつものように、「五ドル」と言う。こちらは値切りやすいリエルで交渉する。

相手は、「五千リエル」と言い、こちらが同意しないと、「四千」になる。それでもKさんは「OK」とは言わない。私自身は三千位でいいと思っている。一人約一ドルだ。

バイクタクシーは沢山居る。従ってこちらの方が有利な立場にいる。

三千、になる。Kさんは自分の計算機で二千と弾く。相手は同意しない。バイクの運ちゃんが七〜八人周りに集まっている。

相手は、「二千五百」にする。しかしKさんは二千で通す。運ちゃんは不承不承乍ら合意する。いつ客がつくか判らず遊んでいるよりか、二千でも客を取った方がいいだろう。

十二時二十一分、四分居た同マーケット前を発つ。バイクは裏道を少し行って近道を行く。そして本道を通って、途中で左に折れる。CHOEUNG.EK、英語名「KILLING《キリング》.FIELDS《フィールズ》」に着いたのは同四十四分。

入口門扉を入るとすぐにSTUPAがある。これはここへ曲がる前の道からも見えていた比較的高さのある塔だ。

ガラス戸越しに夥しい数の頭蓋骨が見える。二万人分のそれがあるという。年齢別、男女別に

プノンペン（全体図）

① 鉄道駅
② Wat Phnom
③ G.P.O
④ Central Market
⑤ 競技場
⑥ 国立博物館
⑦ 王宮
⑧ Wat Lang Ka
⑨ Tuol Sleng Museum
⑩ ラオス大使館
⑪ ベトナム大使館
⑫ Wat Ounalom
⑬ Chruoy Changvar 橋
⑭ 娼館通り
⑮ CAPITOL Ⓗ S ＄ 8 ～
⑯ オルセー・マーケット
⑰ シルバー・パゴタ
⑱ 公園（カンボジア・ベトナム友好の塔）
⑲ Victory Monument

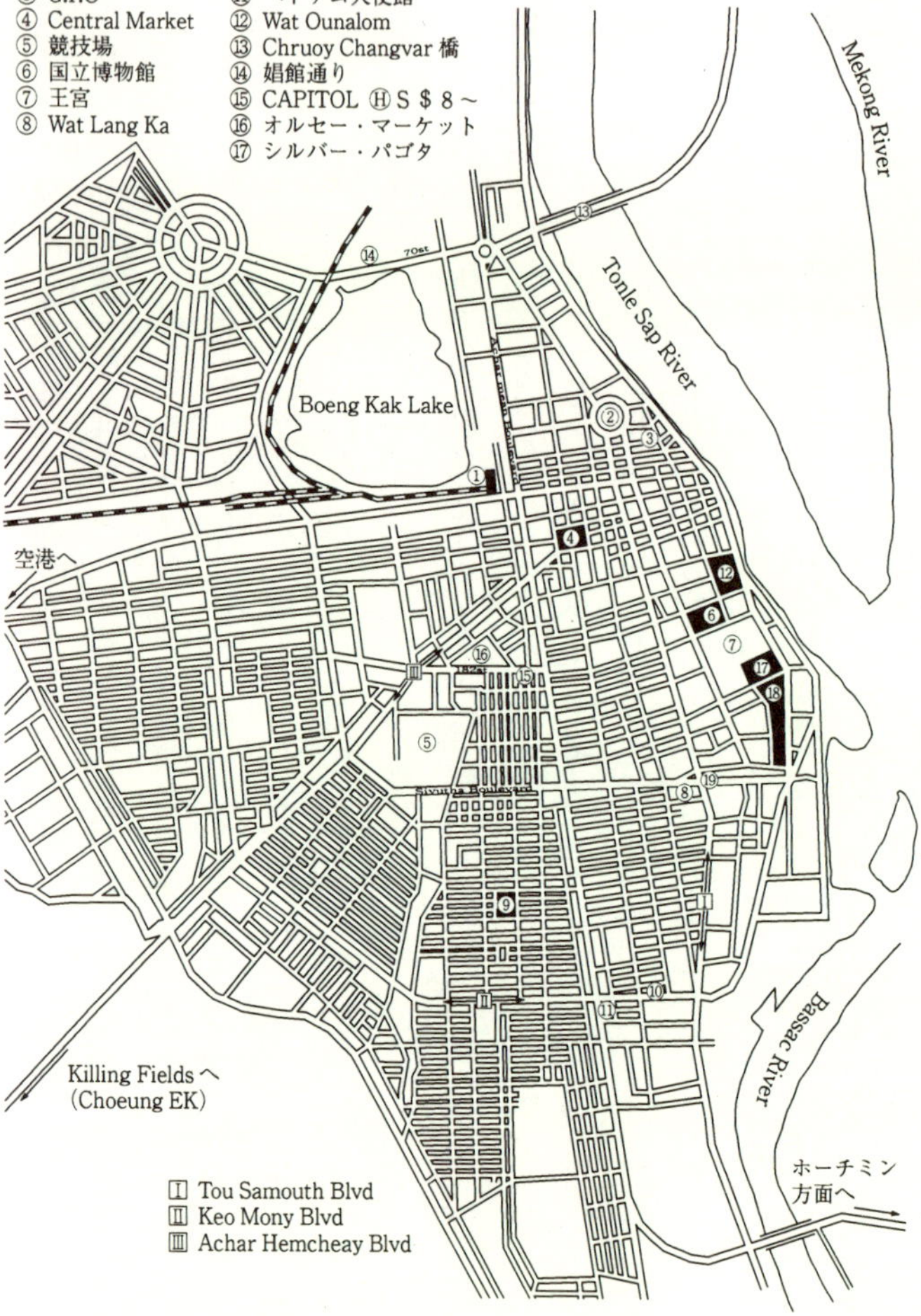

CHOEUNG.EK の STUPA

分けられている。

一九七五年四月十七日、ポルポト派がプノンペンに入って来て以来、この村近郊で多くの人々が虐殺された。外国人も九人殺されたという。オーストラリア人一人、フランス人二人、アメリカ人六人。

塔内の棚の、「European」という処にはすでにその頭蓋骨はない。アメリカ政府が持ち帰ったという。確かにもし日本人犠牲者が居て、「Japanese」という処にその骨があったら、日本政府は日本に持ち帰るだろう。

カンボジアの歴史をもっともっと勉強してから来るべきだったと思う。あまりにも知らな過ぎる自分が恥ずかしい。

〃フィールズ〃、といっても一般人が今見られる〃遺体のあった壕《ほり》〃は三つしかない。その穴の中は他の処より、草の繁り方が多いように思う。人間の養分を吸収した土地だからだろうか。

一時二十五分まで居て、同じバイクで戻る。バイクの三人乗りはこちらでは一つも珍しいことではない。

運ちゃんはこちらが観光客であることを思って、乗った場所のオルセー・マーケットには行かず、途中の「TUOL.SLENG.MUSEUM」に行く。これは私にとってありがたい。Kさんはすでに見物しているということだったので、私一人が降りるつもりだったが、彼ももう一度見ると言って、ここでバイクを返すことにする。

彼は、

「とりあえず二千リエル出しといてくれますか」

私は問題ないので、その額を出して運転手に渡す。そして二人して博物館の敷地内に入ろうとすると、運ちゃんは何か文句を言う。彼は英語を話さないので何と言っているのか判らないが、状況からその額に不満を言っていることは明らかだ。

よくあるトラブルだ。最初に決めた額と違うことを言って揉めるということは。そこには客と運転手双方に、自分達なりの打算があるのでこういうことになる。言葉の完全には通じないことをいいことに、お互いがお互いを欺こうとする。乗る時に、〝往復で〟ということを確認していない。しかし客のこちら側としては、それまでの旅行者の話から――昨日の、Aさん達が利用したバイクも「往復で」ということだったという――当然に往復料金という事で話を進めている。

運ちゃんの方はそのことが曖昧である為に、気弱い旅行者《あいて》なら、戻って来てそのことを突けば、あるいは当初の約束より倍の額を取れるという計算がある。狐と狸みたいなものだ。

とにかく博物館入口前の路上で揉める。運ちゃんは二千では受け取ろうとしない。Kさんが対応する。私は参加しない。二人して相手を問い詰めれば、相手はもっと激昂するかも知れない。それでなくても、たまたま客を乗せて回っているサムロ（力車）の運ちゃんに事の顚末を不満気に語っているのだから――その客は日本人で、私たちとは違った旅行をしている所謂小綺麗な人だ。

「じゃ、ポリスへ行こう」

Kさんが言う。彼は自分が交渉し、〝二千〟と決めたこと故に、あとに引けない、といった風がある。

『似てるな』

と思う。自分がかつてアフリカを旅行していた時にはこんなだったと思う。納得のゆかないことは絶対に曖昧にしたくない。まして当初の約束と違うことを言う相手に対しては。

ポリスという言葉に運ちゃんは進んでは行く気はない風だ。Kさんとてもできることならここで収めたいことは確かだ。二人で四千を主張しているが、三千ということになる。

五分近く言い合っている。私は一人千五百ずつでもいいと思っている。しかしそのことは言わない。逆の立場で、言い争っている私に対して連れが、「もう千五百で手を打とうよ」と言ったら、面白くない筈だから。

『そんな額の為に揉めているのではない』

と。問題は約束が破られたということなのだ。それが納得できないのだ。実際Kさんも、五百や千リエルは、「私にとって高い額ではない」と言っている。千リエルの違いで揉めている。

「二千五百リエルなら、払いますから」

と私に言う。それで相手が納得するならいいと思う。二千五百がKさんの許せる限度だった。しかし運ちゃんもいくらか意地になっている風もあって、二千五百では同意しない。五百の差で揉めている。シクロに乗る小綺麗なナリの日本人が、

「三千位、支払ってあげれば」

と言って遠ざかってゆく。それぞれの旅行があるからそれはいいが、小綺麗な日本人には決して解らぬことだと思う。但し、互いに互いの旅行を中傷したくはないと思う。

TUOL.SLENG.MUSEUM

結局やはり同意しない。

「じゃ、ポリスへ行こう」

と、Kさんはもう一度言って、そして実際に歩き出す。

「先に見物していて下さい」

と私に言って。

攻防の五百リエルは1/3ドル、四十五円程だ。しかし、日本円に換算《なお》してはいけない。ここではここでの物価で考えなければ。ごく一般の労働者は二百リエルで一食とることができることを考えれば、五百リエルは決して少ない額ではない。だからこそ運ちゃんも負けられないのだ。

午後の開門の二時を回っているので、入って見物する。

ポルポト派による拷問、そして虐殺のあった現場がここだ。その実際の建物——四棟から成っている——がこれだ。元ハイスクール。かつて教室であった各部屋で残虐の数々がなされた。

ベッドが置かれ、その上で焼き殺され、あるいはなぶり殺された者達の写真が生々しく壁に貼られている。ベッド上にはその者が身に付け

TUOL SLENG 博物館

ていたシャツやズボン等が当時のままに置かれている。未だ床には血痕の跡が残る。

入口から向かって左端の建物がそうで、また正面左側の建物には、ここで殺された人たちの顔写真が壁一面に貼られている。それは凄まじいばかりの数だ。建物内四辺の壁すべてに貼られ、それが四部屋にも五部屋にも渡っている。

その中でひときわ目を引くのはやはりCHOEUNG.EK内にもあった白人の顔写真だ。まだ二十代後半の若々しい、ハンサムな優しい顔をしたその青年の写真が。

彼はオーストラリア人のジャーナリストで、川で写真を撮っている処をポルポト派に見つかり、銃撃にあって捕まったという。その顚末を語ったタイプで打たれた手紙がやはり壁に貼られている。

七十万ドル、そしてまた四十万ドルという額も記されている。要求されて支払った額か、正確には英文を解せなかったが、金で命が救われるのなら、との思いであったのだろう。しかし結局は空しく虐殺されたようだ。やはり顔容の違う者、ましてジャーナリストがそういう目に遭ったということをきくのは胸が痛む。

門入口を入って正面《すぐ》にある係員の居る建物を挟んで、右側の正面建物、その中にはレンガで仕切られた、より狭い部屋がいくつも作られている。やはり同じように拷問が行なわれていた処だ。人間の考えることは凄まじい。そして実際の行為も正常な神経では考えられないようなことをしている。

もしする側とされる側が肉親だったら、果たしてそこまでできるだろうか。誰に対してもそのような感情を持っていたら、決して殴ることとさえできないと思う。

右手側面の建物内の壁には絵で描かれた拷問の場面がある。また頭蓋骨で――夥しい数の頭蓋骨を並べて――作ったカンボジアの地図も。これ等もまた凄惨なものだ。

この建物の二階にも一部屋、見物する処がある。人間の形をしたものが坐し、首を垂れている。一見、実物のミイラかとも思うが、造り物だろう。しかし見た瞬間は〝ギョッ〟とするかも知れない。

右手正面の建物の三階には、ここで死んだ者達がまとっていた衣類が各教室にそのままの形で放置されている。何人分か数えることもできぬ程の数。こういうものを当時そのままに残しているということもすごいが、その間《あいだ》の二階を今も事務所として使用していることもすごいと思う。

右手側面の建物、壁に拷問の絵のある辺りに居る時、Kさんが戻ってくる。

「道で交通整理しているポリスに中に入ってもらって、二千五百で解決した」

彼はそれなりに納得しているようだ。運ちゃんも二千よりは多くもらったので、本音はよかったのではないか。

「初めてカンボジア人の怒った顔を見た」

と言うKさんの言葉が印象的だ。実際多くのカンボジア人は、十数年前までそのような悲惨なことが起こっていたとは思われない程、柔和な顔をしている。

同博物館には三時近くまで居る。帰宿の途中でKさんと別れ、残りの見物をする。しかし、「シルバー・パゴダ」も「国立博物館」も見ない。入場料二ドル、カメラ持込料二ドル、計四ドルは惜しい。実際、内に入ったとしても通り一遍の見物しかできないのだから。それだけの金を払うのなら、別のことに充てた方がいい。「ロイヤルパレス（王宮）」は門番のポリスに止められて入れない。

WAT.LANGKAと、レーニン通り前の「カンボジア・ベトナム友好モニュメント」のある公園、そしてWAT.OUNALOMを見て帰宿する。プノンペンの見物は一応終える。

夜、今日シアムリープから戻った日本人二人（Iさん、Hさん）に、さらに情報をもらう。二人は乗り合いタクシーの乗り継ぎで、BATTAMBANG《バッタンバン》経由で戻って来たところとい

カンボジア・ベトナム友好モニュメント

う。バッタンバンの情報《こと》を聞く。この国にも確かに多くの日本人が入っている。

シアムリープへ

旅先で知り合う日本人は、その時は共通の話題を有しているので、すぐに話が通じ合う。ましてあまり高級な宿でない処で知り合う者同士は。

私を入れて日本人四人は午前零時過ぎまで話している。もっと話題は続くが、こちらは明朝早いので、同三十分過ぎに彼等の部屋を出て、同じ階にある自室に戻る。

寝坊しないように、いつもは室内のすべての明かりを消すが、今夜は小さな安全灯を点《つ》けておく。時計が見れるようにと。この部屋には窓がないので、陽光は入って来ない。

翌朝五時前には目覚める。たぶん二時間程しか眠っていないと思う。寝坊するよりいいと思い、起き出す。

そして五時三十五分、チェックアウトし、階下の食堂でコーヒー（百リエル）とサンドイッチ（三百リエル）の朝食をして、空港を目指す。まだ薄明かりでしかないが、食堂の従業員は皆起きていて働いている。そして客も現地人が多く入っている。どのような仕事をしている人たちなのだろう。

少しオルセー・マーケット方面に歩き、車道と歩道の境目でバイクを止めて所在無げにしている若い男に声を掛ける。

「空港までいくら？」

彼は英語を解さない。別のバイクの男を呼ぶ。こちらは誰でもいい。空港まで行く者であれば。話を聞いた男は頷く。私は、「空港まで」と、そして「五百リエル」と言って、相手の顔を見る。OK、というような表情をする。それ位の金でも充分行けると思う。一応紙に〝500〟と書いて彼に見せ、頷くのを見て乗り込む。

空港には十五分程で着く。彼は内《なか》まで入らない。空港の敷地前の国道で降りる。運ちゃんに五百リエル支払って、内に入って行く。ゲートにはまだ誰も居ない。

建物内に入ると、二人の先客が居る。日本人のようだ。昨夜四人で話している時、ある人が、「別のゲストハウスに泊まる旅行者《にほんじん》で明日、シアムリープに飛ぶ人が二人居る」と語っていた人たちだろう。

早速話し掛ける。早朝の空港には日本人三人しか居ない。

六時三十分頃になってやっと国際線のバンコク行きの航空会社の職員がやって来る。しかしシアムリープ行きの係員は誰も居ない。六時三十分に来い、と言ったのに誰も来ないとは、と不思議に思うがここから離れない。

同五十分になっても誰も来ないので、バンコク行きのカウンター内に居る男に訊くと、

「国内線はここではなく、あの突き当たりを左に行った処」

と言う。私たちは慌てて荷物を持って、そちらへと動く。

確かにそちらにはすでに乗る客かどうか判らぬが、二十名程が立ったり坐ったりしている。しかしチェックインは始まっていない。

七時を過ぎた頃から白人の姿が多くなる。日本人の旅行者も現地人のガイドに連れて来られている。そのガイドの持つ航空券には七時三十分と書かれているが実際は八時を過ぎるという。マアそんなものだろう。

狭いカウンター上で、ポリスのような制服を着た男達が名簿を前にして、手続きを始める。現地人のガイドは逸早《いちはや》くそれを見つけてカウンターの前に立つ。こちらもそれに倣《なら》う。

一緒の日本人二人は今日切符を買う予定で来ている。空席があれば乗り込める筈だ。これまでにも数人の日本人が当日の朝の便に乗れている。

チェックインは七時二十五分に始まる。それを済ませた者から出発ロビーに進み、そこで待つ。搭乗は七時五十四分から。自由席なのでいい席を取るには早く乗り込んだ方がいい。私も十数人目に乗り込む。四十数人乗りの小さな機だ。ソ連製らしい。

始動は八時ちょうど。動き出してもこちらの隣に坐る者は居ない。ということは二人の日本人も乗り込めたということだ。『良かった』。

離陸は八時四分。

シアムリープ空港。プノンペンから乗ってきたS.K Air機

機内ではアメとジュースが配られる。国内線ではこんなものだろう。殆ど大地を視認できる高度で飛び続ける。カンボジアの大地が眼下にある。

八時五十二分、シアムリープ空港に着陸する。空港建物前に同五十五分に止まり、すぐに降機する。国内線なので何の手続きもない。

建物外には九時に居る。そこで暫くバイクタクシーを待つが近寄って来ない。

十分程して一人の男が英語で、「ゲ《G》ストハ《H》ウス？」と言ってくる。その彼と話す。そして情報の額を言う。

「五百リエル」

彼はOKする。

私たち三人は、建物を離れて敷地ゲート外で待つ、やはり三台のバイクタクシーに乗って空港を離れる。まずは順調に事は進んでいる。

アンコール・ワット

三人のバイクの運ちゃんは、空港から町中まで客を乗せてゆくことも目的だが、真の目的はその旅行者を宿に送り届けたあとの客の獲得だ。自分のバイクを利用してもらって遺跡めぐりに誘うことだ。

しかし私たち三人は、空港より二十五分後に着いた宿（GH「593」）に入り少し休むと、入口前に待つ彼等のそれには乗らずに、それぞれの行動へと出て行く――少なくとも私にはそのようなつもりは端《はな》からない――。運ちゃん達はそれを知ると、諦めて宿前から去って行った。

私は部屋に荷物を置くと（約三十分後）、宿周辺をチェックする為に動き出す。

どの道も舗装されてはなく、穴ぼこも目立つ地肌道だ。家々も建つには建つが、どの家も前庭というか、スペースが取られているので、暢びりとした、あるいは〝閑散とした〟、という印象を与える。

この安宿周辺には、勿論鉄筋の家屋など見受けられない。三階より高いそれもない。

とても〝国道〟とは思えないような国道を歩いて十七分でセントラル・マーケットに至り（十時二十五分）、そこにある食事処で「うどん」（三百リエル）を食べて、朝食とする。そして隣接する店で、「かき氷」（二百リエル）も食べて、人々の暮らしを垣間見る。

十一時ちょうど、そこを出て帰路につく。宿に戻ったら、次はいよいよこの町に来た目的の寺院見物に動く。

戻りは直行したので、十四分で宿に着く。

そして十数分後、隣のゲストハウス（「592」）で自転車を借りて（千リエル）、遺跡めぐりへと走り出す（十一時三十一分）。

まず一番のハイライト、ANGKOR WAT《アンコール・ワット》を目指す。そこはシアムリープの町から六・四㎞離れている。

ＧＨ「592」を右に出て国道のＴ字路を左に曲がり、すぐある橋を渡り、右折し、その先の「アンコール・グランド・ホテル（以下、アンコール・ホテル）」を左に見て七～八分走ると、"Welcome"と書かれた標識の立つ、左への岐れ道のある地点に達する（そちらを行けば一直線でワット入口の前に至るが、このことはあとになって判ったことで今は本線道路を行く）。

その岐れ道から十三～四分でアンコールの南側のＴ字路にぶつかる。観光客でない地元の者の自転車やバイクが多く走る。観光客の殆どはホテルのチャーターのマイクロバスで回っているか、バイクの後部席に乗って案内されている。個人的にバイクを借り切っている者も居るが、自転車で回っている者はあまり見掛けない。

アンコールは西側に入口がある。その前の道を挟んであるコーラ等の飲み物を売る屋台の脇の木蔭に、自転車を置いて遺跡へと向かう。

アンコール・ワット遺跡辺

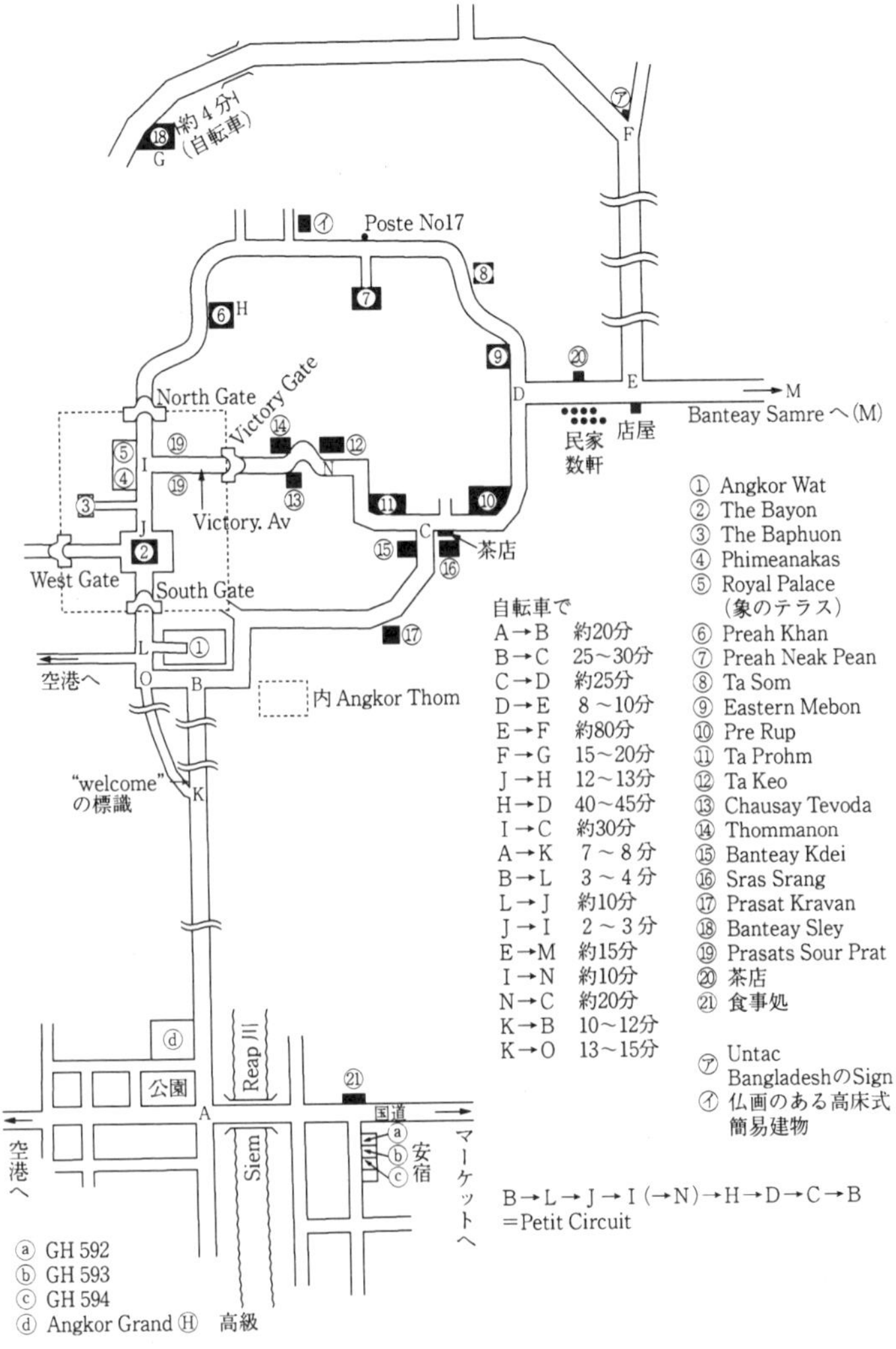

約 4 分
(自転車)
G
F
Poste No17
H
North Gate
Victory Gate
West Gate
South Gate
Victory. Av
I
J
N
C
D
E
L
O
B
K
A
茶店
M
Banteay Samre へ(M)
民家
数軒
店屋
空港へ
内 Angkor Thom
"welcome"
の標識
公園
Reap 川
Siem
国道
安
宿
マーケットへ
空港へ
① Angkor Wat
② The Bayon
③ The Baphuon
④ Phimeanakas
⑤ Royal Palace
(象のテラス)
⑥ Preah Khan
⑦ Preah Neak Pean
⑧ Ta Som
⑨ Eastern Mebon
⑩ Pre Rup
⑪ Ta Prohm
⑫ Ta Keo
⑬ Chausay Tevoda
⑭ Thommanon
⑮ Banteay Kdei
⑯ Sras Srang
⑰ Prasat Kravan
⑱ Banteay Sley
⑲ Prasats Sour Prat
⑳ 茶店
㉑ 食事処
㋐ Untac
Bangladeshの Sign
㋑ 仏画のある高床式
簡易建物
自転車で
A→B 約20分
B→C 25〜30分
C→D 約25分
D→E 8〜10分
E→F 約80分
F→G 15〜20分
J→H 12〜13分
H→D 40〜45分
I→C 約30分
A→K 7〜8分
B→L 3〜4分
L→J 約10分
J→I 2〜3分
E→M 約15分
I→N 約10分
N→C 約20分
K→B 10〜12分
K→O 13〜15分
B→L→J→I(→N)→H→D→C→B
=Petit Circuit
ⓐ GH 592
ⓑ GH 593
ⓒ GH 594
ⓓ Angkor Grand Ⓗ 高級

アンコール・ワット。水のない環濠越しに望む

自転車を置く辺りにも多くの子供達が保冷ポット（氷が入っている）を抱えて、「コーラ」とか、「ファンタ」とか言って近付いてくる。

また壁掛売りが、日本語で、アンコール・ワットを描いたそれを持って近付いてくる。それらの子供達を無視してゆくが、遺跡へのアプローチの道にも彼等は待ち受けている。しかしそのことを気にしなければ、そこからのワットの眺めは素晴らしい。

アプローチの道だけでも百九十メートルある。そして外壁があり、その入口には私的な料金徴収人が居る。これは、払ってくれる人があれば儲けもの、といった類のものであり、無視して通っても何も問題ない。確かに二ドルや三ドルは団体客には安い料金だが、彼等にとっては大金に違いなく、それを真に受けて払ってくれる者が十人も居れば、あるいは一週間分の食い

ぶちにはなるかも知れない。

ゲートをくぐる。第一回廊右手には四メートルの高さのヴィシュヌ像が建っている。その足元には日本のとは違う長い線香が焚かれている。

階段を昇り降りして、第二回廊を経て、主TEMPLE《テンプル》(中央祠堂)へ行く。テンプル上に出るにはかなり傾斜度のある階段を幾段も昇らなければならない。四面(第三回廊)の各方向に階段はあり、どこからも昇れるが、やはり今歩いて来たアプローチからの延長線上にある階段を昇る者が多い。第三回廊から中央塔に入って、塔上より四囲を眺望する。どの方角も広々とした光景が続く。

一人の男の子が外壁入口の処から付いて来て、〝案内をしている〟と思っている。彼は「コールド・ドリンク」を売りたい為にまとわりついている。しかしまだ七つ、八つの子だ。まとわ

アンコール・ワット，中央塔上より西側入口方面を望む

りつかれてもそれ程苦ではない。

時刻はちょうど正午過ぎ、観光客の姿はあまりない。それは不思議な位に少ない。時間がズレているのか。正午頃は日帰りの客には早過ぎ、泊まりの客には遅すぎる時刻なのか。いや真実はどちらの客も昼食を摂っているということか。

一時間程居て、次の見物に移る。

来た道をさらに北に進む。ANGKOR THOM《アンコール・トム》のBAYON《バイヨン》を見に行く。

七分でトムの南門に至る。

そしてさらに八分走るとバイヨンの外壁南側に突き当たり、左右どちらに行ってもいいが、左回りで北側に出る。

バイヨンそのもののメイン・エントランス（かつての入口）は東側にあるが、飲み物等を売る屋台が北側にある為に、やはりその店の近くの木蔭に自転車を止めて、北側から遺跡内へ

アンコール・トム，南門を望む

アンコール・トム，バイヨン

と入って行く。

四面像の林森《りんしん》だ。壮大さに圧倒される。ここには五十四の塔と百九十四の人面像があるという。千年近くも前の昔にこのようなものを造った人間の知恵と努力には感心させられる。

巨石をどのようにしてこのように積み上げたのか。またその彫る方法《ほう》はいかにして。何人の技術者が関わったのか。期間は？　と考えると、気の遠くなるような思いがする。ほんの目立たぬ小さな隅々にまで彫刻がほどこされているものもある。

カメラを構えるが、私の安手のものでは手に負えない被写体だ。こういうものを撮る時にはそれなりの性能をもったカメラを持参しなければならない。

ここにも、一時間でも二時間でも居られそうな気がする。しかし通り一遍の旅行者のこちらには三十分でも満足がゆく。それにすぐ近くに別の遺跡もある。そちらへと動く。

BAPHUON《バフォン》。

自転車をこの遺跡の前の、やはり飲み物屋台のそばの木蔭に移す。バフォンは道から階段を昇って、少し奥に入った処にその主テンプルはある。

アプローチを行くとテンプル手前で道は切れ、一旦下に降りて、急な階段を昇ることになる。それはかなり急な、そして足場の悪い——というより段幅の狭い——階段だ。今私以外には誰も居ない。

BAPHUON 塔上よりの眺め

　頂上に五分程居て、下の建物——というより日を遮る屋根の付いている部分のある外壁——に降りる。朝早くの起床でひどく疲れが出ている。

　加えてかなり暑い日射しを受けて、動くのがひどく辛い。

　そこで横になる。日蔭では

いくらか風も通る。こんな時はたぶん容易に病気になると思う。ひどく身体が弱っているのが自分でも判る。

三十分近く正体もなくその石の上で横臥している。しかし動かねばならない。当初の予定を変更して、あと一つ、隣の PHIMEANAKAS を見て宿に戻ろうと思う。もうこれ以上は無理だ。

PHIMEANAKAS 塔上よりの眺め

酷暑

バフォンのアプローチを戻り、車の通る道に面した壁を伝って、象のレリーフのあるテラス上を歩く。車道まで出ることが億劫な程疲れている。テラス上を歩いて行けば、かなり近道になる。

中央のテラスから下に降り、その日蔭で十分程休んでから

PHIMEANAKAS に行く。二分で同塔下に着く。そしてまた階段を昇る。

一気に昇れない。荒い息を吐き乍ら昇る。頂上には二分かかって着く。日蔭が見つけられず、一《ひと》通り四方を見渡して五分で降りる。直射日光を長くは受けてられない。

象のテラスの中央口には行かず、その手前の細道を左に行き、そちらのゲートから出る。

そのゲート近くにプールがある。各遺跡には「POOL《プール》」があるが、その殆どには水がなく、青草が伸び放題に繁っている処が多いが、ここには水が湛えられていて、近所の人であろうか、老人が沐浴にやって来ていて、その階段を降り、水辺で身体を洗っている。

私もその傍らに五分程居る。しかしここでも日蔭はあまりなく、離れなければならない。

バフォンからの道前辺の屋台までがひどく遠

PHIMEANAKAS 脇の POOL（左側に，沐浴に来た老人が居る）

く感じられる。車道に出ても一気にはそこへ行けない。

道を渡った処にある木蔭で休む。子供達がビー玉遊びに興じている。どの国でも子供は可愛い。

僅か三分の歩行でも参《まい》ってしまう。自転車を置いた近くの屋台で十五分程休憩する。身体が妙に重い。横になればすぐに眠れそうだ。

五〜六軒並ぶ屋台の女主人は誰もが好意的で、こちらが客でないと判っても、彼女等の椅子を貸してくれる。商品の乗る板台の隅に顔を沈めてしばし目をつむる。これは早く宿に戻った方がいい。

しかし自分の旅行は最短コースを通ることを望まない。来る時と違ったコースを通って戻ろうとする。ちょうど象のテラスの中央口より真っ直ぐに伸びる Petit Circuit の VICTORY《ビクトリー》通り

バフォンからの道前辺の木蔭で遊ぶ子供達

を行く。今日は（その周辺の遺跡を）見物はしない。ただ通り過ぎるのみ。

ビクトリー・ゲートを通り、THOMMANON《トマノン》やCHAUSAI.TEVODA《シャウセイテボダ》やTA.KEO《タケオ》の遺跡の前を通りBANTEAY.KDEI《バンテイクダイ》とSRAS.SRANG《スラスラング》の間を通って、アンコール・ワットの東側に出て戻るコースを択《と》りたいと。

そしてそのように自転車を走らす。歩くより自転車の方が楽だから、そうすることも可能だ。

屋台を出てビクトリー通りを右折する。すぐに十二個――道の両側に六個ずつ点在する――のPRASATS.SUOR.PRATの間を抜ける。

少し行くと右手木立の中に比較的大きな仏像が、屋根廂のみの建物の中に見える。

ビクトリー通りに入って五分でアンコール・トムのビクトリー・ゲートに着く。ここもゲート上の像は四方に顔を向けているものだ。ゲー

道から離れて立つPRASATS.SUOR.PRATの塔群

ビクトリー・ゲート脇に並ぶ，台座だけの仏坐像群

トを出ると両側に仏坐像があるが、やはり真面《まとも》なそれは少なく、台座のみが残るものが多い。

同ゲートから二分の処の両側にトマノンとシャウセイ・テボダがある。そこを通過して一分弱で小橋を渡る。

そしてさらに道なりに右、左の曲折を繰り返すと四分でタ・ケオの前に出る。

もう午後四時四十分を回っている。先を急がなければならない。

道なりに右に曲がって三分でTA.PROHM《タプローム》の入口前に至る。さらに道なりに左に行くと十分で、右への道のあるT字路となる。

その右へと行く。真っ直ぐ行けば PRE.RUP《プレループ》の遺跡に至る。

すぐにバンティ・クダイとスラ・スラングの間の前を通り、八分後にPRASAT.KRAVAN《プラサットクラヴァン》を左手奥に見る。五時を回っている。ペダルを漕

ぐのに力が入る。身体のダルさも消えている。とにかく日のあるうちに町に戻らなければならない。

アンコール・ワットの東辺に出たのはプラサット・クラヴァンを見て十一分後。そこを左折する。あとはワットを巻くように道なりに右に曲がって、そして南面のT字路を左折すれば、町中へと続く。

南面のT字路から二十一分後、「アンコール・ホテル」横を過ぎる。もう宿は近い。ホッとする。

初日にしては充分に動いたと思う。ある意味でのカンボジアでのメインの見物を終えていくらかホッとする。

遺跡めぐり ①

翌日は朝から自転車を借りて遺跡めぐりに出る。いやその前に、宿を右に出て、国道を渡った処にある安食事処で、地元の人たちの食べる朝食を摂る。小さなフランスパンに肉煮込みが小鉢に入っているもので、それぞれ百リエル、二百リエルで、計三百リエルで朝食ができる。これがまた美味しい。味ではなく、汚いテーブルを前にして簡易な椅子に坐って、土地のおじさん、子供達と肩を並べて食べる処の美味しさが。

自転車を昨日と同じ隣のゲストハウスで借り、七時四十分には出発する。今日は、まだ見てい

アンコール・トム　北門

ない遺跡を少し回ってみようと思う。

アンコール・ホテル横を通り、“Welcome”との標識のあるY字路を今日は左側に進む。

アンコール・ワット入口前に着いたのはY字路から十五分後。そこは素通りする。

さらに六分後のアンコール・トムの南門も通り、バイヨンを巻くように行く。そして北へ出てバフォン、象のレリーフ前を通る。ビクトリー通りとのT字路までは昨日と同じだ。

今日は真っ直ぐ進む。アンコール・トムの北門には、そのT字路から二分後に至る。そして一分後、道なりに右へ曲がる。さらに三分後、左へ曲がる。

最初の目的地　PREAH.KHAN《プリアカーン》には左に曲がって三分後に着く。バイヨン形式の四面像がある。道から遺跡まで三～四分歩かなければならない。

PREAH.KHAN，西門辺，第一周壁を

同上，第二周壁にある仏像のレリーフ

西門を入ってある第二周壁の面には、合掌する仏像のレリーフがいくつもある。

同処辺に二十数分間、居る。

八時五十七分、そこを出る。三分で道なりに右に曲がる。そしてすぐにT字路となるが、直進する。九時を回ったばかりだというのに、もう日射しは強い。

八分走ると、左側道路下に仏画を壁板に貼る高床式の集会所のような建物がある。

『少し休みたい、少し横になりたい』

一日経っているのに、疲れを感じるというのはどういうことか。やはり暑さにやられているようだ。

しかしすぐに近所の子供達がやって来て、休むどころではない。七分居て出発する。

八分走った左側民家の前に〝POSTE.No.17〟の標識があり、その道路を挟んだ前に小道が、右手奥に伸びている。そちらに自転車を進める。

少し走ると左手に小屋ともいえないような、ただ一メートル四方の処に日蔭を作ったというスペースがある。そこに椅子に坐って眠っている風の男が居るが、別に何も話し掛けて来ない。

自転車をさらに奥に進める。すると沐浴場のような階段のついたプール（水はない）があり、その中央に TEMPLE《テンプル》が建っている。その塔の四つの扉のうち一方が開かれていて、その内に仏像が置かれてある。

本道からは少し離れていて、静かで、ここ PREAH.NEAK.PEAN は面白い処かも知れない。

PREAH NEAK PEAN

四辺を歩き十六分で沐浴場《そこ》を出、元の道に戻る。

戻って右へ進む。八分行くと、道は右に曲がっている。

そして二分、左側にTA.SOMが建つ。風化というか崩壊が激しく、テンプル内を真っ直ぐには歩けない。ここは十一分間で出る。

五分で道は左に曲がり、さらに五分で右にカーブしている。そして、すぐに右手に、EASTERN.MEBON《イースタンメボン》の遺跡を目にする。

象が第一ステージの四隅に立っている。主テンプルの塔は五層にレンガが積み上げられている。これはこの塔に限らず多くのそれに共通していえることだが、上方は崩れ落ち天が望める。

塔内には比較的小さな仏像が首から上を失って坐している。この内部はひどくアンモニアの匂いが漂い、一分とは入っていられない。

EASTERN.MEBON，主祠堂《テンプル》から西門方向を

同上，外を見守る“守り象”

主塔を守るように東西南北に脇塔が建っている。

テンプル内には二十分程居る。

同メボンから二分走ると、T字路となる。それを左折する。次はBANTEAY.SLAY《バンテイスレイ》（「SLEY」「SREI」とも書かれる）を目指す。それ程遠いものとはこの時には思っていない。

八分走ると左手に、道よりいくらか引っ込んだ処に、軒先を利用しての茶店兼食事処がある。道を尋《たず》ねがてら入る。

バンティ・スレイへの道はもう少し行って左折するらしい。すぐに出るつもりだったが、少年の飲んでいるアイスミルクコーヒーが旨そうで、それに喉も渇いていたので、同じものを注文する。三百リエルは飲み物としては高いが、しかしミルクコーヒーとしては相場のようだ。氷入りのそれは渇いた喉に旨い。

バンティ・スレイへ

十一時十分、そこを出る。

そして一分程の処に多くの店がある。村のようだ（PRADAK《プラダック》村）。その中心部に左への岐れ道がある。ここを折れて行く。

暫く民家は続くが五分も走ると田園風景となる。左右ともに田んぼだ。

十一時二十分、小橋を渡る。同二十六分、毀《こわ》れそうな橋、右に側道が作られている。道自体は穴ぼこの多い悪路。穴の中には水が溜まっている。それはこの地域の遺跡をめぐるどの道とも同じように。

さらに行くと、右方田んぼの先に、頂きの丸い山が一つポッカリと浮かぶ。

同三十五分、小橋を渡る。橋のみが進行具合の目安だ。同五十六分、渡る。数十メートル先にもう一つある。

プラダック村のT字路を左折してそろそろ一時間が経つがまだ着かない。道を確認がてら、また暑さを避ける為に小店を出す民家に立ち寄る。

「まだ五kmはある」

その十数分前、反対方向からやって来たバイクの男に尋《き》いているが、「五km」と言っていた。一km以上は走った筈だが、まだ五kmあるという。知らない土地は距離鑑が摑めず、心理的にもキツイ。

その民家で水を貰い、顔を洗い、四分休んで出る。もう正午を回って（零時十二分）いる。

同二十五分、橋――と書いては居るが、どの橋も下に水が流れているというので橋としているが、長さにしたら二～三メートル程で、所謂「橋」は想像しないでほしい――を渡る。

同三十三分、道端のバラックの小店で休憩する。まだ三十分も走っていないが、暑さと悪路でひどく疲れている。

バンティ・スレイへの途上にある，「ワイン」を飲んで休んだ小店

ドーナッツ型の小さな揚げパンに水飴を掛けたものが三つで五十リエル。それに、「ワイン」と言われて飲んだ焼酎様の強烈な酒が五十リエル。いくらかいい気持ちになる。

十一分間の休憩で再び走り出す。

三分後、情報にあった目印の“UNTAC”の小さな看板の処にやっと着く。ここはY字路になっていて、左へ進む。

ここからがさらにひどい悪路。走れない箇所がいくつもある。自転車を押して行く。

Y字路を出て十八分後、左に小さくカーブしている。カーブの先左側にやっとバンティ・スレイを見つける。遺跡そのものはあまり大きくない。入口に管理人の初老の男が居る。

「石畳の通路《コース》から外れないように」

と注意する。そして赤い地に白色のガイコツの描かれた注意板を指差す。地雷が埋まる可能

バンティ・スレイ，入口辺

バンティ・スレイ，「地雷注意」の看板（右手，草の中）

バンティ・スレイの石畳の参道と第一周壁の門を望む

同上，中央祠堂，レリーフと守り神の石像

性が高いらしい。

入口（東門）から入り、石畳の参道を行く。七～八十メートルも行くと第一周壁の門に着く。それをくぐって、さらに四十メートル程行くと、第二周壁の門に至り、そこから七～八メートルで第三周壁の門となり、中央祠堂へと導かれる。東門からここまではかなりの奥行きがある。

中央祠堂の壁画には、ヒンズー教の様々な神々のレリーフがほどこされている。その中には優美な女神像もまた。これらのものに興味のある者なら何時間居ても倦きないのだろうが……。

こちらはしかし二十分程で見物を終える。二時間近くをかけて来た処を二十分程であとにする。自分の旅行とはこんなものだ。ここまでの行程、道のりを楽しんでいる。


帰りも一時間四十五分程かかって、やっとプラダック村のT字路に辿り着く。とにかく時計を見て、

『あと何分程で着く』

と想像《けいさん》して、自分自身を励まし乍ら、やって来ていた。

T字路の突き当たりにある店屋で休憩する。インスタントラーメンがある。それを成り行きから食べることになる。確かに空腹でもある。

小休止のつもりが三十分程休むことになる。

バンティ・サムレ

休憩後、来る時と違った方向に進む。BANTEAY.SAMRE《バンテイサムレ》に向かう。

十分程の間に小さな橋を三つ渡る。そしてほんの短い登り坂がある。自転車では押さなければ登れない。深い穴がそこにはあったから。

数メートルですぐに下り坂となる。下って三分走ると右側に、その遺跡が隠れるようにある。

道からは二分程、自転車で走らなければそこには着かない。いや走るというより砂が多く、押して歩くといった方が正確だ。ここにも誰も見物客は居ない。

十数分で見物を終えて、来た道に戻る。登り坂を登って左折する。そちらを通っても行けるような気がして。しかし来た道よりさらにひどい道。全く自転車に乗って走るということはできない。草の生《は》えた砂道だ。押して行く。

少し行くが、道に迷う危険性も出て来たので、途中にあった民家の男に道を訊いて、それでやっと来る時に通った道に戻ることができる。十五分程無駄な時間を過ごしている。

プラダック村のT字路には午後四時五十二分に戻る。もはや五時に近い。ここから宿まで何kmあるか。かなり離れている。一時間で戻れるか不安になって来る。これまで疲れてペダルを漕ぐのにも力が入らなかったが、不安が先に立つと、漕ぐ足に力が入り出すから不思議だ。

小橋を渡って最初の交叉路（T字路）を左折する。右折すればメボンへ行く道だ。プレ・ループの前には五時四分に着く。しかし、止まらずに行く。見ている時間の余裕はない。日も蔭り出している。

同十二分、小橋を渡る。同二十五分、T字路を左折する。すぐに右に、バンティ・クダイの、左にスラ・スラングの遺跡がある。しかしここも通過。昨日も素通りしている。

同二十九分、アンコール・ワットの東側を望む処に来る。道なりに左折する。雨雲が天を覆い、雨も降り始める。日没と雨との二つを相手の競走だ。しかしとにかく、見慣れ走り慣れたアンコール・ワットの外周に至り、いくらかホッとする。

道なりに右に曲がり二分後、シアムリープへ一直線のT字路に行き着く。左折する。道もここからは良くなる。だが雨も本格的となる。仕方ない、濡れる以外ない。傘を持っているが開く余裕がない。

同四十二分、“Welcome”の標識のあるY字路に至り、やっと傘を出す余裕が出来る。木蔭に止まってそれを開く。

それから七分後には自転車を借りた宿隣のゲストハウスに至る。バンティ・スレイへのプラダック村のT字路を発って五十七分後である。

今日もよく走った。シアムリープ二日目も終わる。

遺跡めぐり ②

この町にもう一泊する。見残している遺跡を午後の半日をかけて回る。

午前中は休養に充てる。やはりいくらか疲れもある。いや午前中の前半はこの町内の見物に充てる。

宿を七時五十四分に出て、昨日と同じ近くの安食事処でパンと肉汁で朝食とし（百リエルと二百リエル）、そして「アンコール・ホテル」へ向かう。絵ハガキをチェックしに。

いい絵柄のそれはあるが、十枚セットで四米ドルは高く、買えない。

次に KRALA.HOM.KONG（以下KHK）通り（国道）に戻り、そこを右折する。そして 20.MAI 通りとの交差点先の橋を渡り、すぐ右側にあるワット（寺）を訪ねる（八時四十七分）。

八分後、同寺を出て 20.MAI 通りまで戻り、そこを右折し、バスステーションの先まで行く。

SIEM REAP

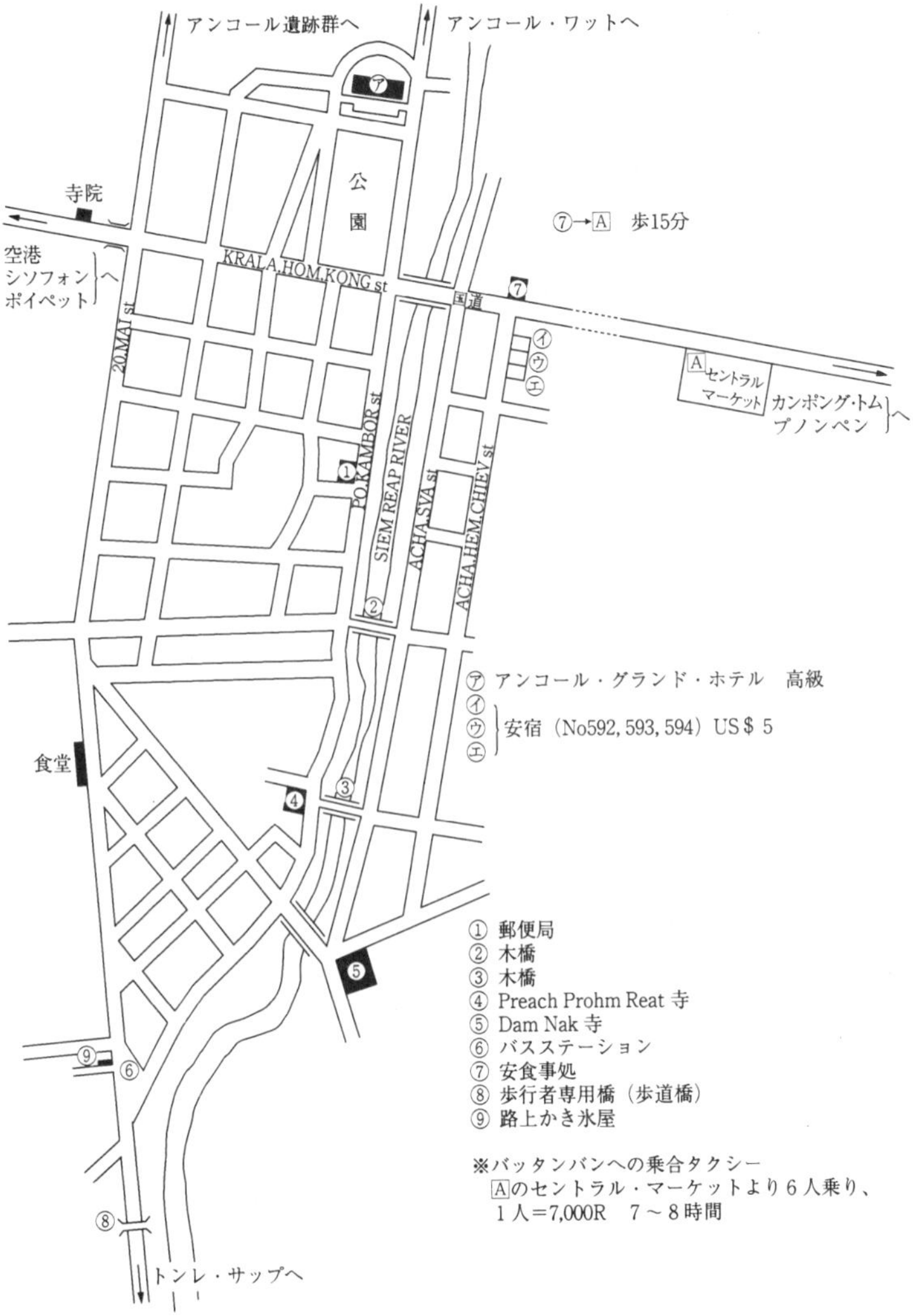
アンコール遺跡群へ
アンコール・ワットへ
ア
公園
寺院
⑦→A 歩15分
空港
シソフォン
ポイペット
へ
KRALA.HOM.KONG st
20.MAI st
国道
7
イ
ウ
エ
A セントラル マーケット
カンポング・トム
プノンペン
へ
PO.KAMBOR st
SIEM REAP RIVER
ACHA.SVA st
ACHA.HEM.CHIEV st
1
2
3
4
5
6
8
9
食堂
ア アンコール・グランド・ホテル 高級
イ ウ エ 安宿（No592, 593, 594）US＄5
① 郵便局
② 木橋
③ 木橋
④ Preach Prohm Reat 寺
⑤ Dam Nak 寺
⑥ バスステーション
⑦ 安食事処
⑧ 歩行者専用橋（歩道橋）
⑨ 路上かき氷屋
※バッタンバンへの乗合タクシー
Aのセントラル・マーケットより６人乗り、
１人＝7,000R ７～８時間
トンレ・サップへ

少し行った歩行者専用の橋の処で引き返す。

　バスステーション前にある路上かき氷屋（「テクサダーイ」という黄緑色の飲み物を売る店）でそれを食し（二百リエル）、休憩する。

「ムカ」という、棒に刺した瓜のようなものもあって、それも食する。塩をつけて食べるのだが、暑い今は、口に冷たく美味だ。二串で五十リエル。

　この国の人は殆どが温和で、こちらに好意的に対する。旅行者慣れしていない人は、同じ顔をもつ言葉を解さぬ者に優しい。ここの女の人も、はにかみをみせ乍らも親切だ。五分程の休憩だが充分にその好意は通じた。

　宿方向にシアムリープ川に沿って歩き、最初の橋を渡る。その先にあるWAT.DAM.NAKを見る。吹き抜けの、床の広い寺だ。その脇には隠れるように炊事場がある。この床に寝転がり

バスステーション前の，路上の「かき氷屋」の女の人

WAT.DAM.NAK。寺内部と床

WAT.PREACH.PROHM.REAT 前の木橋

WAT.PREACH.PROHM.REAT の，塔と本堂

たいが先を急ぐ身、十二分で出る（九時五十分）。

川に沿って歩き、次の歩行者専用の木橋を渡る。目の前のWAT.PREACH.PROHM.REATに入る。塔と本堂が並ぶように建つ。牛は居るが人の姿は子供以外ない。

十分で出る。この町の見物はこんなものだ。PO.KAMBOR通りを行き、郵便局に立ち寄る。絵ハガキはやはりない。

郵便局を左に出て、KHK通りを右折して、橋を渡って宿へと戻る。十時二十三分になっている。

一時間程して（十一時三十三分）、三回目の自転車での遺跡めぐりに出る（十一時三十五分から同五十分まで安食事処で昼食を摂っている）。

アンコール・ワット南辺前のT字路を今日は

右折する（十二時五分）。いつも帰路に通っている道を、逆に走って行く。道なりに左折し、次に右折してワットを背にして走る。

小橋を渡って二分後、道なりに左に折れて行くと、七分で右手奥にプラサット・クラヴァンがある。

すべてがレンガ造りというもので、中央の主塔を挟んで左右に二塔ずつ対称するように並んでいる。主塔の扉部分にはクメール語で多くの文字が書かれている。

主塔の内部の壁面には踊るようなヴィシュヌ神の浮き彫りが、見られ、またテラスから見て向かって右はじの塔内部には彼の妻の立像がやはり、レンガ壁に浮き彫りされている。

どちらの像の足元にも、下僕の女官か（?）、左右に合掌して仕えている

素晴らしい造形美だと思う、積み上げられて

テラスから望む，プラサット・クラヴァン

プラサット・クラヴァン。レンガ壁のレリーフ（妻像）

バンティ・クダイと，その石畳のアプローチ

いるレンガに彫られたそれは。

十分程で見終え、次に動く。

二分で道は左に曲がりさらに四分後、左に折れて行く。そして一分、左側にバンティ・クダイがある。

東門を入り、ナーガ（蛇神、龍神＝ここでは舟の意もある）の欄干の左右にある石畳のアプローチを進む。ここにも私以外、誰も居ない。

ラテライトの周壁——外側に面する柱部のそこにはそれぞれにデバター（女神）の立像が彫られてある——を見て、塔門をくぐる。

主塔内には珍しく壊されていない仏坐像がある。また各回廊の石柱には幾人ものアプサラ（舞姫、天女）のレリーフも見られる。表情、表現豊かに踊るそれは、見る者をしばし釘付けにする。

しかし後方に進むに従って、建物の破壊のあ

バンティ・クダイ。石柱のレリーフ（舞姫）

とは激しい。かつては大きな像が立っていたと推測される足首だけのそれもある。

　奥行のかなりあるテンプルだ。牛追いの子供達がその西の塔門に近い仏坐像の処に居る。祠堂の外には牛が首の鈴を鳴らして草を食《は》んでいる。入構した東門上にはバイヨン様式の四面像がある。

　二十四分後、道を挟んで前のスラ・スラングへ移動する。

　子供達が、そのかつての〝王様の沐浴場〟で遊んでいる。女の子が一人しつこく自分で作ったのであろう安手の首飾りを、

「五百リエル」

　と言って売りつけてくる。前方には田んぼの広がりがある。長閑《のどか》な光景。

　ここの遺跡はこれまでのものとは違って、一瞬に全望できる。建物ではなく囲繞様に台石が

スラ・スラングと，そのテラスで遊ぶ子供達

並ぶ、といったものだから。

売り込みに熱心な女の子はこちらが居る間じゅう、傍らから離れない。再度《また》、「もし……」という言葉が衝《つ》いて出る。

『もし、自分がこの国に、この村に生まれていたら……』

たぶん同じように観光客相手に何がしかのものを売りつけていたに違いない。それはアンコール・ワットに居たコーラ等、清涼飲料水売りの子供達のように。

七分で〝王様の沐浴場〟を出る。

すぐのT字路を右折する。四分で小橋を渡る。そして四分走ると、左手にプレ・ループの遺跡群が見えてくる。

道は左にカーブしている。そのコーナーに建つ遺跡だ。道路からは二方向から望めることになる。曲がって少し行くと、入口への道が左に伸びている。

この遺跡は道路からの望見でも知れるようにかなり大きい。やはり急な階段を——ピラミッド式寺院なので——何段も昇って主塔に辿り着くと、その内はレンガが五層に積み重ねられ、これまでの多くのそれがそうだったように、頭頂部は天が見えるように開いている。

この主塔の扉口には守り神としての獅子《シンハ》が左右に一対、二頭と、その一メートル程下の基壇にも一対（二頭）の計四頭が坐している。しかしその顔の部分は殆どが削《そ》げて、表情は知られない。

また四つの脇塔があり、東西南北に面した扉口の前、そこにもシンハが一対、坐している。し

プレ・ループ。中央祠堂扉口と，その前に立つ四頭のシンハ

かしここでもその計八頭が像《かたち》として満足に残っているのは一頭もない。顔の部分がやはり壊され、削《そ》がれているものが多い。

この最上部からの四囲の眺めは素晴らしい。二十分間居る。

ここからはもう、一度通った道を行く。来た道を引き返す。

バンティ・クダイへのT字路手前の茶店で冷茶（カンボジア茶）を飲む。これは本来は売り物ではない飲み物（店の人たち家族用）だが頼んでそれを貰う。なぜならコーラ等に比べて一番安く（百リエル）、また私には一番美味なものだったから。

午後二時を回っている。また今日も暑い。しかし進まなければならない。五分休んで出発する。

今度はそのT字路を直進する。三分で遺跡の

タ・プローム。外壁を圧する巨木（榕樹）

外壁に木幹が挟まり、あるいは枝や草や蔓がまつわりつくTA.PROHM《タプローム》のそれの始まりを見る。行手右側はずっとその外壁だ。

四分走ると道なりに右に曲がる。そして二分、入口に着く。

一応の門を入って、さらに自転車を進める。こういった処が自転車の良いところだ。車は入れない。バイクもその進入をふせぐように、門の処が石でいくらか高められている。自転車なら抱え上げて、その石上を行くことができる（と言っても、百メートル程しか遺跡入口まではないが）。

テンプル内には巨木がいくつも繁る。入口から建物内を直進できぬ程に破壊された石塊が散乱している。しかし脇の小径を行けばかなり奥まで進める。外壁の長さの分だけ（自転車で四分間）、奥行はあるということだ。樹木がある分だけ他の遺跡よりいくらか湿っぽい。約八百年の歴史を遺構と巨木が共有している。

二十分居て、再び車道に戻る。右手に進む。五分で道は左にカーブする。そして一分、タ・ケオが右側の木立の中に出現する。

日本人の団体さん

下から幅狭な、高さのある階段をまず九段昇る。次に同じような階段を十六段上がり、そして大きな（幅広の）休み台があり、さらに十四段目に右側に二段ある脇段を昇る。

再びそして幅広の休み台石になり、次に十三段昇ると、また休み石となる。そして十一段昇ると最初のステージとなる。

主塔と四つの脇塔が建つ。主塔開扉口《とびらぐち》にはさらに二十三段昇って辿り着く。塔内部はこれまでの遺跡の主塔内に比べると広い。五メートル

タ・ケオ

四方位あるのか。そして頭頂部は四メートル四方ポッカリと空《あ》き、ここでも天が望める。

十五分程、その高所に居て急な階段を下る。四方の眺めはいいが、それに酔うということはない。先へ進まねばならない。

午後三時十二分、走り出すとすぐに、道なりに右に曲がる。

三分後今度は左に曲がっている。一分走ると小橋がある。それを渡って三分後、やはり木立の中に隠れるように右手に、THOMMANONの遺跡がある。規模はプレ・ループやタ・ケオに比べると小さい。ここには日本人の団体さんが旅行会社のマイクロバスで来ている。

こちらが自転車で回っていることにいくらか興味をもった婦人が居て、

「どこで借りたのですか?」

と問うてくる。旅行を重ねて来た人にはたぶ

木立の中に建つTHOMMANON。中央祠堂（左）と拝殿（中）

ん、自由そうに見えるこちらが、いいと映ったのだろう。十数人の団体さんの他の人は特別興味もない風に、それぞれ遺跡を見物している。それでいいと思う。色々な思いをもって、日本をしばし離れ、旅行をしているのだから。

道を挟んで建つ CHAUSAY.TEVODA へ行く。規模はさらに小さく、廃墟化がより進んでいる。

団体さんも少し遅れてやって来る。あまり彼等と交錯しているのもまずいと思い、十分で出る。これでシアムリープでの遺跡めぐりは終わる。

午後三時四十六分、比較的早い時刻に戻り道となる。今日は追われることもなく帰路につく。

一日目に通った道とは逆のコースを進んでいる。

二分でアンコール・トムのビクトリー・ゲー

CHAUSAY.TEVODA。左下は借りていた自転車

アンコール・トム。ビクトリー・ゲート

トを通過する。

そして六分後、十二のPRASATS.SUOR.PRATの並ぶ横を通る。すぐにPHIMEANAKASの遺跡を前にするT字路にぶつかり、そこを左折する。

二日前休んだバフォン前の清涼飲料水売りの屋台で再び休憩する。そして特別考えてもいなかったココナッツを割ってもらって飲む。二日前にはなかったものだ。コーラやファンタよりはこういうものなら飲む気も起こる。相場の四百リエルに落とさせてから（言い値は五百だった）。

十五分休んで、バイヨンの前を今度は左回りで半周する。

バイヨンを背にして、木立の中を走って五分後、南門を通過する。一度来ただけだが、ひどく見慣れた光景のように思えてくるから不思議だ。

西参道から望む，夕暮れのアンコール・ワット

六分後、アンコール・ワット入口前に着く。もう一度入っておこうと思い、木蔭に自転車を置くと、西参道《アプローチ》の石畳を歩いて行く。三日居るのだからメイン遺跡のここには二回足を運ぶのもいいと思う。

西塔門より寺院内に入る。第一回廊すぐ右側に立つ四メートルのヴィシュヌ神を夕日の射し込む中に再び見る。

その左右四本ずつ、計八本の手に、何らかの祈り、願いが込められた布切れが掛けられている。この像の周りには子どもを含めて三～四人の地元民が居る。手に線香の束を持って。

塔門辺を出て、奥へと進んで行く。

主テンプルへの急階段を昇る。午後四時四十分を過ぎているが、まだ観光客の姿は多い。ここでも日本人の団体さん――先程の人たちとは違う――を見掛ける。

八つの手を持つヴィシュヌ神像

高所から四方を見渡す。どのような評価が多くの人によってなされようと、やはり自分にはこの遺跡が一番見るに値する処だ。外観がひどくシンメトリックで美しい。二十年近く前までは遺跡前のプールに水が湛えられ、その全容を水に映していたという。その頃に来られたらもっと良かったのにと残念に思う。

午後五時三分、ワットを出て帰路につく。外周角のT字路を直進する。こちらの道は左折して遺跡南側のT字路を右折して行く道より悪路だが、いくらか距離的に短く、また車の往来もないのがいい——とにかく後者の道ではクラクションを鳴らして走る車やバイクが多いので、ひどくうるさく感じられていたから。

午後五時三十分には宿辺に戻るが、帰らず一km程先のセントラル・マーケットへ行く。手持ちのカンボジア通貨が少なくなっている。そこで両替をする。

多くが閉じている中でただ一軒やっていた——といっても店閉《じま》いの最中だったが——宝石屋で両替する。この国ではいい具合に一日経つごとにレートは良くなっている（今日は一ドル＝千六百八十リエルで換えられる）。

両替するとすぐに宿に戻る。

バッタンバンへ

今この宿には三人の日本人が居る。一人はプノンペンから一緒の飛行機で来た人、もう一人は陸路、車の乗り継ぎで今日来た人（Oさん）。飛行機で一緒のもう一人の日本人は今朝早くに車でバッタンバンに発っている。

他に隣のGH（「592」）に、二人の日本人が居る。この二人にはプノンペンを発つ朝、宿でちょっと会い、言葉を交わしている。

シアムリープ。UNTAC OFFICEと，その前に止まるUNの車

この夜、隣に泊まる二人（Fさん、Iさん）と、飛行機で一緒の人（Hさん）が食事する食堂に行って話す。三人はベトナムのホーチミンからずっと同じルートを辿って来ている。彼等も明日バッタンバンへ発つという。私もそれに加えさせてもらう。乗り合いタクシーは客六人が集まらなければ出ないが、私たちは四人で一台をチャーターする。六人だと一人、七千リエルだが、四人ということで負担は一万五百リエルとなる（6人×7,000＝42,000÷4＝10,500）。

明日朝五時四十分に、GH「592」前で待ち合わせることにして今夜を終える。

いや隣室となったOさんと少し話す。この町までの陸路移動の様子を聞く。彼はひどく好意的に多くのことを話してくれた。こんな人との出会いは大切にしたいと思う程に。

もっともっと様々なことを聞きたかったが、明朝の早いこともあって、零時過ぎには切り上げる。可能ならタイのバンコクでの――こちらの宿を伝えている――再会を願って。

八月二十三日、日曜日。シアムリープを発つ朝。五時三十分はまだ夜は明けていない。

四人が揃ったところで、乗り合いタクシー発着場であるセントラル・マーケットへと歩く。ここ二日、夕方から夜にかけかなりの雨が降っている。その為、道のぬかるみはひどい。

まだ二分しか歩いていないが、マーケットまで一㎞の道のりが遠いと感じられてもいるその時、後ろから来た乗用車が、

「バッタンバン？」

と問う。この車も同マーケットへ行って客を見つけようとしていたものだ。私たちは歩くよりいいと思い、値の確認（やはり四万二千リエル）をして乗り込む。

まず腹を拵える為にマーケットへ行く。車なら四分だ。まだ六時前。しかしいい具合に開いている食事処もあり、そこで肉入りのラーメン（インスタントラーメン＝七百リエル）を食べ、パン（百リエル）を食して乗用車に乗り込む。

この運転手は暢びりとはしていない。早目に目的地に着いて、今日中に折り返して戻って来たいらしい。先へ早目早目に進めることはむしろ私たちも望むところだ。

マーケットを発ったのは六時四十分。町中に戻るように国道（ＫＨＫ通り）を走り、シアムリープ川に架かる橋を越え直進して、次の橋の手前 20.MAI 通りを左折して、少し走った右側にあるガソリン売り屋で止まる。ガソリンスタンドとは違う。如雨露《じょうろ》にそれを入れて注入する。別にそれで問題ない。もともとは皆このようにして注入していたのだ。それは日本でもかつては。

三分後、そこを出てＫＨＫ通りに戻り、左折する。

町の家並はすぐに途切れる。道の両側は殆どが、田んぼだ。

道はすぐに悪路となる。一度はアスファルトにした道だから一層大穴があくと始末が悪い。修復をしないのなら、むしろ土道のままの方がよい。

道を挟んで田んぼに引く水路の小橋がいくつもある。それを渡った時刻を少し列記すると、七時十六分、同五十二分、同五十六分、八時、同三分、同二十五分、同二十七分、同三十分と頻繁にある。

同三十五分、クロライン村に着く。約二時間走っている。ここで助手席に坐る者が替わる。その席が唯一、車に乗っていて楽な場所だ。後部席はその揺れの為に、身体がひどく疲れる。また真ん中の席はクッションの下の車体の一部がモロに尻に当たり、とても痛い。左右の席もスプリングがそれ程良いとは言えず、乗り心地は決して良くない――いや、悪い。

六分止まって発つ。この村でのストップも私たちが言ったから止まったのであって、運転手はどんどん先に進ませたい風だ。

再び小橋を渡る時刻、八時四十四分、同四十七分、同五十二分、同五十六分。そこから少し走ると車を止める。どうやら運ちゃん自身の体調が良くないようだ。道端の丈高い草の繁みに入って行く。

五分して、顔をしかめて戻ってくる。下痢らしい。確かに、ボディを擦《こす》りつける程の凹凸もある処の連続を、うまくハンドルを左に右に切って進むのだから、その労力は大変なものだ。この道なら団体旅行の客を走らせることはできない。旅行社が外国人旅行者に対して、

「シアムリープへ行く陸上での交通手段はない」

と言って、往路復路とも飛行機を利用させることも頷ける。金のある者は決して走りたくない道だろう。

九時三分発。橋のある箇所、同三分、同五分、同十一分、同十三分。

九時二十分、今度は故障で止まる。左前輪を動かすスタビライザーのジョイント部が外れている。運ちゃんはそれを確かめると、ジャッキアップして修理にかかる。彼は慣れたもので——よくあるトラブルのように——手早く仕事を進めていく。

彼はもともとはこの為《こと》の運ちゃんではない。彼は学校の先生という。夏休みだからやっているのか、あるいは夏休みでなくとも、今日が日曜日だからやっているのか、その辺は判らぬが、とにかく休日を利用しての小遣い稼ぎであることには違いない。しかしその額（四万二千リエル）はとても小遣いというような小さな額ではない。客さえ見つけられれば、〝いい仕事〟と言っていいだろう。

基本的に発展途上国で車を運転する者は、誰もが整備士だ。誰もが簡単な修理なら自分でこなす。そうでなければ車を所有できない。故障の度に専門家に頼んでいたら、金もかかるし、それに日本のようにその者が、飛んでやって来る、ということは有り得ないのだから。

六分で直して出発する。

九時三十一分、同四十一分、十時十分、同じような幅《はば》数メートルの木橋を通過する。

乗り合いタクシー

十時三十七分、SROK村に着く。再び燃料の補給。給油時にタンク満杯に入れている訳ではないので、そのような場所を見つけた時、止めて再び適量を入れるのだ。それを繰り返している。そうして走るのがこの辺での一般のようだ。二分間の停車で出発。

十時四十分、同四十一分、同四十四分、同四十七分、同四十八分、同五十二分と頻繁に水路上を越える。

同五十四分、検問所に着く。もう三十分以上も前から視界が展けて——それまでは道の両側に樹木や丈のある草等が処々に繁っていて、「見晴るかす」という展望を与えてはくれていなかった——、前方木立の連なりを見ている。運ちゃんが指差し、

「SISOPHON《シソフォン》」

とその時言っている。比較的大きな町に入る処にこのようなものがあるのは必然かも知れない。

運ちゃんのみがチェックされて終わる。一分程止まっていただけだ。

一つの小橋を越えて同五十九分、町中に入る。中心の交叉路を右折して暫く走ると、右側にマーケットがある。その手前に車を止める。運ちゃんはどうやら前輪左側の先程修理した処をもう少しちゃんと直したいらしい。修理のできる建物の前辺に止める。私たちにはそこが修理をやる家なのかどうか判らないが。

十一時も回っているので私たち四人はその修理の間に昼食を摂ることにする。

マーケット内に入り、うどんをそれぞれ食べる。十分程で戻るが、まだ車は直っていない。四人はマーケット辺に居てそれを待つ。

マーケット前にはタイ、ボーダーのPOIPET《ポイペット》へ行く乗り合いタクシーがいくつも止まってい
る。いやそのポイペット行きだけではなく、今来たシアムリープやこれから行くバッタンバンへ
の車もまた。
ポイペットへは、「三百バーツ」で行くという。自国貨を言うのではなく、タイ通貨を言う処
が如何にも国境らしい。同時にそれはその通貨の方がこの辺では流通性、信用の高いことを語っ
ている。
「リエルではいくら?」
と尋ねると、
「二万リエル」
ちゃんと損のないように計算されている。陸路確実に越えられるものなら、ここからそちらへ
向かうのだが……。ひどく残念に思う。
十一時三十一分、どうやら修理もできたようでマーケット脇、民家前を発つ。右折して来た交
叉路を今度は直進する(シアムリープ方向から見ると左折することになる)。
同三十九分、木橋。
同四十二分、今度はエンジントラブルで止まる。運ちゃんはボンネットを開《あ》け、首を突っ込ん
で修理する。これも五分で済む。とにかくテキパキと事を運ぶ男だ。修理の度に手やズボンを汚
して、運転席に戻る。真剣な顔をしている時にはちょっと怖いような表情にもなる。二十七、と

か八とか、その齢を言っていたが、幼い頃には当然多くのことを見て来たのだろう。この国の人は思っていたより温和な表情をしているが、でもなかには非常にキビシイ視線を投げる人の居ることも事実だ。

十一時五十六分、線路を越える。助手席には三番目の人が交代して坐っている。今は私が後部席の真ん中に居る。とても普通には坐ってられない。右か左に尻を寄せなければ、真面《まとも》に尾骶骨を撃《う》つ。次第に姿勢は身を低くするようになってゆく。それがこの席で一番楽だ、と知るともう動かない。従って窓外を見るということもなくなる。自然にウトウトする。

小一時間も眠っていたかも知れない。

午後一時十一分、ガソリンスタンドに着く。ここではポンプで給油する。もうあと一時間程で目的地のバッタンバンに着くらしい。

二分止まって出発する。ここからこちらが助手席に坐る。地獄から天国に移ったような快適さ。まるで日本と同じだ。この席ならどんな悪路で何時間走っても耐えられるような気がする。

同十六分、マコール村通過。道の両側にいくらかの民家の連なりがあるだけだ。

同村を出て、すぐにまた小橋がある。そして同二十分、同二十五分、三十二分、三十六分、と。

同三十八分から四十分まで小村に止まる。運ちゃんが用事を済ます。

同四十三分、右側に同じような建物が並ぶＵＮの CAMP《キャンプ》を見る。たぶんＵＮが設置した難民キャンプだろう。

六分後、検問所に着く。ここでは私たち四人は降りて相手と対する。ポリスが幾人も居て、私たち一人一人のパスポートを、彼等も一人一人が見て調べる。こちらからは彼等のヒマ潰しにしか思えないが、こういうのはひどく疲れる。アフリカ等での移動を思い出す。

数分後、別に四人とも問題なくそれは返される。

道を遮るようにしてある棒の下をくぐって先に進み、運転手の乗る車の来るのを待つ。彼は彼で別の検問を受けている。検問の度にいくらかの金を払っているようだ。

同五十五分、出発できる。

バッタンバン

午後二時五分、バッタンバンのマーケット前、時計塔――時計そのものには針はなく、用を足していないが――下に着く。ここで下車する。代金を支払うと、まず明日の移動手段と考える鉄道の駅へと向かう。

情報通りプノンペン行きの列車があるかどうかをチェックする。列車は週三便の筈だが、月曜発がもしなければ明日も乗り合いタクシーでプノンペンへ向かわなければならない。

実は、当初の私の加わる前の三人での話し合いでは、ここからも車でプノンペンへ行くことになっていたらしい。しかし列車のことを私が言い、

「できたら列車で行きませんか？」

という誘いに三人も、積極的ではないが同意する風を（シアムリープの時点では）示したという経緯がある。だから列車での移動に対しては私がある程度進んで事を運んでゆかなければならない。

プノンペンに居た時、そこで会った日本人旅行者（Ｉさん）より写させてもらった地図を頼りに駅へと動く。初めての土地なので少し迷い乍らも、しかし時計塔より十六分で駅に達する。

駅は小さく、そして駅前も小じんまりとしたものだ。駅舎内、切符売場の窓口に行って一つだけ開いている処で問う。

確かに明朝プノンペン行きの列車はあるという。その時刻と代金（六時二十分発で千百五十リエル――実際は千百リエルだった）を聞くと、次に宿探しへと動く。

情報ではツインで十五ドルという宿がある。しかしもっと安い宿はないかと、まだ時刻も三時前なので、四人のうち三人がそれぞれ違った方向に宿探しへと歩く。Ｆさんが荷物の見張りとして、駅舎から真っ直ぐ出た処の最初の交差点のコーナー（「SAMAKI.HOTEL」前辺）で待つ。戻って来るのは四十五分後と決めて。

それぞれの方向に三人は散る。何かこういうことをしているのが楽しい。他の三人は本当は情報にある十五ドルの部屋でいいと思っていたのかも知れない。

三〜四軒、“HOTEL”の看板を掲げる処をまわるが、どこもシングル二十五ドル、ツインは安

バッタンバン

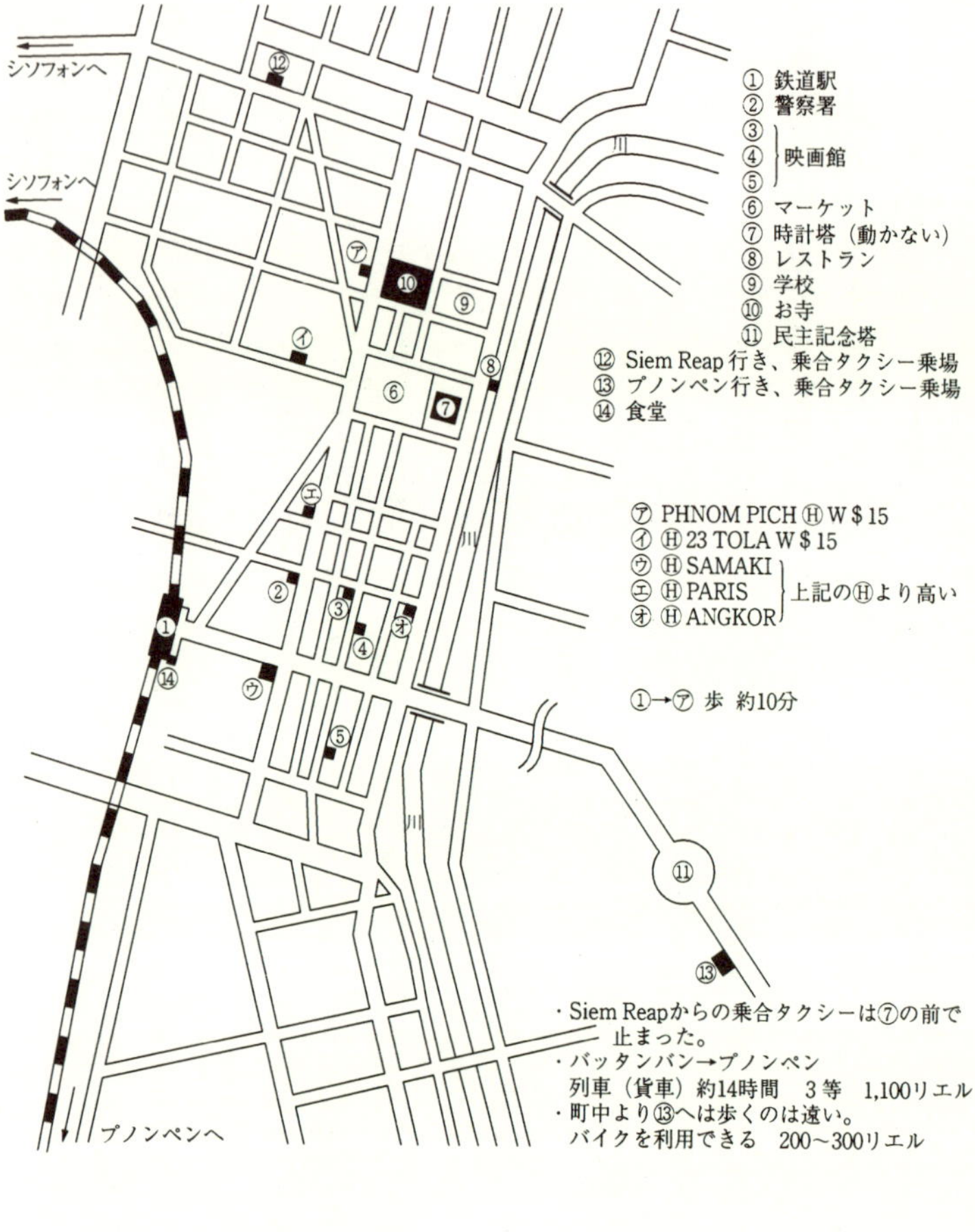
シソフォンへ
シソフォンへ
プノンペンへ
川
川
川
① 鉄道駅
② 警察署
③
④ 映画館
⑤
⑥ マーケット
⑦ 時計塔（動かない）
⑧ レストラン
⑨ 学校
⑩ お寺
⑪ 民主記念塔
⑫ Siem Reap行き、乗合タクシー乗場
⑬ プノンペン行き、乗合タクシー乗場
⑭ 食堂
㋐ PHNOM PICH Ⓗ W＄15
㋑ Ⓗ 23 TOLA W＄15
㋒ Ⓗ SAMAKI
㋓ Ⓗ PARIS 上記のⒽより高い
㋔ Ⓗ ANGKOR
①→㋐ 歩 約10分
・Siem Reapからの乗合タクシーは⑦の前で止まった。
・バッタンバン→プノンペン
列車（貨車）約14時間　3等　1,100リエル
・町中より⑬へは歩くのは遠い。
バイクを利用できる　200～300リエル

くて三十ドルだ。

マーケット辺に自然に出て、その一角の前にある「PHNOM.PICH.HOTEL」も当初、ツインで二十五ドルと言った。しかし、

「安くしてくれ」

と頼むと、二十ドルとなり、それでもこちらがOKしないと、十五ドルになった。本当は、「もっと安い宿を探そう」と言い出した手前、何としてもそれより安い処を見つけたかったが、待ち合わせの時刻もあり、この宿での交渉を最後に宿探しをやめて駅近くへと戻る。十五ドルなら探さずに初めから情報にある処に行けば良かったかも知れない。時間の無駄だったとも。

そして待ち合わせ場所に戻ると、案の定三人のうちの一人からそのような言葉が洩れる。やはり自分のような旅行をしている者は少ないと改めて思い知らされる。しかしそれはまたそれで当然かも知れない。一ドル二ドルの違いは日本円に直せば僅かなものなのだから。

一応、情報にある宿と比べると、外観は新しく小綺麗そうなので、私が交渉した宿に先に行く。私以外の三人が部屋を見て納得すればそこに泊まることにする。

待ち合わせ場所からは歩いて五分で着く。交渉した相手がこちらの顔を見て、ちょっと頰笑む。部屋を見せてもらう。

ツインでトイレ、シャワーが付き、冷蔵庫もある（勿論中には水しか入っていないが）。マァマァだと思う。

そして私以外の人も、「いいでしょう」ということで泊まることになる。いくらかホッとする。一時間程、それぞれの部屋（ツインを二部屋取る）でシャワーを浴びたりして小休止する。その後マーケットの見物に出る。しかし四人はもともとは別々の旅行者。興味の対象は違う。目的の「かき氷屋」でそれを食べると――そこの娘さんを見るのが真の目的――、そこからは別行動になる。マーケットをさらに見物する者、宿に戻る者と。私は少しだけマーケットを見て、宿に戻る。

夕食は川に面したバンドの入るレストランで。六時頃から一時間半程居て、宿へと戻る。皆一様に乗り合いタクシーの疲れを感じている。

明朝は五時起きだが、やはり夜十一時近くまでは眠らない。旅先での話は尽きないから。同室になったFさんは、かつて私が通っていた学校の学生さんなので余計親しみが湧く。こういう人がその学校からも沢山出てくれると嬉しい。

貨物列車

翌朝、まだ薄暗い五時三十四分に宿を出る。

九分後に駅に着く。すでにその三等のみしかない列車は止まっている。三等である筈だ。座席はどこにもない。すべて貨車である。そこに人間が乗り込む。

私は正直言って、『面白い』と内心思う。アフリカ的だと。しかし他の三人にとっては……。まず荷物を置けるようにしなければならない。トウモロコシの皮や、何とも判然とせぬ真っ黒なゴミを靴の先で掻き出し、車外へと落とす。それでも完全にはゴミ芥はなくならない。自分達の荷物を置くに必要な最小限の範囲分だけ、掻き出す。貨車角隅《かどすみ》には動物の糞のような塊りがある。少し離れているので、そこまでは掻き出さない。

荷物は置けたが、とても自分が直《ちょく》に腰を降ろすことはできない。新聞紙か何かが必要だ。他の三人も荷は置いたが坐る者は居ない。あるいは列車にして『失敗した』と、思っているのかも知れない。

駅舎を出て、右側にある食堂へ行く。

「新聞ありますか?」

あれば敷く為に購入しようと思う。

「ありません」

食堂は飯を食べさせる処で、新聞は置いてない。

しかし、「ありません」と言われても、ただ帰ることはできない。それに代わり得る何物かを持って帰らなければ。子供の使いではないのだから。

同食堂内にちょっとした売店がある。そのガラスショーケースの後側に空《から》のダンボールがある。

それをくれるように頼む。

店の主人のような男の人が対応に出て、そこに坐る女の子に、「あげるように」と指示する。中、小二つの箱があるが、大きい方を貰う。しかし四人という数を考えると一つでは少ない。「小さい方のもください」と言う。何やらゴミを入れていた箱のようで、内のものを出してこちらに渡してくれる。

それを持って貨車に戻る。ダンボールを切って開いて、そして四人が坐れる分のスペースを作るが、一つのそれに二人が坐ると、些かきつい。特に小さい方のダンボールには。それでそこにはHさん一人が坐る。大き目の方には私とIさん二人。Fさんは持参している日本からの黒のビニール袋を出して、そこに腰を降ろす。

少しするとしかし、皆の位置がそれぞれバラバラになる。あるいはこの列車に乗せられたこ

バッタンバン→プノンペン間，貨物列車内にて

とを三人は怒っているのかも知れない。言葉が交わされなくなってもいる。

定刻の六時二十分を過ぎても動き出さない。定刻に動くとは思っていない。しかしできることならあまり遅れないで欲しいと。一時間以内の遅れのうちに動いてくれたらいいと思っている。

白人のカップルがやってくる。外国人旅行者はどうやら私たちとその二人だけのようだ。

初めこちらを見つけて、同じ車両に乗り込むが、すぐに男の方が探索に出て行く。

暫くして戻って来ると別の車両にもう少し綺麗な処があると告げて、二人はそちらへと移動して行く。私たちは荷を降ろし、もうすでに腰を落ち着けているので動かない。もし自分一人だったら、たぶんそちらへと動いただろうが。

七時を回る。しかし動かない。走る前から他の三人の表情には疲れが見える。このような列車に乗ったことがなければ、たぶん誰でもそうだろう。自分の判断で他人を推《はか》ってはいけない。

同六分、何の前触れもなく動き出す。一応ホッとする。とにかく動かないことが最も精神的に良くない。

貨車内には私たち四人の他に、三十名近い者が乗り込んでいる。地元の人は勿論このような列車と知っていて、用意のいい者はハンモックを出して、車両《ハコ》内に吊るして休んでいる。これなら床に坐ることもなく、また横にもなれて、こんな移動には最高の携帯品《もの》だ。

私の目の前にもハンモックが吊られている。そこには齢五十に近い女の人と、七~八歳の男の子が居る。

バッタンバン→プノンペン間，貨車内の光景（ハンモックが吊るされている）

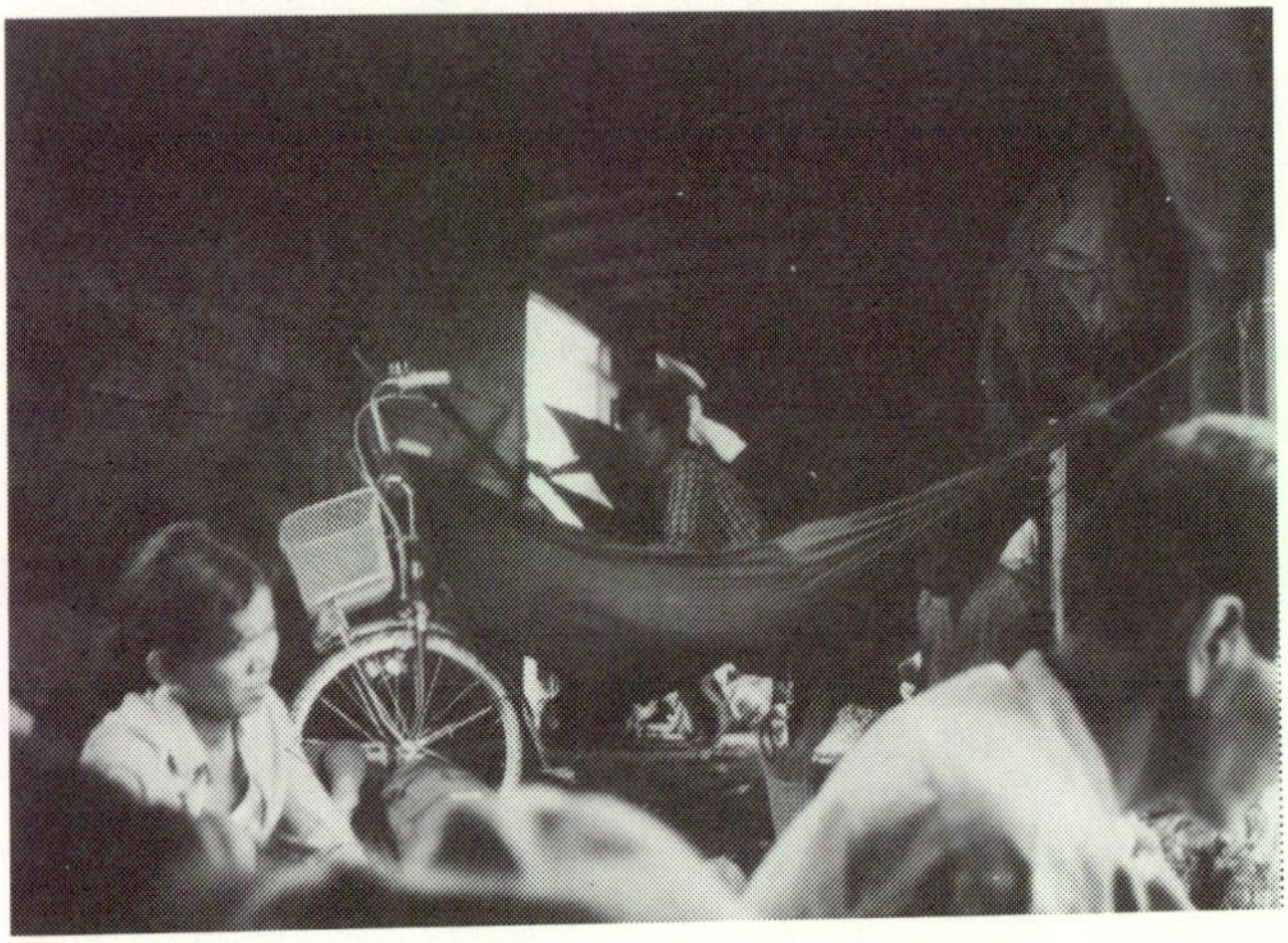

出入口の付近に多くの客はかたまっている。風が入るからか、あるいは自分の荷と離れたくないからか、とにかくその付近は混雑している。

十四分走って止まる。視野には駅のような建物はどこにもないが、ここが駅らしい。

この貨車には二十両以上が繋がれていて、たぶん私たちの居るハコは中間《なか》程だと思う。先頭車両付近には駅舎が見えるかも知れない。

二分で動き出す。勿論この列車は各駅に止まる。すべての駅がたぶん、この列車の来るのを待っている。

二十分程走って止まる。この列車、運転士のブレーキのかけ方が悪いのか、あるいはこの列車自体のブレーキ系統の構造が悪いのか、速度が弱まってからかけるブレーキが、ひどく急ブレーキになる。

〝ガクン！〟

とハコ内に居る者は皆が進行方向に倒される。スピードが弱まったら、急ブレーキに身構えて、備えなければならない。

三分の停車で走り出す。

次の停車は八時ちょうど。そして一分で走り出す。各駅停車だが、止まっている時間が短いのはいいことだと思う。

ハコ内を見つめるように坐っているので、外は反対側のみしか見えないが、景色はやはり緑の続く田園景だ。貨車故に隣の車両に移ることはできない。従って、

「これでは検札はないから、この車両の中にもかなり無賃乗車をしている者が居るのではないか」と、Iさんに言っていた矢先の次の八時十五分の停車、そして同十六分の発車のあとに車掌が出入口から現れる。停車毎に車両から車両へ移動しているようだ。

私たち四人を外国人旅行者と知ると、ひどく丁寧な態度をとってくれる。必要以上の親切はむしろ煩わしいが、彼のような丁寧は嬉しい。

車内に居る者の多くはやはり切符を買ってないで乗り込んでいる。それでも別に後ろめたさなどない。車掌が回って来ても、払わないで済まそうとする者も居る。始発から終点まで十四時間程走る。料金は千百リエル。外国人旅行者にとっては一ドル（＝約千七百リエル）もしないが、地元の人には決して小さな額ではない。できることなら払わずに済ませたい。

車掌は穀類を入れた袋の数々を踏み越え、車両内を横切るように張られたハンモックの下をく

ぐって端から端まで行って、料金を徴収して歩く。かなり体力のいる仕事と思う。

八時三十分、再び停車。車掌は次の車両へと移って行く。一分程の停車だから、身も軽くこなさなければならない。但し、走り出した時のスピードは遅いから動いていても、乗り降りはできるが。

車中にて

八時四十二分、そして九時二十五分と、それぞれ一分程の停車をする。

九時四十九分、停まる。また一分程で動くのかと思っていたが、今度は動かない。大きな駅のようだ。それに合わせたように多くの物売りがやって来る。客の多くが喉の渇きを覚える頃だろうと知っていて、ビニール袋に入れた水を売り歩く。子供、女性が多い。

また、焼魚、串肉、うどんといった食事代わりのものを売る者、ピーナッツ、みかん、パンといったデザート代わりのものを売る者。さらにはちまき売りも。

車両の中でもそれらを買って、飲み喰いする者が多い。

私たちもちまきを買い込む。昼食用だ。朝食はバッタンバンの駅で買った三百リエルの大きなフランスパンを一本食べている。こういう時はこんな程度の食事で充分だ。

十時十五分動き出す。同二十二分停車、一分後発。同四十分停車、一分後発。十一時十八分停車、同二十一分発。同四十二分停車、同四十八分発。

十二時四分停車。この停車の際、いつものように激しい急ブレーキがかかり、出入口付近に居た子供が、その扉口の鉄の角にコメカミと瞼との間辺をぶつけ、血を流す。しかし子供は大声で泣いた訳でもないので、その周りの者にしかこのことは知られない。隣のIさんが、

「子供が頭をぶつけたらしい」

と伝えてくれて初めて知る。子供の父親が煙草の葉を当てて止血している。しかし薬など勿論持っていない。

私はバッグからバンドエイドを取り出してIさんに渡す。そして父親に渡るが、どのように取り扱うか分からないようなので、Iさんが再び戻し受け、包みの紙の部分を破り取り除いて渡す。そして父親がバンドの部分をはがし出すと、私たちは傷口に貼る仕草をする。

血は完全には止まっていないが、バンドを当てる。すぐに血が滲むが流れるにまかせるより当てていた方がいい。一枚では足りないと思い、五枚余分に父親に渡す。

このことを人混みの向こうからHさんも見ていて、薬を持っている、と言ってオロナイン軟膏を渡してくれる。日本人はやはり比較的優しいのかも知れない。勿論当然のことをしているのに違いないが。

その薬を少し絞り、子供の傷口に塗る。すでに貼ってあるバンドエイドは血に染まっている。それを捨てて新しいものを使う。父親は初めてのことで、やはり解らない。紙を切って取り出す

仕草をこちらがして、初めてその通りにする。

子供は大人しくしている。私はこういう子供が好きだ。傷は深く、また幅も一センチ程はある。薬の作用でバンドエイドへの血の滲みは少なくなる。父親も子供もその兄さんもいくらかホッとしたようだ。

十二時三十二分、停車。隣のIさんが、「屋根へ行く」と言って、車両《ハコ》を出て行く。私も席さえ確保され、荷物の心配がなければ昇っても良かったが――スーダンの列車行を思い出したことだろう――坐り続ける。

ダンボールのスペースに余裕ができたこともあって、横になる。眠るというより時間の経過を早くしたかったからだ。それに坐っていることにも倦きて来ていた。Fさんはずっと前から、斜め前方の離れた処で横になっている。たぶんこんな列車行を苦々しく思っているのかも知れない。Hさんは真向かいに坐っている。同四十分発。

一時九分停車、同十分発。同二十九分停車、同分発。午後二時五分停車、同七分発。同三十二分停車。旅行者にはどの駅でどの位停まっているのか判らない。しかしここも大きな町の駅らしく、暫く動かない。

停車と同時に車両の横では男達が薪を屋根上に積み上げている。かなりの量だ。この駅だけではなく、ここまでの停車駅でも積んでいる。

屋根上にはかなりの量のそれが載っている。その薪をプノンペンに運んで商売するのだ。運ぶ者は必死だ。それが生活を助けるのだから。たとえ車両の屋根がその重みで落ちてしまおうとも。車両《ハコ》の天井が軋《きし》んでいる。それに気付いた私の近くのカンボジア人たちは皆中央辺へと移動する。ハンモックのおばさんもそれを外して移動する。

確かに梁が歪んでいる。釘が露出している。割れている梁もある。

『落ちるのではないか』

と日本人は皆思う。こんな処、こんな列車の中では死にたくない。天井が落ちて真面に頭に当たれば死ぬかも知れない。なぜならかなりの量のそれだから圧死ということもありうる。軋んでいるからといって積み上げるのを止《と》めようとする乗客《もの》は居ない。たとえ止めても、積み上げる方はその手を止めることはあるまい。

落ちないことを祈って、私はここを動かない。動いた人によって出入口付近はさらに人で埋まる。斜め向かいのFさんの姿はその動いた人たちによって全く見えなくなる。Hさんも頭が見える程度だ。確かにハードな列車行だと思う。

四十五分間の停車。午後三時十七分発。

プノンペン着

四時三分停車、同六分発。Iさんが、「暑かった」と言って、屋根から降りてくる。

同四十八分停車、同五十分発。午後五時五分停車、同六分発。

「二十時か二十一時」

にプノンペンに着くと聞いている。早くてもあと三時間はかかる。そろそろこの車両の中の生活にも倦きてくる。しかし殆ど動くことはできない。

同十八分停車、同二十分発。同五十三分停車、同五十五分発。

日が暮れ始める。車両内に明かりは当然ない。

六時十八分停車。再び屋根に薪が積み上げられる。さらに軋む。本当にその部分の天井が落ちそうな程だ。カンボジア人がさらに避難し出す。その一瞬をついて隣のIさんは比較的安全な位置に居るFさんの処《ところ》へと移動する。私とHさんはそれを逸《のが》してそちらへ行くことは出来ない。彼等との間には人の厚い壁が出来ていて、とても動ける状態ではない。

軋む天井の下には人は居ないが穀類の入ったビニール袋はある。しかし今度はそれさえ、その持主は動かし始める。落下が真実味を帯びてくる。Hさんの下辺りが一番危なく、彼はこちら側へと誰も居ないその下を歩いて移動してくる。もう坐らないで、車両の角隅の安全と思われる処で立っている。同二十八分発。

六時四十五分停車。車掌がライトを持ってやって来て、その軋む梁を照らす。何か言う。それに反応するように人々がさらに、そこより離れようと動く。

「落ちるぞ！」

と言ったのかも知れない。私は覚悟を決めて同じ処に坐っている。落ちたら落ちたまでのことだと。死ぬかも知れないが頭さえカバーできれば、腕や足は折れても仕方ないと思っている。勿論、本当に落ちて来てケガでもしたら予定日に帰国できなくなることは判然としているが。

午後七時発。もうあと二時間程で着く。そう思って、とにかく辛抱する。汚さ、という環境より、今は天井の落下の方に余程神経を使わなければならない。

七時十八分停車、同二十分発。同三十分停車、同三十二分発。同四十四分停車、同四十五分発。真っ暗な車両の中に多くの人々が息をひそめている姿は少々異様だが、こういう国では珍しいことではない。

八時停車、同二分発。

『八時も過ぎた』

という思いがある。八時には本当は、〝着いて欲しかった〟という思いはある。次は、『九時を過ぎずに着いて欲しい』とに変更する。

八時十五分停車、同十七分発。同二十分停車、同二十一分発。

同二十五分停車、同二十六分発。この駅を出ると、人々の動きが激しくなる。荷物をまとめ出す者が多い。暗いなか、幾人かの持つ懐中電灯の光が交錯する。闇の中を二条三条《すじ》と交錯する。

同三十八分停車。多くの乗客が出口に動く。そして大きな袋を、今まで座席代わりにしていたそれを降ろし出す。

ケガをした子の兄さんが私たちに、「ポチェントン」と教えてくれる。そして降りる仕度をしようとしている私たちに、「ここは違う」とジェスチャーで教えてくれる。

ポチェントン、すなわち空港のある処だ。車両に居た客の六～七割が下車する。再びハコの中には空間ができる。やっとプノンペンに着くらしい。同四十八分発。

午後九時十二分、ポチェントンより二十四分走って、終点のプノンペン駅に着く。私以外の三人には声もあまりない。勿論私にとっても楽な移動ではなかったが。

約十四時間の列（貨）車行。同じ時間がかかっても、快適なら何も問題はなかっただろう。しかしこの十四時間は、かなりハードだった。アフリカ以上ではないが、アフリカを彷彿させるには充分なものがあったように思う。

駅から歩いて十分程の処にあるセントラル・マーケットに近い安宿（「ANGKOR SHEY GH」シングル＝五米ドル）に寝床を取り、荷を置くと、近くの食堂へと夕食に行く。

三人の顔には疲労の色が濃いが、それなりに行程を終えてホッとしている風もある。列車で行くことの〝言い出しっぺ〟の私としては、何か悪いことをしたようで申し訳ない思いがある。なかなか複数での移動は難しいものだ、とまた思い知らされる。

食堂に一時間程居て宿に戻る。皆ひどく疲れている。シャワーも浴びないで寝るという人（Hさん、Iさん）も居る。とにかく今は横になりたい、と。

湖、北辺通り

翌朝、いつも通り六時には起床すると、同四十分には外に出て予定を消化し出す。まず、両替をする。手持ちのカンボジア貨が足りない。

近くの写真店でフィルムを求め、そしてそこで同時に両替する。この町では多くの商店が両替してくれる。それは勿論銀行レートより良い率で（今日は一ドル＝千七百五十リエル）。

一旦宿に戻り、すぐにまた外に出る。宿前の食事処でおかゆの朝食を摂ると、セントラル・マーケットへ行く。カンボジアのお茶を買いに。この国のお茶も是非とも土産にしたくて。

四人での約束の集合時刻、七時三十分には戻り、そして宿換えの為に歩いて、以前泊まっていた「CAPITOL.HOTEL」へと動く。ここは

セントラル・マーケット近くのバスターミナル

カンボジアの通貨

100リエル

200リエル

500リエル

CAPITOL.HOTEL　前辺

朝に行かなければ満室になることが多い。

七時四十四分には新しい宿《そこ》の部屋に入る。そして九時近くまで下の食堂で三人と過ごす。

彼等は朝食を摂る。こちらはコーヒーを飲む。

Iさんがちょっと身体の具合が悪そうだ。HさんとFさんも、「午前中は休養する」と言う。午後から動くらしい。こちらは中央郵便局に行けばもう予定はない。それから一応国連関係の品物が売られているという、「UNTAC.7《アンタックセブン》」をチェックしようと思う。そんなことをするのがちょうど良い。

九時、三人と別れて宿を出る。

ゆっくり歩いてセントラル・マーケット、オールド・マーケット辺を経て、中央郵便局へ向かう。

WAT.PHNOM の下では大道芸人が見せ物をやっていて、多くの人だかりがある。娯楽の少

オールド・マーケット辺　路上揚げ菓子屋

ない国ではこういうものが人々の興味をさそう。
九時三十二分、同郵便局に着く。便りを一人に出して、三百リエル分の切手を購入して、十一分後出る。
再び歩いてオールド・マーケット辺——そこの路上の「おかゆ屋」でそれを食し（二百五十リエル）、「揚げ菓子屋」で、一つ五十リエルのそれを一つ食している——を経て、TOU.SAMOUTH大通りを真っ直ぐ下る。SIVUTHA大通りとの交叉点にある“Victory Monument”に入り、小休止する。四方眺めはいい。十分程休んでいる。
同じTOU.SAMOUTH大通りを行き、十五分程、WAT.THANとアルファベットで看板が出ているので、それにつられて予定外だが入って行く。タイのお寺らしい。こちらには判らないが若い僧が来て、「タイ寺だ」というような

Victory Monument より Sivutha 大通り，トンレサップ川方面を望む

ことを言う。

十分居て出る。ちょうどその入口前、歩道上に食事をする屋台がある。ここで、正午にはいくらか早いが、昼食とする。ごはんにおかず一つを掛けて食べる。これが私にはひどくうまい。社会の底辺で働く男達と肩を並べて食べるそれがうまい。彼等の飲む水を同じカップを使って、喉を鳴らして飲む。

二十分後、再び歩き出す。

KEO.MONY 大通りで右折する。少し行くと右側に、ラオス大使館がある。そしてその先から国連関係の建物が多くなる。

人に訊いて「アンタック・セブン」を訪れるが、ただの事務所のようで売店のような雰囲気はない。私自身は特別買う物はないので、売店がないのを確かめるとそこを出る。

私も用を済ませば宿で暢びりしたい。帰路途

中十二時五十分に雨が降り出し、十五分程雨宿りして動けないが、午後一時十分には宿に戻る。もう外へは出ない。

五時四十分、娼婦街へ行くというFさん、Hさんと共に話のタネにバイクタクシーで向かう。鉄道駅前（アチャミーン大通り）を通り、北へ行って70番通りを左に折れた処、BOENG.KAK湖の北側の通り一帯がそこだ。

日が暮れてから女の子たちを見て歩く。男と女しか居ない世の中。こういう仕事があっても当然だろう。男は普通、膂力《ちから》を売るが、女は普通それは売れない。とすれば女であることを売る以外ない。もし他に特別な能力もなければ。

まだ十四、五、いや十二、三位の年齢の子もいて痛ましく思うが、そんな感傷は一期の旅行者だけが持つものだ。感傷を持つ限り、私は見るだけで終わってしまう。

UNの兵士が制服のまま、沢山、客として来ている。彼等とて、決して環境のいいとは言えないこの国での活動の間には、せめてこういう時間も持ちたいだろう。病気の心配はあるにせよ、百%罹患するというのでなければ、兵士《おとこ》は必然として足を向ける。

派遣国は隊員達の性の処理のことまでは考えていない。ただ、〝国際社会の中にあっては、協力するのが当然〟という名目をかざして。

※日本の自衛隊も、私のこの旅行の翌年、この国にPKO要員として派遣された。彼等の中の多くも、この湖、北辺通りを

往還したのではないだろうか。

CAPITOL.HOTEL，２階よりの眺め，
オルセー・マーケット方面を

七時過ぎ、Ｆさんを残してＨさんとバイクで戻って来る。Ｆさんも九時頃には戻ってくる。

ＦさんとＨさんは明後日に陸路ホーチミンへ向かう。今日一日寝ていたＩさんは一応金曜日にビエンチャンへ向かうようだ。彼が熱を出して、全く動けなくなっている、と聞いてひどく責任を感じていた。やはりあの列車行はハード過ぎたらしい。確かに、これまであまりひどい状況に遭っていない旅行者にとっては苛酷過ぎたかも知れない。

翌朝、Ｆさんのノックで部屋を出る。私はいつものように六時には起床し、出発までの時間をベッドの上での書き物に充てている。

CAPITOL.HOTEL，２階よりの眺め。107番通り，北方面を望む

同上。182番通り，東方面を望む

七時三十分、下の食堂へ荷物をまとめて降りる。

そこでいくらか元気になったIさんを見てホッとする。どうやら予定通りビエンチャンへ行くらしい。昨日の最悪の状態時にはビエンチャン行きを諦めて、バンコクに戻る、と口走っていたらしいから。

八時十分過ぎ、あとから降りて来たHさんも含めて三人に別れを告げ、食堂を出る。

そして少し歩いた道でバイクタクシーを拾い、空港へと向かう。一週間前に着いた処だ。僅か一週間だが、結構中身の濃い時間を送ったと思う。

荷台に坐って身を任せる。頬に当たる風は気持ち良い。カンボジアの風は私にとって優しかった。

二十一分後、空港に到着し、約束の五百リエルを支払って下車する。

歩いて一分で、同建物内へと入る。

CAPITOL.HOTEL, 1 階食堂で F さん(左)と I さん(右)

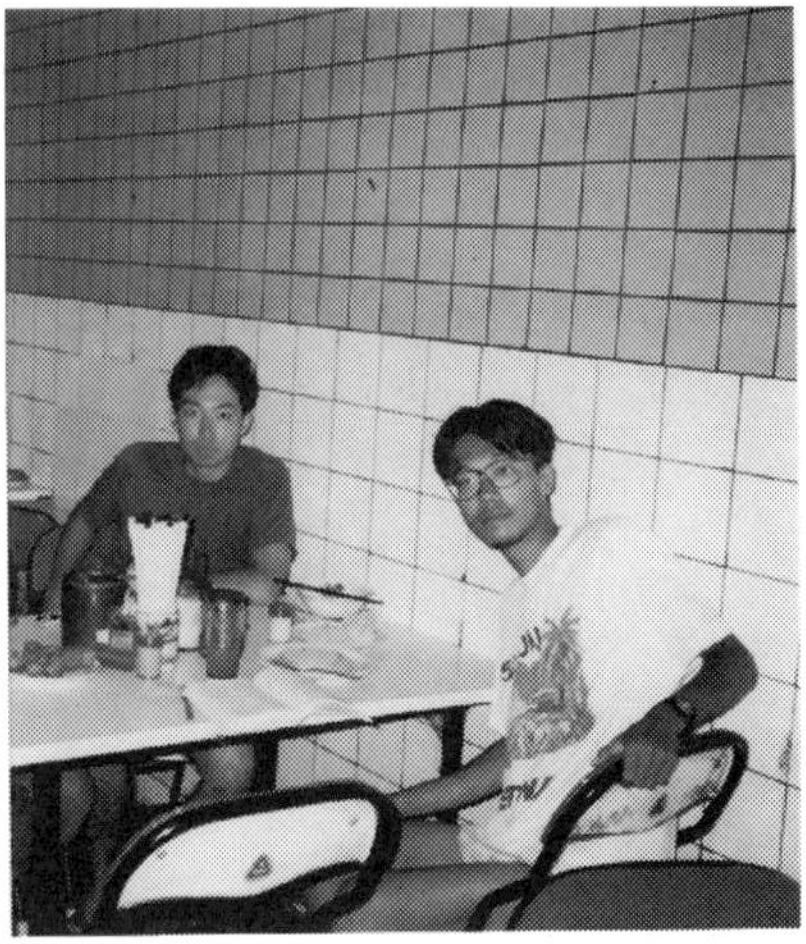

充足感を持って出国する。チェックインもイミグレも簡単に済む。カスタムもまた。しかし離陸は予定より遅れる。

工事中の建物のロビーで待つこと一時間以上。搭乗は十時六分、そして離陸は同二十一分（定刻は十時ちょうど）。

カンボジア航空一一一便は空席を多く見せて飛び立つ。

ソフトドリンク、コーヒー、そして軽食（サモサとフルーツとケーキ）が出て約一時間後（午前十一時十八分）、無事バンコクに着陸した。

タイ（三回目）

清里か軽井沢に行くように

タイ入国もこれで、この旅行だけで三回目。慣れた足取りで手続きをこなしてゆく。預けた荷物もないので着陸から二十分後にはフリーになっている。そしていつものように市バスの停留所へ。

しかしここからがまたなかなか民主記念塔へは辿り着かない。

午前十一時四十三分、五十九番のバスに乗るが二十分程走った処のバスターミナルが終点。次に三十九番のミニバスに乗るが、これも十分程の処が終点。三つ目は三十九番の大型バス――それまで五十九番を待つが停留所を素通りしてしまっている――だが、これも二十数分走った戦勝記念塔前が終点。

四度目に乗った五十九番がやっと民主記念塔に着く。空港を出た時には一時間と少しでカオサン辺に辿り着けると思っていたがとんでもない。いつも通り二時間かかっている。

しかし午後二時前には荷物を預けてある「POLY《ポリー》.G.H」に着く。Oさんは居て、無事荷物を受け取ることができる。Oさんには深く感謝しなければならない。

こちらもこのGHに部屋を取る。いい具合にOさんの二つ隣に空室があったので。それに明後日の夜には帰国の途につくので、定宿より十バーツ高い（七十バーツ）のも、良しとする。

同GHに着いて二十分後の午後二時三分、バンコクでの予定を消化すべく、動き出す。

ASOKE通り（サーミットタワー、九階）にある日本大使館（領事部）へ行き、手紙を回収する。

そしてSUKHUMVIT通りを右折して二十分程歩くとある免税店に入り、商品をチェックする。考えていたよりその値は安くない。また気に入った土産のバッグも見つからない。何も買わずに出てくる。

夕方六時前には宿に戻る。もうやることはな

SUKHUMVIT通り，アンバサダーホテル前辺から西方向を

い。いや明日、「マーボン・クロング・センター」のスーパーマーケットに行って、少し土産物を買う以外は。あとはこの付近の店で用はすべて足せる。

夜、Oさんと宿で話していると、一週間前ここで会ったアメリカの大学で日本語を教えているKさんと再会する。そして彼と知り合いの男の人――そのチェンマイ、メーサイ旅行の際に知り合ったという――と夜遅くまで話し込む。正確には午前一時過ぎまで。確かに旅行者はいくらでも話が続く。

Kさんは明朝四時には空港に行くという。二時間程しか眠れない。アメリカへの飛行機の中でゆっくり寝るから、と言ってこのことを気にする風はない。いろいろな人とめぐり逢うのが旅行だと思う。

バンコクに戻った日が終わる。あと二日。

翌八月二十七日、木曜日。

POLY.GH 2階のテーブルにて。Kさん（左）Oさん（右）

帰国の為の土産物を買いに動く。身内が一年毎に増えて、そしてその子たちは大きくなり、必然的に彼等への土産物の内容も変わってくる。この国らしい布製の背負いバッグを求める。また信玄袋も。考えてみると、土産物を買うというのはひどく難しい。いずれ誰かに頼むような旅行をしたいものだ。

夜、Oさんを介して三人の男の人と知り合う。一人はOさんの高校時代の同級生。他の二人はその同級生が昨年この町で知り合った人たち。話はすぐに始まり親しくなる。

夕食にはタイスキという日本で言うところの、「寄せ鍋」を食べに行く。肉やエビやイカ等々、海産物も入る。野菜も入る。話のタネに食べてみる。これはこれで美味しい。

一時間二十分後（九時四十四分）、宿に戻る。二人のうちの一人が深夜の便でエジプトに飛ぶ。一万五百バーツという。五万円程で飛んで行かれる。アフリカは今の自分には遥かに遠くに思われるが、多くの人が途切れることなく入り込んでいる。あるいは当然に、スーダンへも、そしてケニアへもと。

なぜかこちらもそのルートを辿りたいという思いが疼く。いやその前に、ヨルダン、イスラエルをやらなければならない。来年はやはり、ヨルダン、イスラエル、エジプトをと考え出している。エジプトからレバノンに飛べば、それなりにその三カ国はこなせることになる。従ってまたこの国《タイ》に来るのかも知れない。

その人ともう一人が話の場から去り、Oさんとその同級生、そしてタイスキのレストランで出会った同級生の知り合いの女の人との四人で話し込む。

そこへさらに二人の日本人の女の子が加わる。夜もだいぶ遅くなってから現れる。まだ学生という二人はひどく軽い気持ちで旅行している。実際旅行など簡単なものだが、せめて気持ちだけはいくらか日本の日常とは違った感じでいて欲しい、と思う。特に女の子の場合には。

十年程前に出会った旅行者とはあまりにも違うその質に、驚かざるを得ない。当時はそれなりに年齢を重ねた人か、あるいは何か目的を持った人でしか、このような国には来ていなかったように思う。今はしかし、日本の何処かの観光地へでも行くような感覚で来ている。

男にチヤホヤされて嬉々としている。話を聞いていて少し嫌になってくる。全くこの国の実情を知らなさ過ぎることに。便利なガイドブックが出来たお蔭で、誰でもやって来れるようになった。それこそハワイやグアムへ行くようなつもりで。いやいや、国内の清里や軽井沢へでも行くようなノリで。

何かのトラブルに巻き込まれなければいいと願わざるを得ない。日本人程、狙う者にとって好個の民族はいないのだから。

午前二時近くまで話し合っている。しかしあまりその女の子達のことには触れたくない。書けば書くことが多過ぎるような気がして。しかしそんな彼女等でも運が良ければ、楽しい時間を過ごして帰国してゆくのだと思う。他人のこちらが何かを言う必要《こと》はない。

翌日、最後の買い物をした以外動かない。このカオサン近辺を歩いただけだ。アイスクリームを何回も、違った種類のそれを食べる。暑いこの町にあって、それはひどく美味なものだ。

夜六時三十分、Oさんとそしてまた今日知り合った日本人と三人で夕食を食堂で摂る。様々な旅行者がこの町を基点に行ったり来たりする。いくつもの違った話が聞ける。旅行は土地を見ること以上に、多くの人間と知り合うことに意味がある。この旅行でも人のつながりが広がったように思う。人生に於いて話し合える人が多く居るというのは、ひどく幸福なことではないか。

八時少し前、Oさんとその人に送られて小雨の降る中、バス停へと向かう。自分の旅行には雨降りが似合っている。そしてまた乗り込んだエアコンバスが空港には行かず、途中で乗り換えなければならなかったということも。

だがとにかく一時間半後には空港前に着く。大通りの車道を、歩道橋に昇って横切る。小雨も上がっている。

バンコクに風は無い。今日もやはり風《それ》は無い。ただ湿った空気が頬に生温かいだけだ。

空港ターミナルビルの巨大なシルエットが闇の中に黒く浮かぶ。この旅行も切れようとしている。

あとがき

まだPKO要員としての自衛隊が派遣される前の夏（一九九二年）にカンボジアを訪れ、人々の生活に少し触れて来ました。
国家としての態を成《な》していない、本文にもあるように、UNの車がひどく目立っていた頃でしたが、しかし人々の温和な表情はとても印象的でした——アンコール・ワットでは、混乱の中にあっても、子供も女の人達も外国人観光客相手に、笑顔と共に逞しく生きていました。

この旅行ではカンボジアを含め、ベトナムもラオスも首都中心にしか訪れていなく、そういった意味では点の記録でしかなく、有効な情報足り得てはいませんが、その時々の、現実にあった出来事の一端にでも——狭い範囲乍らも少しでもそれに——触れて頂けたら、との思いで書いて来ました。

ベトナムでは、現在《いま》はすでに移動許可証の取得は不要になり、個人の自由旅行が晴れて可能となっています。当時と比すればだいぶ動き易くなっているようです。
反対にアンコール・ワットでは、その入域に料金が徴収され出したと聞いて、僅か一年半程の間ですが、隔世を感じない訳にはゆきません。どこでも様々なことが動いているようです。私自身もそろそろ貪っていた惰眠から醒めて、起き出す時に来ているのかも知れません。

今回も無味乾燥な数字の羅列、極めて私的な出来事の開陳、そして瑣末事の冗長な述懐に終始していますが、インドシナに興味のある方のいくらかでも参考になれば、と。読まれてみて何か残るものがありましたら、望外の幸せです。

この稿を進めるにあたって、漢語、その他不明な点に関して、早稲田大学文学部の岡崎先生に多くの御教授を頂きました。末筆乍ら、心よりお礼申しあげます。

また出版に際しては今回も学文社の三原さんに御助力を頂きました。ありがとうございました。

一九九四年二月

著　者

「あとがき」のあとがき

『鈴木さん

カンボジア、アンコールワットで隣の部屋だった大塚です。お留守のようですので、メモだけで申し訳ありませんが。帰りの陸路も大変おもしろく、カンボジア人は親切で、食物をやたらとくれるので、助かりました。

8／26 PM 4：50 大塚』

他の処でも書いてきていることですが、私の旅行は人との出逢いを求めての、と言うことも大きな部分を占めていることも確かです。日本では縁のなかった者同士が旅先で知り合って、お互いの旅行を語り合い乍ら、それぞれの感性を伝え合う。そこで感じるものがあれば、再び出会いを求め合う。今度《つぎ》は見ず知らずとしてではなく、お互いの予定を調整して……。共通の時間を持つことによって共通の話題を分かち合える。出会いは語り合えるからこそ楽しいのだと思います。

この「インドシナ」の旅行でも多くの人たちと知り合いました。そのどれもに想い出はあり、そして語り合えたことに――語ってくれたことに――感謝しています。

思いつくままに挙げてゆくと……。

バンコクでカンボジアに行っている期間《あいだ》、荷物を預かっていてくれたOさん（＝小澤さん）。その小澤さんと最初に「ポリー・ゲストハウス」で会った時に一緒に居たKさん。

また同日時頃に知り合った日本人のカップル。特にその後、カンボジアから戻ったあとにも小澤さんと共に再会できた、アメリカで日本語教師をしている男性のKさん（＝加藤さん）には多くの話を聞かせてもらいました。

カンボジアでも多くの日本人と知り合いました。

プノンペンの「CAPITOL HOTEL」で有益なシアムリープ、及びアンコール・ワットの情報をいくつも頂いた日本人カップル、Aさん（＝浅野さん）、Nさん（＝野中さん）。

また同ホテルの食堂で浅野さんたちと話している時にやって来たKさん（＝北谷さん）。彼とは一緒に“CHOEUNG.EK”“TUOL SLENG”博物館に行きました。その折（本文中にも記しましたが）、利用したバイクの運ちゃんとの料金支払い時に於けるトラブルでは、彼の姿にかつての自分を見たものでした。

このプノンペンでの滞在時にやはり出逢い、バッタンバンの情報を受けたIさん（＝池谷さん――アメリカに長く住んでいる）とHさん（＝半澤さん）も印象深い人でした。

シアムリープ→バッタンバン→プノンペンの移動を共にしたFさん（＝古田さん）、Iさん（＝一の瀬さん）、Hさん（＝平野さん）。

――バッタンバンまでの悪路の乗用車中。バッタンバンでの一夜。プノンペンまでの貨車行。この旅行では経験としては、この三人との時間が最も「濃い」時間だったということができるかも知れません。三人それぞれに思い出があります（特に貨車での時間では）。忘れられない人たちです。


そしてこの「あとがき」の冒頭の〝メモ〟をバンコクの宿に置いていってくれた、シアムリープの宿で隣室となったOさん（＝大塚さん）。

彼が訪ねて来てくれた午後四時三十分から一時間後に帰宿して、それを手にした時にはひどく残念に思ったものでした。こちらも是非とも再会を願っていましたので。

翌、八月二十七日もバンコクに滞在し、その次の二十八日も夜まで居たので、もう一度訪ねて来て下されば会えたのですが……。

シアムリープで、多くの好意的な会話が出来た人なので、再会を果たせなかったことは非常に心残りなことでした――泊まっている宿の名を書いていて下されば、こちらから訪ねて行けたのですが、それがなく、どうしようもありませんでした。もしこれを読まれることがありましたら、是非ともご連絡頂ければと思っております。「大変おもしろ」かったという、「帰りの陸路」の話もお聞きしたいので。

他にも、ハノイ→ビエンチャンの機中で一緒し、ビエンチャンの宿にも一緒に行ったKさん――アメリカやインドで長く生活していたという私と同年位の方。

またバンコクで小澤さん達と会っている時に一緒した、高校生・大学生の娘さん達を連れて旅行していらした快活な女性。小澤さんの同級生、そしてその知り合いの人たち……。

知り合った順では前後してしまいましたが、ベトナム、ハノイの宿で部屋をシェアした、カメラマンの江口さんも素敵な人でした。

さらに本文冒頭に出て来る、成田からバンコクへの機中の席で隣合わせになった、外国語大学の学生さん二人（黒田さんと米澤さん）とは、その後手紙の遣り取りをすることが出来、多くの話を聞くことができました。それぞれ大学を卒業し、立派な社会人になったことは私をひどく喜ばせました。あの時の印象に違いがありませんでしたので。

この旅行から十年が経ち、当時の学生さんは皆、社会人となって活躍されています。一番お世話になった小澤さんもそうですし、古田さん、一の瀬さんもそうです。彼等がもっと若い人たちに多くの事を語っていってくれることを願っています。

尚、先にも触れた大塚さんもそうですが、他にも野中さんと一緒になられた浅野さん。そして一の瀬さんもこれを読まれることがありましたら、ご連絡頂ければと思っております。最近のことを知ることができていませんので。

この第二版に当たって、多くの加筆、写真の追加に対していつも通りの御好意を示して下さった学文社の三原さんにお礼を申し上げます。

二〇〇二年九月

著　者

鈴木　正行
1949年，東京生。
明大二法，早大二文，
明大二文，各卒。

新版
インドシナの風
——ベトナム、ラオス、カンボジア小紀行

1994年 8 月 1 日　第一版第一刷発行
2004年 3 月25日　新　版第一刷発行

著　者　鈴木　正行

発行者　田　中　千津子　〒153-0064 東京都目黒区下目黒 3 - 6 - 1
電　話　03 (3715) 1501(代)
FAX　03 (3715) 2012
発行所　株式会社　学　文　社　http://www.gakubunsha.com

印刷所　メディカ・ピーシー

ISBN 4-7620-1302-1

キューバ六日、そしてメヒコ、ジャマイカ

二つの豊かさ

鈴木　正行

メキシコ・キューバ・ジャマイカ・キューバ（二回目）・メキシコ（二回目）・アメリカ

四六判並製カバー　本体一三〇〇円

東南アジア1983年

タイ、マレーシア、シンガポール、インドネシア、ビルマ、フィリピン紀行

鈴木　正行

タイ・マレーシア・シンガポール・マレーシア（二回目）・インドネシア・シンガポール（二回目）・マレーシア（三回目）・タイ（二回目）・ビルマ・タイ（三回目）・フィリピン

四六判並製カバー　本体一二〇〇円

ブータン小頃《しょうけい》

雨季千五百km移動行

四六判並製カバー　本体一四〇〇円

鈴木　正行

プロローグ・ブータンまでの時間・ブータン（西部ブータン・中部ブータン・東部ブータン）・エピローグ・モノローグ